존 롤즈의 정치사상

저자소개

양진석

연세대학교 정치외교학과 학사, 석사

미국 남가주 대학(University of Southern California) 정치학 박사

(재) 미래정책연구소 상임 연구위원

롤즈, 심의 민주주의, 정의로운 전쟁에 대한 다수의 논문

존 롤즈의 정치사상

초판 인쇄 2020년 10월 26일

초판 발행 2020년 11월 2일

지은이 양진석

펴낸이 최국주

펴낸곳 동명사

출판등록 1950년 11월 1일(제1-76호)

주소 (우 10881) 경기도 파주시 회동길 50(문발동)

전화 031-955-7200(대표)~2, 7203(편집부), 7204(물류)

팩스 031-955-7205

전자우편 webmaster@dmsbook.com

홈페이지 www.dmsbook.com

ISBN 978-89-411-8216-0 93300

값 18,000원

머리말

본 저서는 현대 정치사상에서 중요한 위치를 차지하는 존 롤즈의 사상을 독자들에게 소개하기 위하여 집필하였다. 롤즈의 사상이 한국에 소개된 지 오랜 되었지만 그의 사상에 대한 체계적이고 정교한 이해와 적절한 비판과 대안 제시는 부족한 상황이다. 그 이유는 롤즈의 사상 자체가 이해하기 어려운 정교한 구조로 구성되었기 때문이다. 철학자인 롤즈는 그의 이론을 전개하는 과정에서 철학적 지식뿐 아니라 경제학, 법학, 심리학 등 다양한 분야의 지식을 동원하였다. 따라서 롤즈의 이론을 이해하기 위하여서는 다양한 분야의 이론에 대한 이해가 필요하다. 본서에서는 독자들에게 이러한 다양한 분야의 이론을 가급적 쉽게 소개하여 롤즈 사상에 대한 정확한 이해를 돕고자 하였다. 비록 필자는 다양한 이론을 쉽게 설명하려 시도하였지만 이 분야에 익숙하지 않은 독자들이 이를 소화하기 위하여서는 노력이 필요할 것이다. 그러나 이러한 과정은 롤즈 사상을 보다 정확히 이해하기 위하여 거쳐야 한다고 생각된다. 본서가 독자들의 이러한 과정에 도움이 되었으면 하는 바이다.

필자가 미국 유학 시절 정치사상을 전공하는 과정에서 느꼈던 바는 정치사상이 추상적인 담론이 아니라 우리의 현실 세계를 이해하고 대안을 제시하기 위한 실증적 연구에 기반을 두어야 한다는 점이었다. 이상적 사회의 청사진 제시를 위한 추상적 담론에 그치는 것이 아니라 현실 세계의 문제점을 인식하고 이에 근거하여 실현 가능한 이론을 제시하여야 한다는 것이다. 이러한 논의는 현재 정치사상 분야에서 현실주의자와 이상주의자들 사이의 치열한 학문적 논의 주제이기도 하다. 본서에서는 롤즈의 사상을 추상적 수준에서 분석하기 보다는 실증적 자료에 근거하여 그의 사상의 적실성을 평가하는 방법을 사용하였다. 이러한 과정을 통하여 롤즈의 사상이 한국의 현실을 분석하고 대안을 제시하는데 도움이 되고자 노력하였다. 독자들도 필자의 이러한 의도를 이해하고 정치사상에 대한 새로운 접근을 시도하기 바라는 바이다.

필자는 미국 유학 시절 박사학위 논문으로 롤즈를 분석하였다. 롤즈의 주요 저서는 국내에 번역판이 소개되어 있다. 그러나 필자가 본서를 저술하는 과정에서 번역판을 참조하지 않았다. 본서에서 롤즈의 문헌을 인용 할 때, 그의 저서 원본을 사용하여 필자가 번역하였다. 필자의 저서에서 사용한 용어와 롤즈의 저서에서 사용한 용어의 일치를 기하기 위해서이다. 본서의 출판을 흔쾌히 허락한 동명사 최국주 사장님께 감사의 뜻을 전하는 바이다. 그리고 필자가 학자의 길을 걸을 수 있도록 격려해 주시던 외할머님과 어머님의 영전에 이 저서를 바치는 바이다.

머리말 003

제1장 — 서론 011

제2장 — 정치적 구성주의(Political Constructivism) 014

제1절 롤즈의 문제의식 014
제2절 반성적 평형상태 021
제3절 민주사회의 공적 정치문화(Public Political Culture) 024
제4절 사회적 기본재와 정의의 원칙 029
제5절 정치적 인간관 033
제6절 원초적 입장 039
제7절 정의의 두 원칙 055
제8절 롤즈의 정의 원칙의 선택근거 127
제9절 가치관에 대한 정의 개념의 우선성 143
제10절 보수적 반성적 평형상태 147
제11절 안정된 사회 150

제12절 중첩적 합의 154

제13절 급진적 반성적 평형상태 162

제14절 조직화된 사회 168

제15절 시민불복종 운동 174

제16절 공적 이성(Public Reason) 177

제3장 —— 자유주의의 특징 194

제4장 —— 롤즈의 정당화 과정에 대한 인식론적 비판 205

제1절 권리개념의 정당화 과정에 대한 비판 206

제2절 롤즈의 인간관에 대한 비판 222

제3절 맥시민 원칙에 대한 비판 235

제5장 —— 롤즈의 정의 원칙에 대한 실증적 비판 243

제1절 권리개념의 남용 243

제2절 기회균등 개념의 유용성 272
제3절 차등원칙을 위한 정책들의 실증적 적합성 291

제6장 — 중첩적 합의에 대한 인식론적 비판 327

제7장 — 결론 339

참고문헌 341
찾아보기 381

| 그림 목차 |

그림 1	반성적 평형상태의 구조	024
그림 2	정치적 구성주의의 구조	029
그림 3	원초적 입장의 구성원리	046, 234
그림 4	홉스 사상의 게임이론적 설명	051
그림 5	정의의 원칙과 사회적 기본재	067
그림 6	평등의 사회체제 유형	068
그림 7	생산의 효율	070
그림 8	생산 가능곡선	073
그림 9	경제전체의 효율	075
그림 10	총효용가능곡선	076
그림 11	부의 소득세	091
그림 12	사뮤엘슨의 사회무차별 곡선	100
그림 13	사회후생무차별곡선의 형태	103
그림 14	기여곡선과 사회후생	105
그림 15	연쇄관계	106
그림 16	롤즈 정의 원칙의 축차적 구조	126

그림 17	맥시민 원칙	139, 240
그림 18	중첩적 합의	160
그림 19	롤즈의 정치적 구성주의	174
그림 20	정의 원칙의 정당화 과정	235
그림 21	불확실성 하의 선택	236
그림 22	희생의 정도	237
그림 23	교육의 사회적 편익과 비용	276
그림 24	정부의 실패	280
그림 25	경제성장 과정	293
그림 26	롤즈의 최적분배 상태	295
그림 27	무차별 곡선	308
그림 28	예산선	310
그림 29	여가와 소비의 최적 조합	311
그림 30	비근로소득의 변화가 근로시간에 미치는 영향	312
그림 31	복지급여가 노동공급에 미치는 영향	314
그림 32	불평등과 정치참여의 관계	318

제1장

•

서론

미국의 자유주의(Liberalism)사상의 대표자인 존 롤즈(John Rawls)는 1971년 「정의론」[1]을 출판하여 정치사상계에 커다란 반향을 불러 일으켰다. 롤즈의 사상에 대하여 자유지상주의(Libertarianism), 공동체주의(Communitarianism), 페미니즘(Feminism), 맑스주의자(Marxism)들의 비판이 가해졌고 이는 현대 정치사상계의 중요한 화두로 대두하였다. 이러한 논쟁은 그동안 행태주의의 영향력 때문에 도외시되었던 정치사상을 부활시키는 계기를 마련하였다. 「정의론」의 발간 후, 롤즈의 사상에 대한 찬반 논쟁의 와중에서 그는 1993년 두 번째 저서 「정치적 자유주의」[2]를 출판하였다. 「정치적 자유주의」에서 롤즈는 「정의론」에서 전개한 그의 사상을 수정, 보완하였다. 롤즈는 두 저서를 통하여 주장한 그의 사상을 국제 정치의 영역

---

1 John Rawls, *A Theory of Justice*(Cambridge: Harvard Univ. Press, 1971)

2 John Rawls, *Political Liberalism*(New York: Columbia Univ. Press, 1993)

에 적용하여 이론을 전개한 「만민법」[3]을 1999년에 출판하였다. 롤즈가 재직하고 있었던 하버드 대학에서 강의한 도덕철학 강좌와 정치철학 강좌의 강의록은 「도덕 철학사 강좌」, 「정치철학사 강좌」라는 제목으로 그의 제자들에 의해 출판되었다.[4] 또한 롤즈의 제자 에린 켈리(Erin Kelly)는 하바드 대학에서 강의한 롤즈의 정의론 관련 강의록을 「공정으로서의 정의: 재검토」[5]라는 제목으로 출판하였다. 2002년 롤즈가 사망한 후, 롤즈의 학사학위 논문과 종교에 관한 짧은 유고가 발견되어 제자들에 의하여 출간되었다.[6] 그 외에도 롤즈는 정치사상과 도덕철학에 관한 단편적인 논문을 발표하였다.

본서에서는 「정의론」, 「정치적 자유주의」, 「만민법」에 나타난 롤즈의 사상을 분석, 평가하는 것이 목적이다. 특히, 「정의론」과 「정치적 자유주의」 두 저서를 통하여 롤즈는 그의 독창적인 정치사상을 전개하였다. 두 저서에 나타난 롤즈의 사상은 사회 계약론적 전통, 윤리학, 인식론, 복지경제학과 사회 선택이론(social choice theory) 등 철학과 사회과학의 다양한 이론을 이용하였다. 따라서 롤즈의 사상을 이해하기는 매우 어려운 작업이다. 더욱이 두 저서를 종합적으로 이해하는 것은 그의 사상을 정확히 이해하는데 중요한 관건이다. 국내외에서 제기된 롤즈 사상에 대한 비판 중 많은 부분이 그의 사상을 부정확하게 이해하는 데에서 기인하기도 한다.

---

3 John Rawls, *The Law of Peoples*(Cambridge: Harvard Univ. Press, 1999)

4 John Rawls, *Lectures on the History of Moral Philosophy*, ed. Barbara Herman(Cambridge: Harvard Univ. Press, 2000); John Rawls, *Lectures on the History of Political Philosophy*, ed. Samuel Freeman(Cambridge: Harvard University Press, 2007).

5 John Rawls, *Justice as Fairness: A Restatement*, ed. Eric Kelly(Cambridge: Harvard Univ. Press, 2001)

6 John Rawls, *A Brief Inquiry into the Meaning of Sin and Faith*, ed. Thomas Nagel(Cambridge: Harvard Univ. Press, 2009).

본서는 두 저서에 나타난 롤즈의 사상을 종합적으로 분석하여 그의 사상체계를 정확히 이해하는데 도움이 되고자 함이다. 나아가서 롤즈 사상의 문제점을 분석함으로써 정치철학의 새로운 방향에 대한 제언을 하고자 한다.

롤즈는 「정의론」의 출판 후 28년 만에 개정판을 내놓았다. 「정치적 자유주의」의 출판 후 새로운 서문과 논문을 첨가한 개정판도 발간하였다.[7] 그러나 개정판은 이전의 내용과 크게 차이가 나지 않고, 국내의 독자들에게는 첫판이 더욱 구입하기가 용이함으로 본서에서는 롤즈의 첫판을 인용하였다. 물론 필요한 경우에는 개정판과 롤즈가 발표한 단편적인 논문을 인용하였다. 번역에 있어서는 국내 번역판을 참조하여 필자가 직접 하였다.[8]

---

7 John Rawls, *Political Liberalism*, expanded edition(New York: Columbia Univ. Press, 2005).

8 롤즈의 저서에 대한 번역판으로는 다음을 참조하시오. 존 롤즈, 황경식(역), 「사회정의론」(서울: 서광사, 1985); 존 롤즈, 황경식(역), 「정의론」(서울: 이학사, 2003); 존 롤즈, 황경식(역), 「공정으로서의 정의」(서울: 서광사, 1988); 존 롤즈, 장동진(역), 「정치적 자유주의」(서울: 동명사, 1998); 존 롤즈, 장동진, 김기호, 김만권(역) 「만민법」(서울: 이끌리오, 2000); 존 롤즈, 김주휘(역) 「공정으로서의 정의」(서울: 이학사, 2016).

이러한 이유에서 롤즈는 공리주의와 직관주의는 자유주의 국가의 기본구조를 규정하는 원리가 될 수 없다고 판단하고 그의 정의관을 대안으로써 제시하였다.

이러한 목적 하에서 롤즈는 사회 계약론의 전통을 발전시켜서 자신의 정의론을 수립하려 노력하였다. 롤즈의 정의론의 주목적은 사회의 기본구조를 규정하는 정의의 원칙을 제시하는 것이다. 사회의 기본구조란 현대 입헌민주주의 사회의 주요 정치적, 사회적, 경제적 제도들이며 또한 이러한 제도들이 상호 연계하여 사회협력이라는 하나의 통합 체제를 이룩하는 형태이다.[3] 예를 들어 사상과 양심의 자유, 경쟁적인 시장, 사유재산 제도, 일부일처제 등이 입헌 민주주의의 주요 제도들이다. 이러한 제도들이 상호 연계하여 사회협력이라는 하나의 통합체계를 이룩하고 있다. 롤즈의 「정의론」의 중요 관심사는 이러한 사회의 주요 제도들이 시민들의 기본적인 권리와 의무를 어떤 형태로 분배하고 있는지를 탐구하고, 또한 사회협력으로부터 얻어지는 이득을 분배하는 양태를 규정하는 원칙을 제시하고자 하였다. 이 원칙은 입헌민주주의 헌법의 기본 구성원리이며 자유롭고 평등한 시민들 사이의 협력관계를 규정하는 공정한 조건(fair terms of cooperation)이다. 물론 개인이 정의로운 사람인지 여부도 중요한 문제이지만 롤즈의 기본과제는 사회의 기본구조를 규정하는 정의의 원칙을 규명하는 것이었다.

이러한 원칙이 필요한 이유는 사회에는 시민들 사이의 협조라는 이해관계의 일치점도 있지만, 상호협조를 통해 얻어진 이익의 분배를 둘러싼 갈등과 대립이 존재하기 때문이다. 흄(David Hume)의 주장을 수용하여 롤즈는 이러한 상황을 정의의 여건(circumstances of justice)이라고 칭하였다.

---

3 Rawls, *Political Liberalism*, 11쪽.

정의의 여건은 객관적 여건과 주관적 여건으로 분류된다. 객관적인 여건은 시민들은 일정한 영토 내에서 거주하고 있고 그들의 능력은 거의 대등하여 일 개인이 모든 시민들을 지배할 수 없는 상황이다. 또한 사회의 부존자원은 적당한 정도로 부족한(moderate scarcity) 상태이다. 성경에 묘사돼 있는 에덴의 동산처럼 충족한 사회라면 시민들 사이의 협력의 필요성도 없고, 따라서 정의의 원칙도 필요가 없을 것이다. 반면에 사회의 부존자원이 극도로 빈약하다면 시민들 사이의 협력은 붕괴될 것이다. 따라서 적당한 정도의 부족함은 정의의 객관적 여건이다. 주관적 여건은 사회 협력원인 시민들과 관련된 면이다. 시민들은 서로 상이한 가치관을 견지하고 있음으로 인생의 계획(plan of life)이 다르고 또한 다양한 철학적, 종교적, 도덕적 주장을 견지하고 있다. 따라서 상이한 목적과 의도를 추구한다. 또한 시민들은 타인의 이익에 대하여는 무관심하고 자신의 이익을 추구하는 존재이다. 그 결과, 시민들은 부존자원의 배분에 대하여 상충돼는 주장을 하게 된다. "정의의 여건은 전통적인 사회 계약론자들의 자연 상태와 매우 유사한 개념이다."[4] 자신의 이익만을 추구하는 시민이라는 정의의 여건은 17세기 사회 계약론자인 홉스(Thomas Hobbes)가 주장한 자연상태에서의 경쟁적이고 권력 추구적 인간을 모습을 완곡하게 묘사한 것이다. 이러한 정의의 여건 하에서 롤즈는 사회 협력의 열매를 공정히 분배하고, 사회적 갈등을 합리적으로 해결할 수 있는 원칙을 구축하고자 하였다.

자유민주주의의 정치철학적 전통 하에서 정의의 원칙으로서 공리주의가 유력한 사상이었으나, 롤즈는 공리주의 사상의 문제점을 지적하고 이에 대신하여 그의 정의의 두 원칙(two principles of justice)을 제시하였다. 정의의 제1원칙은 모든 인간은 적절한 기본적 자유에 대한 권리를 공평하

---

4 Andrew Levine, *Engaging Political Philosophy*(Oxford: Blackwell, 2002), 180쪽.

게 갖고 있다는 것이다. 정의의 제2원칙에 의하면 사회, 경제적 불평등은 다음의 두 조건을 충족할 때만 수용될 수 있다. 첫째, 기회균등의 조건하에 모든 직위와 직책이 만인에게 개방되어야 한다. 둘째, 불평등의 결과 사회의 최하위층이 혜택을 누릴 수 있어야 한다.[5] 이러한 롤즈의 정의의 두 원칙은 그 적용범위에서 여타 도덕적인 원칙들과는 달리 제한적이다. 즉, 공리주의 원칙과 같은 도덕적 원칙은 개인의 행동규범이나 대인관계의 원칙, 나아가서 사회의 기본구조나 국가간의 관계를 규정하는 일반적이고 포괄적인 원칙이지만, 롤즈의 정의의 원칙은 오직 사회의 기본구조만을 규정하는 정치적 개념(political conception of justice)이다. 환언하면 롤즈의 관심사는 개인 윤리의 원칙이나 대인관계를 규정하는 도덕적 규범을 제시하고자함이 아니라 현대의 입헌민주주의 헌법의 구성 원리로서의 정의관을 제시하고자 하였다. 롤즈는 그의 정의의 원칙이 정치적 개념임을 「정치적 자유주의」에서 특히 강조하였다. 롤즈의 「정의론」의 발간 후, 그의 사상에 대한 비판으로서 롤즈의 정의의 두 원칙이 개인 윤리의 규범으로서 적합한지에 대한 지적이 있었다. 필자의 견해로는 롤즈의 정치적 개념이라는 주장은 이러한 비판에 대한 롤즈 자신의 대답이며 그의 사상을 더욱 정교화하기 위한 노력이다.

이러한 노력의 또 다른 측면으로서 롤즈는 그의 기본적 문제의식에 약간의 수정과 보완을 가하였다. 민주사회의 기본구조를 규정하는 공평한 협력조건을 구하는 것은 롤즈의 기본 문제의식이다. 즉 정의사회의 구축은 그의 사상의 중요 목적이다. 그러나 롤즈는 현대 민주주의는 대립적이고, 양립 불가능한 다양한 종교적, 철학적, 도덕적인 합리적이고 포괄적 주장(reasonable comprehensive doctrine)들이 존재하는 다원주의 사회이

5 정의의 두 원칙에 대한 상세한 설명은 Rawls, *Political Liberalism*, 291–294쪽을 참조하시오.

고 이러한 사실은 인간 이성의 필연적인 결과임을 자각하게 되었다.[6] 예를 들어 신교나 구교의 교리, 공리주의와 칸트주의 철학은 합리적 주장(reasonable doctrine)이지만 그들의 견해는 상호 양립 불가능하다. 이는 필연적으로 사회갈등을 초래한다. 따라서 사회 안정(social stability)의 문제가 대두하게 된다. 이러한 상황에서 롤즈의 정의의 두 원칙이 이들 합리적, 포괄적 주장들로부터 수용되는가의 여부가 문제시되었다. 물론 실제의 민주사회에서는 비합리적인 주장들도 존재하고 있다. 이기주의나 극단적 근본주의와 같은 비합리적인 주장들도 민주사회에서는 존재하고 있다.[7] 그러나 롤즈의 기본 관심사는 합리적인 주장들로 이루어진 합리적 다원주의이다. 즉, 양립 불가능하지만 합리적이고 포괄적인 주장들로 구성된 합리적 다원주의 사회에서 관용(toleration)의 근거를 마련하여 안정된 사회를 구축하고자 하였다. 환언하면 롤즈의 정의의 원칙이 여러 합리적이고 포괄적인 주장들로부터 수용되는 과정을 보여줌으로써 그의 정의의 원칙으로 규정된 사회가 안정된 사회임을 주장하였다. 이상에서 설명한 두 가지 문제의식을 종합하면 롤즈의 기본과제는 "다양한 종교적, 철학적, 도덕적 주장들로 분화된 사회에서 자유롭고 평등한 시민들 사이의 정의롭고 또한 안정된 사회가 가능함을 탐구"[8]하고자 함이다. 첫 번째 문제인 정의사회의 구축을 위하여 롤즈는 무지의 장막(veil of ignorance)이 가려진 선택상황인 원초적 입장(original position)을 가상적으로 상정하였다. 고전적 사회 계약론자들이 자연상태를 상정하여 국가의 형성과 정치적 책무(politi-

6 합리적, 포괄적 주장의 개념과 특징에 대하여는 제2장 12절에서 후술하겠다.

7 롤즈는 이러한 비합리적 주장들이 존재하는 것을 단순 다원주의(pluralism as such)라고 규정하고 이를 합리적 다원주의와 구별하였다. 이에 대하여는 Rawls, *Political Liberalism*, 36쪽을 참조하시오.

8 Rawls, *Political Liberalism*, 4쪽.

cal obligation)의 이론적 근거를 제시하였듯이, 사회 계약론의 전통을 계승한 롤즈는 원초적 입장에서 그의 정의의 두 원칙이 선택되는 과정을 정당화함으로써 사회협력의 공평한 조건을 제시하였다.[9] 정의의 원칙을 선택하는 계약 당사자들은 무지의 장막이 가려진 원초적 입장 하에서 계약을 맺는다. 무지의 장막으로 인하여 계약 당사자들과 관련한 특별한 정보들을－예를 들어 계약 당사자들의 성별, 직업, 소득 수준, 심리적 성향, 가치관, 신체적 장단점, 그가 속한 사회계층 등－그들은 모르게 된다. 만약 계약 당사자가 그와 관련한 특별한 정보를－예를 들어 그가 부유한 계층에 속한다는 사실－알고 있다면, 그는 자신이 속한 계층에게 유리한 원칙을 선택하려 할 것이다. 무지의 장막은 이러한 불공정한 상황을 차단하고 공정한 계약이 성사되게 하기 위한 조치이다. 즉 모든 계약 당사자들은 동일한 협상력을 갖고 계약에 참가함으로, 원초적 입장에서 선택된 정의의 원칙은 공정한 원칙이다. 두 번째 문제인 안정된 사회의 구축을 위하여 롤즈는 중첩적 합의(overlapping consensus)라는 개념을 제시하였다. 자유주의의 기본원리인 관용론에 의하면 본인의 사상과 배치되는 사상의 소유자를 강제적인 권력으로 탄압하거나, 타인의 사상적 전환을 강권하지 말고 수용할 것을 설파하고 있다. 이러한 관용의 정신에 입각하여 롤즈는 그의 정의의 두 원칙은 여러 합리적이고 포괄적인 주장들로부터 수용될 수 있음으로 그의 정의관은 안정된 원칙임을 주장하였다. 이처럼 롤즈의 사상체계는 그의 두 가지 문제의식에 상응하는 두 단계로 이루어져 있다.

---

9 일반적으로 고전적 사회 계약론자들은 국가 형성의 필요성과 근거를 밝힘으로써 정치적 권위(political authority)의 개념을 규명하려 하였지만, 롤즈에게는 이 문제는 이미 논란거리가 아니다. 그 대신 롤즈는 어떤 형태의 제도가 정의로운 국가의 구성 요소인가를 규명하고자 노력하였다.

제2절 반성적 평형상태

롤즈의 사상 체계의 첫 번째 단계인 정의의 원칙의 선택은 특별한 구축 과정의 결과이다. 롤즈는 이를 정치적 구성주의(political constructivism)라고 지칭하였다. 롤즈는 다음과 같이 주장하였다.

> 정치적 구성주의는 정치적 개념에 대한 구조(structure)와 그 내용(content)에 관련한 하나의 견해이다. 환언하면, 일단 반성적 평형상태(reflective equilibrium)가 이루어지면 정치적 정의의 원칙(그 내용)은 일정한 구축과정(구조)의 결과이다. 원초적 입장에서의 선택 상황과 같은 과정을 통하여, 시민을 대표하며 합리적인 조건하에 있는 계약 당사자들은 사회의 기본구조를 규정할 정의의 원칙을 선택한다.[10]

롤즈의 정의의 두 원칙은 일정한 구축과정의 결과인데, 그 과정이란 무지의 장막이 가리워져 있는 원초적 입장 하에서의 선택상황이다. 그러나 이러한 구축과정은 반성적 평형상태가 이루어진 상황이다. 반성적 평형상태란 인식론의 한 유형인 정합론(coherentism)의 일종이다. 인식론의 주된 과제는 참된 지식을 구하기 위하여 특정인 주장이나 사상을 어떻게 정당화(justification)하는 가에 집중되어 있다. 전통적으로 인식론에서는 정당화 과정의 두 유형으로서 토대론(foundationalism)과 정합론 사이의 논쟁이 있었다. "토대론에 의하면, 지식으로서 정당화된 믿음이란 궁극적으로

10 Rawls, *Political Liberalism*, 89–90쪽.

추론이 불가능한 믿음에 기인한다."[11] 예를 들어 A라는 명제를 정당화하기 위하여서 B라는 다른 명제에 기인하여 A 명제를 정당화하고, B라는 명제를 정당화하기 위하여서는 C라는 명제에 기인하여 이를 정당화한다. 이러한 과정의 끝에는 다른 명제로부터 정당화할 수 없는 근본적인 명제 F가 존재한다는 주장이다. 명제 F는 오류에 빠질 수 없는(infallible) 명제이다. '정직은 최상의 정책이다'라는 명제 A를 정당화하기 위하여 필자는 소매상인과 토론을 하였다. 편의점을 경영하는 소매상인은 물건값을 속여서 비싸게 판매하는 것이 그의 수입에 이득이 됨으로 정직은 최상의 정책이 아니라고 주장하였다. 이에 대하여 필자는 명제 B를 이용하여 그를 설득하였다. 만약 물건값을 속여서 비싸게 판매한다는 소문이 나면 궁극적으로 소비자들은 그의 편의점을 이용하지 않을 것임으로, 부정직한 판매는 그의 장기적 이익에 저촉된다고 주장하였다. 즉 '인간은 장기적 이익을 추구한다'라는 명제 B로부터 명제 A를 정당화하였다. 이에 대하여 소매상인은 인간이 장기적 이익을 추구한다는 명제에 대하여 의문을 제기하였다. 필자는 '인간은 이성적인 동물이다'라는 명제 F로부터 명제 B를 정당화하였다. 명제 F는 다른 명제로부터 추론하여 정당화할 수 없는 근본적인 명제이며 오류에 빠질 수 없는 명제이다. 이상의 예에서와 같이 토대론의 정당화 과정은 그 구조면에서 단선적이다.

이에 반하여 정합론자들은 토대론은 무한한 회귀의 덫에 빠져있다고 비난하고 있다. 근본적인 명제 F를 찾아내는 것은 인간의 능력으로는 불가능하다는 것이다. 따라서 정합론자들은 근본적인 명제 F에 의존하지 않고, 여러 명제들이 하나의 정합적 체계 하에서 상호 일치함을 보여줌으로

11 Richard Fumerton, *Metaepistemology and Skepticism*(London: Rowman & Littlefield, 1995), 56쪽.

서 정당화를 시도하고 있다. 여러 명제들이 논리적으로 또는 확률적으로 일치함을 보여주는 과정은 단선적 관계가 아니고 상호 보완적 관계를 규명하는 것이다.[12] 예를 들어, 몇 일 전 필자는 유럽 여행을 가는 친구를 공항에서 배웅하였다. 오늘 여행사로부터 필자의 친구가 탄 비행기가 히말라야 부근에서 추락하였다는 통보를 받았다. 구조대가 사고현장에 도착하여 수색을 하였는데, 필자의 친구의 여권이 발견되었지만 친구는 행방불명이 되어서 생사를 알 수 없다는 것이다. 이 소식을 접한 필자는 친구가 사망하였다는 확신을 갖게 되었다. 이러한 믿음을 갖게 된 것은 여러 명제들이 상호 일치함으로서 가능하게 되었다. 필자가 친구를 공항에서 배웅하였다는 명제와 사고현장에서 친구의 여권이 발견되었다는 명제는 논리적으로 일치하여 필자의 친구가 사고 비행기를 탑승했음을 정당화하여 준다. 히말라야의 강추위 하에서는 인간이 생존할 수 없다는 명제, 히말라야 부근에는 인가가 없다는 명제, 친구가 사고 비행기에 탑승하였다는 명제는 상호 일치하여 필자는 친구의 죽음을 확신하게 되었다. 이처럼 정합론에 의하면 정당화과정은 여러 명제들이 논리적, 확률적으로 일치함을 보여줌으로서 가능하다. 롤즈의 주장에 의하면, "정의의 개념은 자명한 가정이나 조건으로부터 도출되는 것이 아니다. 그 대신, 정당화과정은 여러 사항들이 하나의 정합적 견해로서 상호 보완관계를 이룩하는 것이다."[13] 롤즈가 배격한 전자의 정당화 과정은 토대론이라면, 후자의 방법은 정합론이라고 할 수 있다. 그러나 롤즈는 정합론이라는 표현을 하지 않고 반성적 평형상태라는 용어를 사용하였다. 반성적 평형상태란 자유민주주의 시민

12 이에 대하여는 Laurence BonJour, *The Structure of Empirical Knowledge*(Cambridge: Harvard Univ. Press, 1985), 91쪽을 참조하시오.

13 Rawls, *Theory of Justice*, 21쪽.

들이 수용하는 정의의 원칙의 내용(롤즈의 정의의 두 원칙)이 그들이 갖고 있는 숙고된 도덕적 판단(considered moral judgments)과 일치하고, 이러한 두 요소의 매개변수인 원초적 입장이 자유민주주의 사회의 시민들이 견지하고 있는 숙고된 도덕적 판단을 총괄하는 체계적 이념(organizing idea)과 일치하여 모든 요소들이 균형을 이룬 상태이다. 아래의 그림 1은 이를 나타내고 있다.

〈그림 1〉 **반성적 평형상태의 구조**

민주주의 사회의 시민들이 견지하고 있는 도덕적 판단들로부터 이를 총괄하는 체계적 이념을 구성하고, 이러한 체계적 이념에 정합적으로 부합하게 원초적 입장을 묘사하고, 이러한 선택상황 하에서 정의의 원칙이 선택되는 과정을 통하여 그 결과 정의의 두 원칙이 구축된다는 것이다. 이처럼 여러 요소들이 상호 보완적으로 일치함을 보여줌으로서 롤즈는 그의 사상체계를 정당화하였다. 이하에서는 롤즈의 사상체계를 구성하고 있는 각 부문에 대하여 상술하겠다.

제3절 민주사회의 공적 정치문화(Public Political Culture)

이번 절에서는 그림 1에 표시된 롤즈의 구성주의에서 투입 부문에 해당하는 민주주의 정치문화에 대하여 고찰하겠다. 민주사회의 시민들은 여러 종류의 도덕적 판단들은 내리고 있다. 그 중 일부는 특별한 행위의 옳고 그름에 관한 판단일 수도 있고, 어떤 상황이나 개인에 대한 윤리적 평가일 수도 있다. 또한 이러한 정의에 관한 판단은 추상적인 차원에서의 도덕적 원칙에 관한 평가일 수도 있다. 즉, 추상적인 차원에서부터 구체적인 차원에 이르기까지 다양한 차원의 도덕적 판단을 내리고 있다. 물론 모든 도덕적 판단들이 이성적이라고 할 수는 없다. 따라서 취사선택이 필요하다. 예를 들어 특수한 이해관계만 고려한 판단이나 확신이 서지 않는 판단은 숙고된 도덕적 판단에서 제외된다. 이러한 여과 과정을 거쳐서 민주사회의 시민들은 일련의 숙고된 도덕적 판단을 견지하고 있다. 정의에 관한 이러한 판단들은 잠정적으로 신뢰할 만한 것들이다. '종교적인 불관용(intolerance), 노예제도, 인종차별은 정의롭지 못하다'라는 판단이 그 예이다. '출생으로 기인하는 가정형편의 불평등이나 신체적 조건의 불평등(선천적 불구자와 같은 경우) 때문에 그가 사회에서 첫출발을 내딛는데 불리한 여건에 있는 것은 부당하다'라는 판단도 중요한 도덕적 판단에 속한다.

다음으로 롤즈는 다양한 숙고된 도덕적 판단들을 총괄적으로 묶는 체계적 이념(organizing idea)을 제시하였다. "이러한 체계적인 이념이란 사회란 협동체로서 공정한 체제이며 전 생애를 통해 협력하는 자유롭고 평등한 시민들로 구성돼 있다는 것이다."[14] 체계적인 이념은 민주사회의 공적 정치문화(public political culture)에 내재하는 개념이며 모든 시민들이 묵시적으로 공유하고 있는 자산(shared fund)이다. 비록 민주주의 사회는 다양하고 상호 양립 불가능한 합리적이고 포괄적인 주장들이 존재하는 다원주의 사회이지만, 입헌 민주사회의 기본구조를 규정하는 헌법의 기본 원리와 관련하여서는 모든 시민들이 공유하여야만 하는 정치적 개념이 존재한다. '자유롭고 평등한 시민들 사이의 공정한 협동체로서의 사회'라는 이념은 민주사회의 공적인 정치문화에 묵시적으로 내재되어 있는 개

14 Rawls, *Political Liberalism*, 9쪽.

념이지 일상 생활의 시민사회(civil society)의 문화에 내포된 이념은 아니다. "공적 정치문화는 입헌체제의 정치적 제도들과 그 해석의 전통이나(사법부의 해석을 포함하여) 또한 널리 알려져 있는 역사적 교재와 문서들이다".[15] 예를 들어, 민주주의 헌법이 규정하고 있는 기본권에 관한 대법원의 해석, 민주주의 사상가인 존 록크(John Locke)의 저술인 시민정부론(Two Treatises on Civil Government)에 나타난 사상, 미국의 독립선언문의 정신 등이 공적인 정치문화를 형성하고 있다. "민주사회에서는 민주주의의 전통이 존재하고 있고, 그 내용은 적어도 양식이 있고 교육받은 시민들에게는 익히 알려져 있는 친숙한 것이다."[16] 롤즈가 제시한 체계적인 이념은 이러한 공적 정치문화에 내재하고 있는 이념이며 모든 시민들이 공유하고 있는 것이다.

반면 시민사회의 문화는 일상생활의 다양한 집단 문화로서 예를 들어 교회문화, 대학문화, 직능집단의 문화 등이다. 합리적이고 포괄적인 주장들은 이러한 시민 문화에 내재하고 있다. 시민 문화에 내재하고 있는 공리주의, 칸트의 사상, 기독교 교리는 일반적(general)이고 포괄적(comprehensive) 주장이다. 이러한 주장들은 그 적용 범위가 광범위함으로 일반적이다. 사회의 기본구조만을 규정하는 롤즈의 정의의 두 원칙과는 달리, 공리주의 원칙은 사회의 기본구조 뿐 아니라, 개인 윤리나 국가간의 관계를 규정하는 일반적인 원칙이다. 또한 이러한 주장들은 포괄적이다. 즉, 민주사회의 정치문화에 내재하는 가치가 아니라, 그 외 다양한 가치를 함유하고 있는 포괄적 주장이다. "만약 어떤 주장이 인간 삶에서 중요한 가치, 이상적인 개인의 성향, 친구관계, 가족관계, 집단관계의 이상, 나아가서 인간

15 위의 책, 13-14쪽.

16 위의 책, 14쪽.

생의 전반에 걸친 행위의 규범을 제시하는 가치를 포함한다면, 그 주장은 포괄적이다."[17] 고전적 공리주의자들의 주장인 '최대 다수의 최대 행복'에서와 같이 행복이라는 개념은 생의 전반에 걸친 행위의 규범을 제시하는 가치이다. 기독교의 구원의 개념은 인간 삶의 중요한 가치이다. 따라서 이러한 주장들은 다양한 가치를 함유하고 있는 포괄적 주장이다. 이러한 특징을 지니고 있는 포괄적인 주장은 그 자체로써 합리적인 것이지만, 민주 사회의 시민들이 공유하고 있는 정치적 이념은 아니다. "다양한 시민사회 문화 집단의 사고방식은 그 집단에 속한 시민에게는 용인되겠지만, 민주사회의 모든 시민들이 공통적으로 수용하고 따라서 정치사회를 규정하는 공적 이성(public reason)은 아니다."[18] 따라서 시민사회 문화는 사회의 기본구조를 규정하는 정의의 원칙의 구축 과정에서 사용될 수는 없다. 예를 들어, 공리주의와 칸트의 윤리학과 같은 포괄적 주장들은 각각 상이한 가치관(conception of the good)을 견지하고 있다. 그 이유는 인간의 이성과 판단의 올바른 작용을 저해하는 여러 요소들 때문이다. 롤즈는 이러한 요소들을 판단의 부담들(burdens of judgment)이라고 칭하였다. 이에는 다음과 같은 사실이 포함된다. 인간이 평가해야할 사항과 관련된 과학적이고 경험적인 근거들은 복잡하고 모순된다는 점, 인간은 고려 사항에서 서로 다른 중요성을 부여함으로 상이한 판단을 내린다는 점, 인간이 사용하는 개념은 어느 정도는 모호하다는 점, 상이한 경험을 갖고 있는 인간은 상이한 가치 판단을 내린다는 점, 한 가지 사항에도 여러 가지 도덕적 고려 사항들이 작용한다는 점, 어느 사회 제도가 용인할 수 있는 가치는 제

---

17 위의 책, 13쪽.

18 이 문장은 공적이성(public reason)과 비공적 이성(nonpublic reason)을 구별하는 롤즈의 주장을 문맥에 맞게 의역한 것이다. 이에 대하여는 Rawls, *Political Liberalism*, 220쪽을 참조하시오.

사회적 기본재이다. 그러나 이러한 직위, 직책을 모든 시민들이 동일하게 누릴 수는 없다. 대기업의 최고경영자를 희망하는 시민들 모두가 이를 이룩할 수는 없다. 대통령이나 국회의원직을 원하는 정치희망자 모두가 이를 성취하는 것은 현실적으로 불가능하다. 다만 롤즈의 정의의 제2원칙이 규정하는 바는 이러한 직위, 직책을 얻을 수 있는 기회가 공정하게 주어져야 한다는 것이다. 또한 모든 시민들이 동일한 량의 소득이나 부를 향유할 수는 없다. 개인의 능력이나 운에 따라 소득격차가 발생하는 것은 엄연한 현실이다. 다만 롤즈의 정의의 제2원칙은 이러한 소득이나 부의 불균형이 그 사회의 최하위 계층에게 도움이 되도록 규율되어야 한다는 조건을 제시하고 있다. 자존감은 롤즈의 사회적 기본재 개념 중에서 중요한 위치를 차지하고 있다. 자존감이란 시민들이 그들의 가치관과 인생의 계획은 추구할 만한 가치가 있다는 믿는 것이다. 예를 들어 극도의 빈곤 때문에 자존감을 상실한 시민은 사회 협력원으로서 그의 인생계획을 수행하지 못할 것이다. 자존감은 롤즈의 정의의 두 원칙 전반에 걸쳐 관련이 있다. 롤즈의 정의의 1원칙이 규정하는 기본적 자유 중에는 투표의 자유가 포함된다. 만약 여성들에게 투표의 자유가 허용되지 않는다면 여성들은 자신들의 지도자를 직접 선출할 수도 없는 존재라는 자괴감에 빠질 것이며 이는 여성의 자존감을 해치게 된다. 중요한 직위, 직책을 얻을 수 있는 기회가 제한되었거나 극도의 빈곤을 겪는 시민들은 자존감을 상실하여 사회 협력원으로서 활동할 수 없을 것이다. 이처럼 사회적 기본재인 자존감은 롤즈의 정의의 두 원칙 전반에 걸쳐 관련이 있다. 이상에서 설명한 바와 같이 민주주의 정치문화에 내제한 체계적 이념인 사회와 시민의 개념은 정의의 두 원칙과 정합적으로 상응하고 있다.

제5절 정치적 인간관

그림 2에서 표시한 바와 같이 민주주의 정치문화에 내재한 체계적 이념의 한 요소는 사회 협력원으로서 시민들은 자유롭고 평등하다는 개념이다. 그러나 롤즈의 인간관은 독특한 특징을 지닌 정치적 개념이다. 인간의 본질(personal identity)에 관한 연구는 형이상학의 중요한 주제이다. 그러나 롤즈는 형이상학적 인간관을 배격하고 정치적 인간관을 제시하였다. 사회는 공정한 협동체임으로 시민들은 사회 협력원이 되기 위하여 필요한 두 가지 도덕적 능력의 소유자이다. 첫 번째 능력은 가치관(conception of the good)을 형성할 수 있는 능력이고, 두 번째 능력은 정의감(sense of justice)을 발휘하는 능력이다. "가치관을 형성하는 능력이란 개인에게 도움이 되는 것을 깨닫고, 이를 수정해가며, 이성적으로 이를 추구할 수 있는 능력이다."[23] 즉, 가치관을 형성하는 능력의 소유자인 이성적인 개인은 그의 인생에서 추구하여야 할 것에 대한 가치 판단을 내리고, 이에 따라 그의 인생 계획(plan of life)을 수립한다. 이성적(rational)인 시민은 그의 목표를 추구하기 위한 최선의 수단도 선택할 수 있는 능력의 소유자이다. 물론 이성적인 인간은 그의 인생의 목표를 수정할 수도 있다. 이러한 과정을 거처 형성된 인생의 계획을 이성적으로 추구할 수 있는 능력도 가치관을 형성하는 능력에 포함된다. 그러나 이성적인 시민은 본인에게만 이득이 되는 개인 이익(self-interest)만을 추구하는 이기적 인간은 아니다. 그의 인생 목표는 전 국민의 애국심 고양과 자연 보호와 같은 가치관일 수 도 있다. 이성적인 개인은 그 자신의 책임 하에서 그의 인생 계획을 수립, 수정, 추구하는 자율적인 인간이지만 본인의 이익만을 추구하는 인생 계획

23 Rawls, *Political Liberalism*, 19쪽.

의 수립자는 아니다.

이성적인 시민은 다음의 세 가지 측면에서 자유로운 인간이다. 첫째, 그는 이성적인 판단 하에서 가치관을 수정하기를 원한다면 그의 인생 계획을 바꿀 수 있다는 점에서 자유로운 시민이다. 예를 들어, 기독교적인 삶을 추구하며 청빈한 생활을 하던 시민이 이성적인 판단 하에서 그의 인생 계획을 수정하여 인기 있는 대중가요 가수가 되어 부를 축적하고자 하는 가치관을 갖을 수 있는 자유로운 시민이다. 둘째, 시민들은 그의 인생관을 추구하기 위하여 사회에 대하여 합당한 주장을 할 수 있는 자발적인 인간이라는 면에서 자유롭다. 이러한 면에서 노예는 자발적인 주장을 할 수 있는 자유로운 존재로 취급되지 않는다. 노예 학대를 금지하는 법안은 노예들의 주장으로부터 발의된 것이 아니라, 노예 소유주나 사회공익의 관점에서 제기된 것이다. 자유민주주의의 시민들은 그들의 가치관을 추구하기 위하여 자발적인 주장을 할 수 있는 존재로 여겨진다. 셋째, 시민들은 그들의 인생의 목표에 대하여 책임을 진다는 점에서 자유롭다. 사회적 기본재는 시민들이 가치관을 형성할 수 있는 능력을 배양하는데 필수적인 것이다. 시민들은 각자에게 주어진 사회적 기본재의 범위 내에서 그들이 추구할 수 있는 인생의 목표를 수립, 수정하고 추구한다. 그들의 목표에 대하여 책임을 진다는 것은 그가 사회에 기여한 대가로써 얻어진 자산이나 재능을 사용하여 그의 인생 목표를 추구할 수 있게끔, 인생의 목표를 조정한다는 의미이다.[24] 예를 들어, 대학에서 경영학을 전공하고 무역회사에 근무하는 중산층 중견간부 A는 자유 시장체제에서 기회균등원칙에 따라 승진하였고 그의 노력에 상응하는 적절한 보수를 받고 직장생활을 영위하고 있다고 가정하자. A의 인생 목표가 매달 마다 7일간의 휴가를 얻어 본

24 이에 대하여는 Rawls, *Political Liberalism*, 34쪽과 186쪽을 참조하시오.

인 소유의 우주선을 이용하여 우주 탐사를 하여 인류 과학 발전에 기여하는 것이라면 그의 목표는 그에게 주어진 사회적 기본재－즉 A의 소득이나 재산, 직장에서의 직위－를 고려할 때 무책임한 것이다. 비록 인류 과학발전에 기여하겠다는 A의 인생목표는 그의 관점에서 보면 합리적이지만 이는 너무 사치스러운 기호(expensive taste)이다.

이처럼 자유로운 시민은 가치관을 형성할 수 있는 도덕적 능력을 소유한 이성적(rational) 존재이다. 가치관을 형성하는 능력은 이성적 인간에게 필요한 덕목(virtue)이다. 롤즈가 제시한 자유로운 시민이라는 개념은 자유주의 사상의 핵심인 자율적인 인간(autonomous agents)관이다.[25] 민주주의 사회의 시민들은 자신의 자유의지에 따라, 자기 책임 하에 어떠한 형태의 삶이라도 영위할 수 있는 자유를 향유하고 있다. 다양한 가치관과 그에 근거한 다양한 인생계획 중에서 어느 것이 최선의 삶의 형태(ideal form of life)인지에 대하여 시민들 사이에 합의를 할 수는 없다. 이는 개인의 주관적인 가치 판단의 문제이다. 즉 자유주의 사회(liberal society)의 시민들은 완전주의(perfectionism)를 정치 원칙으로써 수용하지 않는다. 따라서 자유주의하의 시민들은 그들의 가치관이 타인의 가치관보다 더욱 중요하다는 이유로, 타인의 자유를 침해하거나 타인보다 더 많은 분배의 몫을 요구할 수 없다.[26] 이처럼 시민들은 자율적으로 그의 가치관을 형성하거나 수

25 롤즈의 자율의 개념과 이에 대한 찬반 양론에 대하여는 다음을 참조하시오. Fred D'Agostino, 'Two Conceptions of Autonomy,' *Economy and Society* Vol.27, No.1(Feb. 1998), 28－49쪽.; John Christman,'Liberalism and Individual Positive Freedom,' *Ethics* Vol.101, No.2(Jan. 1991),343－359쪽.; John Christman, 'Liberalism, Autonomy, and Self－Transformation,' *Social Theory and Practice* Vol.27, No.2(April 2001),185－206쪽. Ludvig Beckman, *The Liberal State and the Politics of Virtue*.(Stockholm: City Univ. Press, 2000); Ronald Beiner, *What's the Matter with Liberalism?*(Berkeley: Univ. of California Press, 1992); Richard Dagger, *Civic Virtues*(Oxford: Oxford Univ. Press, 1997)

26 롤즈의 완전주의에 대한 비판에 대하여는 *Rawls, Theory of Justice*, 325－332쪽을 참조하시오.

정할 수 있는 자유로운 존재이다. 정의로운 사회는 이러한 자율적인 인간이 그들의 인생 목표를 형성, 변경, 추구하는데 필요한 정치적, 사회적 배경을 제공하여야 한다. 구체적으로 정의 사회의 기본구조는 시민들의 다양한 가치관을 추구하는데 공통적으로 필요한 사회적 기본재를 규율하는 합리적인 기준, 즉 정의의 두 원칙에 의해 규제되어야 한다. 이러한 자유로운 인간관은 논리적으로 중립적 국가(neutral state)관으로 이어진다.[27] 이는 자유주의 국가의 오랜 전통이었다. 즉, 국가는 특정한 가치관과 삶의 형태를 권장하기 위한 목적으로 법이나 정책을 제정하여서는 안 된다. 즉 어떠한 삶의 형태가 가장 이상적인 삶인가에 대한 합의를 이룰 수 없음으로 국가는 이에 대하여는 중립적이어야 한다. 예를 들어 국가가 기독교의 봉사와 희생의 삶을 권장할 목적으로 교회에 세금 감면을 하거나, 고급문화를 향유하는 삶을 유도하기 위하여 오페라 공연에 보조금을 지불하였다. 반면 프로 레슬링 경기는 관중들의 말초적 흥미를 유발하는 저급문화이기 때문에 그 입장료에 과도한 세금을 부과하여 관중들이 외면하도록 유도하는 정책을 시행하였다. 이는 자유주의 국가의 정치적 중립(political neutrality)을 위배하는 것이다. 기독교적 가치관이나 고급문화를 즐기는 삶이 여타의 가치관보다 우세하다고 할 수 없기 때문이다. 만약 국가가 특정한 가치관과 인생계획을 권장하기 위하여 사회를 구성한다고 가정하자. 이는 필연적으로 이러한 가치관을 국민들에게 강요할 목적으로 국가 권력을 남용하게 되며 이는 개인의 자유를 침해하게 되어서 사회 안정에 위해하다.[28] 이처럼 자유주의의 중립적 국가관은 자율적인 인간관에 기초하고 있다.

---

27 롤즈의 중립적 국가관에 대하여는 Rawls, *Political Liberalism*, 191-195쪽을 참조하시오.

28 국가 권력의 강제에 대하여는 Rawls, *Political Liberalism*, 37쪽을 참조하시오.

그러나 자유롭게 개인의 가치관과 인생 목표를 추구하는 이성적인 인간은 사회 협력을 위하여 타인들의 주장을 수용할 수 있는 도덕심을 결여하고 있다. 민주사회의 시민들은 사회 협력의 공정한 조건에 대하여 타인과 기꺼이 논의를 할 준비가 되어야 한다. 그리고 일단 사회 협력의 조건이 정해지면 이를 성실히 준수하여야 한다. 이를 위하여 민주사회의 시민에게는 정의감(sense of justice)이라는 도덕적 덕목이 필요하다. "정의감이란 사회 협력의 공정한 조건인 정의(justice)의 개념을 이해하고 실생활에 적용할 수 있는 능력과 이를 준수할 수 있는 능력이다."[29] 정의감을 견지한 시민은 사회협력의 공정한 조건을 찾기 위하여 본인의 제안을 하고, 또한 타인이 제시한 제안에 대하여 기꺼이 토론을 한다. 일단 정의의 원칙이 정해지면 정의감을 견지한 시민은 타인들이 이 원칙을 준수한다는 조건하에서 성실히 이를 준수한다. 이러한 정의감을 견지한 시민들은 합리적(reasonable)인 존재이다. 이러한 두 가지 도덕적 능력을−가치관을 형성하는 능력과 정의감을 발휘하는 능력−민주사회의 협력원이 되기 위하여 필요한 최소한도로 견지하고 있다는 면에서 시민들은 평등하다.

롤즈의 주장에 의하면 두 가지 도덕적 능력을 함양하고 발휘하는 것은 민주사회의 시민들에게 가장 중요한 이해관계(higher−order interests)이니. 두 가지 도덕적 능력을 함양하고 발휘하지 못하는 인간은 사회 협력인이 될 수 없다. 사회적 기본재는 두 가지 도덕적 능력을 함양하고 발휘하는데 필수적인 것이다. 이러한 롤즈의 인간관은 형이상학적 개념이 아니라 정치적 개념이다. 롤즈의 인간관은 민주사회의 정치문화에 내재한 개념이다. 합리적이고 포괄적인 주의·주장을 견지하고 있는 인간은 사적인 영역(nonpublic life)에서는 그의 포괄적 주의·주장에 부합하는 비정치적

29 Rawls, *Political Liberalism*, 19쪽.

사자들은 가격은 수요·공급의 법칙에 의하여 시장에서 결정된다는 경제학의 이론을 알고 있다. 그러나 무지의 장막 때문에 그들이 대변하는 시민이 수요자와 공급자 중에서 어떤 계층에 속하는지에 관한 특별한 정보는 차단돼 있다. 따라서 계약 당사자들은 생산자와 소비자의 입장을 공정하게 고려하여 정의의 원칙을 선택하게 된다.

특히 무지의 장막 때문에 계약 당사자들이 그들이 대변하는 시민의 가치관을 모르는 상황 하에서 정의의 원칙을 선택한다는 점을 달리 표현하면 원초적 입장에서 선택된 정의의 원칙은 다원주의 민주사회에 존재하는 특정한 합리적이고 포괄적 주의·주장에 의거하지 않은 자유로운 입장의 견해(freestanding view)이다. 반면 정의의 원칙은 민주사회 시민들이 공유하고 있는 정치문화에 의거한 것이다. 따라서 정의의 원칙은 여러 합리적인 주의·주장들로부터 수용될 수 있다. 이처럼 무지의 장막은 사회적, 자연적 우연의 요소들을 가급적 많이-예를 들어 가치관까지 포함하여-제거하여야 함으로 원초적 입장에 두껍게 드리워져 있어야 한다.[34]

이러한 무지의 장막이 드리워진 원초적 입장 하에서 계약 당사자들은 정의의 원칙을 선택한다. 이들이 정의의 원칙을 선택할 때, 어떠한 동기(이유)를 갖고 결정을 하는가? 계약당사자들이 갖는 선택의 동기는 민주사회의 정치문화를 정합적으로 반영한 것이다. 우선 민주정치문화의 한 특징인 가치관을 형성할 수 있는 능력을 갖춘 시민이라는 개념은 원초적 입장에서 계약 당사자들의 선택의 동기에 정합적으로 반영되어 있다. 민주사회의 시민들은 그들의 책임 하에 자발적으로 가치관을 형성, 변경, 추구하는 자유로운 존재이다. 시민들은 그들의 전체적 인생 계획에 맞춰 목표를 설정하고 그 수단을 추구하는 이성적인 존재이다. 이러한 자유로운 시민

---

34 이에 대하여는 Rawls, *Political Liberalism*, 24-25쪽을 참조하시오.

이라는 정치문화의 특징은 원초적 입장에서 계약 당사자들의 선택의 동기에 반영돼있다. 즉, 원초적 입장하의 계약 당사자들은 그들이 대변하는 시민들의 가치관을 최대한으로 추구할 수 있는데 적합한 정의의 원칙을 선택하고자 한다. 이러한 선택 동기는 가치관을 형성할 수 있는 능력의 소유자인 이성적인 인간의 개념을 정합적으로 원초적 입장에 반영한 것이다. 이러한 의미에서 계약 당사자들은 이성적으로 자율적인 대표(rationally autonomous representative)이다.[35] 이러한 선택 동기를 위하여 롤즈는 계약 당사자들의 상호 무관심(mutual disinterested)을 가정하였다. 즉, 원초적 입장하의 계약 당사자들은 그들이 대변하는 시민의 가치관과 그에 따른 인생 계획의 추구에 가장 적합한 정의의 원칙의 선택에 관심을 기울임으로 타인의 가치관을 위하여 희생을 하거나 타인의 성공에 시기를 하는 동기를 갖고 있지 않다. 단지 계약 당사자들은 그들이 대변하는 시민의 가치관 추구에 필요한 사회적 기본재를 가급적 많이 획득하는 것에만 관심을 기울인다. 원초적 입장하의 계약 당사자들이 타인의 이해관계에는 무관심하다는 가정은 이기적인 정의관으로 귀착되지는 않는다. 원초적 입장에서 채택된 정의의 두 원칙은 시민들에게 타인의 권리와 주장을 존중할 것을 요구한다.[36] 또한 무지의 장막 때문에 계약 당사자들은 그들이 대변하는 시민에 대한 개별적인 정보를 모름으로 결국 모든 시민의 이해관계를 공평하게 고려하게 된다.

원초적 입장 하에서 무지의 장막을 상정한 것은 정치문화의 또 다른 특징의 하나인 정의감을 정합적으로 반영한 것이다. 정의감은 사회 협력의 공정한 조건을 제시하는 정의의 원칙을 이해하고 준수하는 능력이다. 정

35 이에 대하여는 Rawls, *Political Liberalism*, 305쪽을 참조하시오.

36 이에 대하여는 Rawls, *Theory of Justice*, 147-148쪽을 참조하시오.

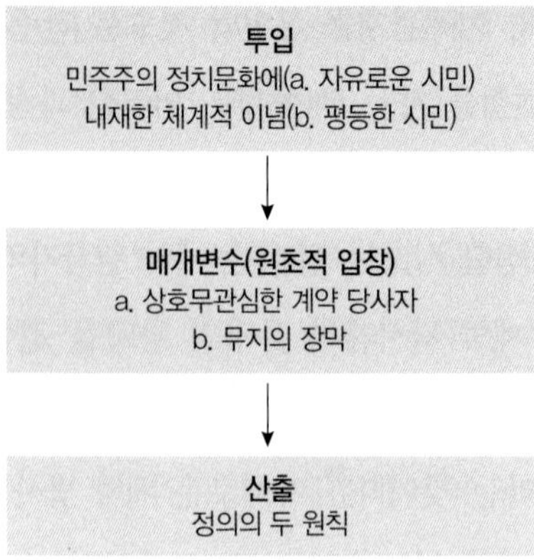

〈그림 3〉 **원초적 입장의 구성원리**

초적 입장에 정합적으로 반영되어 있다. 물론 민주주의 정치문화에 내재한 체계적 이념인 자유와 평등은 숙고된 도덕적 판단들을 체계화한 것이다. 이러한 과정을 거쳐서 구성된 원초적 입장에서 정의의 두 원칙이 선택됨을 보여줌으로써 롤즈는 그의 이론의 정당화를 기도하였다. 즉, 원초적 입장에서 선택된 정의의 두 원칙은 민주사회의 시민들이 견지하고 있는 숙고된 도덕적 판단들과 일치함으로 정의로운 원칙이다. 만약 정의의 원칙이 숙고된 도덕적 판단들과 일치하지 않는다면 우리는 다음 두 방법을 사용하여 반성적 평형상태에 도달할 수 있다. 첫째, 원초적 입장의 구조를 숙고된 도덕적 판단들과 일치하게 수정하여 구성하는 것이다. 즉, 원초적 입장의 여러 특징들을 – 예를 들어 상호 무관심한 계약 당사자와 무지의 장막 등 – 숙고된 도덕적 판단들과 일치하도록 원초적 입장의 선택상황을 묘사하는 것이다. 둘째, 숙고된 판단들은 잠정적인 결정임으로 이를 수정하여 정의의 원칙과 일치하도록 시민들의 숙고된 판단에 수정을 가하는 것이다.[40] 예를 들어 19세기의 시민들은 여성의 평등과 참정권 요구에 대하

40 보너백(Bonevac)의 주장에 의하면 롤즈는 반성적 평형상태에 도달하기 위한 수정(revision)

여 부정적인 도덕적 판단을 견지하고 있었으나 이는 정의의 원칙과 일치하지 않음으로 포기하여야 한다. 두 가지 방법을 교차 사용하여 결국 반성적 평형상태에 도달한 것이 롤즈가 묘사한 원초적 입장, 민주사회의 정치문화, 정의의 두 원칙이다. "평형상태를 이루었다는 것은 결국 정의의 원칙과 도덕적 판단들이 일치하기 때문이다. 반성적이라는 것은 어떤 정의의 원칙이 숙고된 도덕적 판단과 일치한가에 대하여 또한 그 도출 근거에 대하여 우리가 알고 있기 때문이다."[41] 필자가 2장 2절에서 정합론을 설명할 때, 비행기 사고를 당해 행방불명된 친구의 예와 같이 롤즈의 반성적 평형상태는 여러 요소들이 정합적으로 일치함을 보여줌으로써 정당화를 시도하였다.

원초적 입장에서의 선택 상황의 중요성과 그 특징은 그것이 순수 절차적 정의(pure procedural justice)의 경우라는 점이다. 정의의 두 원칙은 합리적 선택 상황인 원초적 입장 하에서 선택되었기 때문에 그 자체로 공정한 원칙이라는 것이다. 순수 절차적 정의의 개념에 의하면 올바른 결정에 관한 독립적 기준은 없지만 결정에 도달하기 위한 공정한 절차가 존재한다면 그 절차를 거쳐 합의된 결정은 무엇이든지 정당하다는 것이다. 예를 들어 포커 게임의 경우, 모든 참가자들이 속임수를 쓰지 않고 포커 게임의 규정에 따라 게임을 한다면 그 결과 돈을 따는 사람과 잃는 사람이 발생할 것이다. 포커 게임에서의 어떤 승패의 결과가 옳은 것인가를 규정하

과정에 대하여 구체적으로 탐구하지 않았다고 비판한다. 즉 숙고된 도덕적 판단, 원초적 입장의 묘사, 정의의 원칙을 상호 수정하여 반성적 평형상태를 이룩하는 과정에서 어떠한 방법이 필요한가에 대하여 모호하다는 지적이다. 이에 대하여는 다음을 참조하시오. Daniel Bonevac, 'Reflection without Equilibrium,' *Journal of Philosophy* Vol.101, No.7(July 2004), 363-388쪽.

41 Rawls, Theory of Justice, 20쪽.

는 독립적인 기준은 없다.[42] 필자가 돈을 잃고 상대방이 승리하였다고 부당한 결과는 아니다. 누가 포커 게임에서 승리하는 것이 정당한 것인가에 대한 독립적 기준은 없다. 다만 포커 게임의 규칙은 공정하고, 참가자 전원이 이 규정을 준수하여야 한다. 즉, 공정한 절차는 존재한다. 따라서 이러한 공정한 절차를 거처 포커 게임을 하여서 필자가 패하였다면 그 결과는 공정한 것이다. 환언하면 원초적 입장은 합리적 상황임으로 이러한 절차를 거처 선택된 정의의 두 원칙은 공정한 원칙이다. 롤즈가 제시한 정의의 두 원칙이 정의의 원칙이 되어야 하는 독립적 기준은 없다. 다만 롤즈의 정의의 두 원칙은 원초적 입장이라는 공정한 상황에서 선택되는 절차를 통해 결정되었기에 이는 정의의 원칙이 되는 것이다. 이러한 점에서 무지의 장막의 중요성이 있다. 즉, 무지의 장막은 합리적 선택상황을 보장하기 위한 장치이며 따라서 공정한 결정을 유도한다.

원초적 입장은 가상적인 선택 상황이다. 실제 상황에서 계약 당사자들은 본인에 관한 정보를 알고 있다. 그러나 원초적 입장에서 무지의 장막은 이러한 정보를 차단한다. 따라서 가상의 상황인 원초적 입장에 참가한 적이 없는 우리가 그곳에서 선택된 정의의 두 원칙을 준수하거나 관심을 기울일 필요가 없다는 반론이 제기될 수 있다. 이에 대하여 롤즈는 다

---

42 순수 절차적 정의와 대비하여 불완전 절차적 정의(imperfect procedural justice)와 완전한 절차적 정의(perfect procedural justice)의 개념이 있다. 두 개념에는 바람직한 결과에 대한 기준이 존재한다. 그러나 불완전한 절차적 정의의 경우에는 바람직한 결과를 달성할 절차적 방법이 결여되있지만, 완전한 절차적 정의의 경우에는 절차적 방법이 존재한다. 전자의 예로는 형사재판의 절차이다. 이 경우 바람직한 결과는 진범이 유죄 판결을 받는 것이다. 그러나 오심이 없는 재판 절차를 마련할 수는 없음으로 불완전한 절차적 정의의 경우이다. 후자의 예로는 공평한 케익 자르기(cake cutting)의 경우이다. 만약 케익을 모든 사람에게 동일한 분량으로 분배하는 바람직한 목표가 있다면 이를 위한 절차가 존재한다. 즉, 케익을 자르는 사람이 제일 마지막으로 한 조각의 케익을 선택하는 절차를 마련한다면 누가 케익을 자르던 공평하게 분배할 것임으로 이는 완전한 절차적 정의의 경우이다.

음과 같이 대답하고 있다. 원초적 입장에서 규정된 여러 가지 조건들은-예를 들어 상호 무관심한 계약자와 무지의 장막-합당한 근거 하에서 상정된 것임으로 우리는 그 조건들을 실제로 수긍할 수 있다는 것이다. "만약 우리가 그 조건들을 받아들이지 않는다면, 철학적인 고려 끝에 우리는 그 조건들은 받아들이도록 설득을 당해야 한다."[43] 환언하면 우리가 의사결정을 할 때, 원초적 입장의 여러 조건들을 상정하여 마치 실제로 우리가 그 상황에 있는 것처럼 생각하고 상충되는 이해 관계를 공정하게 고려하는 사고 작용(reasoning)을 하여야 한다. 이러한 방법으로 우리는 언제나 원초적 입장 상황에 있는 것처럼 모의 실험(simulation)을 할 수 있다.[44] 마치 동일한 연극 배우가 왕의 배역을 맡을 수도 있고 왕의 정적의 역할을 할 수도 있듯이, 원초적 입장은 우리가 합리적인 사고를 할 수 있게 하는 사고의 실험장(thought-experiment)이다. 이러한 과정을 통하여 자유롭고 평등한 인간 사이의 협력의 공평한 조건을 찾아낼 수 있다.

이상에서 설명한 바와 같이 원초적 입장에서 무지의 장막을 상정함으로써 공정한 선택 상황을 구축할 수 있다. 그러나 롤즈는 무지의 장막을 상정하는 또 다른 근거를 제시하고 있다. 즉, 무지의 장막을 상정함으로써 선택 상황이 간결해짐으로 구체적인 정의의 원칙에 합의할 수 있다는 것이다. 만약 계약 당사자들이 그들이 대표하는 시민에 관한 구체적 정보를 알고 그것을 대변하여 계약에 임한다면, 상충되는 이해 관계를 추구하는 계약 당사자들 사이에 합의를 이룩하는 것은 불가능하다. "정보에 관한 제약이 없다면, 원초적 입장에서의 협상은 너무 복잡해진다."[45] 따라서 무지의

---

43 Rawls, *Theory of Justice*, 21쪽.

44 이에 대하여는 Ralws, *Political Liberalism*, 26-27쪽을 참조하시오.

45 Rawls, *Theory of Justice*, 140쪽.

의 자유를 누릴 수 있다는 동등한 자유의 원칙을 채택한다.[65] 자유의 원칙이 채택되는 또 다른 근거로써 롤즈는 사회 협력(social cooperation)의 필요성을 강조하고 있다. "만약 일부 시민의 기본적 자유가 제한되거나 부정된다면, 상호 존중에 의거한 사회 협력이 불가능하다."[66] 정의의 원칙은 사회 협력의 공정한 조건이다. 즉, 동등한 시민들이 이 원칙에 의거하여 상호 협력을 유지한다. 이것을 보장하기 위하여 자연적, 사회적 우연적 요소로부터의 영향을 배제하여야 한다. 소수의 종교관을 견지하고 있다는 것은 사회 환경의 우연일 뿐이다. 만약 정의의 원칙이 소수의 종교인들을 부당하게 취급한다면 그들은 사회 협력을 거부할 것이다. 따라서 동등한 자유의 원칙이 채택된다. 정의의 원칙은 사회의 여러 단체들(social unions)을 하나의 단체로 통합하고 조화시키는 역할을 하여야 한다. 오케스트라의 각 구성원들은 그들이 연주하는 악기를 다루는 능력에서 뛰어난 연주자들이다. 그러나 그들을 조화롭게 어울러 훌륭한 연주를 하기 위하여서는 협력의 장이 필요하듯이, 정의 사회는 여러 단체들의 협력이 필요하다. 롤즈의 정의의 제1원칙은 상호 존중의 정신을 구현하기 때문에 사회협력을 촉진한다. 이러한 정의사회에서는 모든 시민들이 그들의 가치관을 충족시킬 수 있다. 따라서 계약 당사자들은 동등한 자유의 원칙을 정의의 원칙으로 채택한다.[67]

b. 정의의 제2원칙

일반적 정의의 원칙에 의하면 모든 사회적 기본재는 공평하게 분배되

---

65 이에 대하여는 Rawls, *Political Liberalism*, 311쪽을 참조하시오.

66 Rawls, *Political Liberalism*, 337쪽. 이외에도 사회 협력에 대하여는 Rawls, *Theory of Justice*, 15쪽을 참조하시오.

67 이에 대하여는 Rawls, *Political Liberalism*, 320−323쪽을 참조하시오.

어야 하지만 불평등이 모든 시민들에게 이득이 된다면 그 불평등은 정당하다. 원초적 입장하의 계약 당사자들은 자신이 특별히 불리한 처지나 유리한 처지에 있는 것을 상정할 수 없다. 따라서 모든 사회적 기본재는 공평하게 분배되어야 한다는 원칙이 채택된다. 즉 일반적 정의의 원칙의 앞부분이 규정하듯이 평등한 자유, 기회균등, 균등한 소득과 부의 분배의 원칙이 채택된다. 이 상태는 시원적 평등(initial equality)의 준거점(benchmark)이다. 그러나 이러한 입장이 최종적인 견해일 필요는 없다. 만약 불평등이 사회 구성원 모두에게 이득이 된다면 이러한 불평등을 수용 못 할 이유가 없다.[68] 예를 들어 이러한 불평등이 더욱 생산적이고 효율적인 성과를 유도한다면 더욱 그러하다. 그러나 이러한 불평등은 특별한 제약(constraint) 하에서만 수용할 수 있다. 롤즈의 주장에 의하면, 불평등이 사회 구성원들 간의 관계에 부정적인 영향을 미친다면 그러한 불평등은 부정의로운 것이다. 예를 들어 심한 불평등은 빈자가 그들의 자유를 실질적으로 발휘할 수 없게 하고 그들에게 열등감을 갖게 하며 그들의 공무담임의 정치적 기회를 박탈한다.[69] 따라서 롤즈의 정의의 두 원칙과 그 구조는 불평등과 관련한 구체적인 제약을 제시하고 있다. 위에서 상술한 정의의 제1원칙에 의하면 분배의 대상인 사회적 기본재 중에서 자유와 권리는 평등하게 분배할 것을 규정하고 있다. 정의의 제2원칙은 사회적 기본재 중에서 직위나 직책, 소득이나 부의 불평등으로부터 야기되는 사회적, 경제적 불평등을 제약하는 원칙을 제시하고 있다.[70] 예를 들어 국회의원의

---

68 이에 대하여는 Ralws, *Theory of Justice*, 151쪽을 참조하시오.

69 이에 대하여는 Rawls, *Law of Peoples*, 114-115쪽을 참조하시오.

70 롤즈의 표현에 의하면, 정의의 두 원칙은 사회적 기본재 중 하나인 기본적 자유를 규정하는 기준과 또한 소득, 자산과 같은 기타 사회적 기본재의 분배를 규정하는 기준을 제시한다고 언급하고 있다. 이에 대하여는 Rawls, *Political Liberalism*, 309쪽을 참조하시오. 필자의 견해

직책을 수행하는 정치지도자는 일반 유권자보다도 광범위한 특권을 누리고, 심대한 사회적 영향력을 행사하고 있다. 이는 사회적 불평등의 한 유형이다. 대기업의 최고 경영자는 그 회사의 수위 직책을 수행하는 자보다도 많은 소득을 올리고, 사회적 영향력을 행사할 수 있다. 또한 충분한 여가생활을 누릴 수 있고, 따라서 두 사람간의 자존감에도 차이가 있을 것이다. 이러한 사회적, 경제적 불평등은 일정한 제약 하에서만 인정될 수 있다. 롤즈의 정의의 제2원칙에 의하면 이러한 불평등은 공정한 기회균등의 원칙이 준수되고, 그 불평등이 사회 최하위 계층의 장기적 전망(long-term expectations)을 증진시키는 경우에만 수용할 수 있다. 사회의 최하위 계층이란 가장 불리한 조건에 놓여 있는 계층(least advantaged members)이다. 이는 비숙련 노동자(unskilled worker)들의 평균소득(average income) 이하의 소득 계층을 의미한다. 또는 특정한 사회적 지위와 무관하게 소득 수준이 사회의 중위소득(median income)의 절반 이하의 모든 시민들을 의미한다.[71] 이들은 경제적인 면에서 불리한 위치에 처한 계층일 뿐 아니라 여타 사회적 기본재인 자유, 직책, 자존감, 여가를 향유하는 지수(index)가 가장 낮은 계층이다. 일반적 정의의 원칙에서 규정된 '모든 시민에게 이득'이라는 제약이 정의의 제2원칙에서는 '사회 최하위 계층에게 이득'과 '공정한 기회균등'이라고 더욱 구체적으로 제시된다.

정의의 제2원칙에서 규정된 바와 같이 사회적 기본재 중에서 직위나 직책, 소득이나 부의 불평등은 합당한 조건하에서 인정되지만, 정의의 제1원칙에 의하면 기본적 자유나 권리는 모든 시민들이 공평하게 향유하여야

에 의하면 이러한 롤즈의 언급은 그의 정의의 두 원칙의 구조와 기능을 이해하는데 중요한 관건이라고 생각한다.

71 최하위 계층의 정의에 대하여는 Rawls, *Theory of Justice*, 98쪽을 참조하시오.

한다. 이는 사회적 기본재 중에서 직위나 직책, 소득과 자산보다는 자유의 중요성을 보여주는 것이다. 이점에 대하여는 다음절에서 정의의 두 원칙간의 우선성을 설명하면서 상술하겠다. 롤즈의 전체 이론을 정확히 이해하기 위하여서는 정의의 두 원칙은 사회적 기본재의 분배의 기준을 제시하는 역할을 하고 있고는 점을 파악하여야 한다. 제1원칙은 공평한 자유의 분배를, 제2원칙은 직위나 직책, 소득이나 부의 합당한 분배의 기준을 제시하고 있다는 것이다. 그림 5는 이를 도식화하고 있다. 이하에서는 정의의 제2원칙의 구체적 내용, 의미, 구조에 대하여 상술하겠다.

사회적 기본재		정의의 원칙
1) 자유	→	정의의 제1원칙
2) 중요한 직위, 직책	→	정의의 제2원칙(공정한 기회균등의 원칙)
3) 소득과 부	→	정의의 제2원칙(불평등한 분배는 최하위 계층에게 이득이 되도록) (차등의 원칙)

〈그림 5〉 정의의 원칙과 사회적 기본재

정의의 제2원칙은 사회적, 경제적 불평등을 규율하는 두 가지 조건을 제시하고 있다. 첫째, 정치·경제적 제도 내에서 책임 있는 직위나 직책은 공정한 기회균등의 원칙하에 모든 시민들이 얻을 수 있어야 한다. 이는 일종의 기회균등의 원칙(principle of equal opportunity)이다. 둘째, 사회적, 경제적 불평등은 사회 최하위 계층(least advantaged members)에게 이득이 되어야 한다. 롤즈는 이를 차등의 원칙(difference principle)이라고 칭하였는데 이는 일종의 분배의 원칙(principle of distribution)이다. 이처럼 정의의 제2원칙은 기회균등의 원칙과 분배의 원칙이라는 두 가지 조건으로 구성돼 있다.[72] 그러나 각각의 원칙은 다양한 해석을 낳을 수 있다. 롤즈의

72 롤즈는 각각의 원칙이라는 표현을 사용하지 않고, '모든 시민들이 얻을 수 있음'과 '모든 시민에게 이득'이라는 두 표현의 불명확성을 지적하고 이에 대한 상이한 해석을 통하여 정의의

정의의 제2원칙을 정확히 이해하기 위하여서는 두 가지 조건에 대한 상이한 해석을 상호 비교함으로써 더욱 그 뜻이 명확해 진다. 그림 6에서 롤즈는 정의의 제2원칙에 대한 4가지 상이한 해석을 제시하여 상호 비교하였다. 정의의 제2원칙에 대하여 설명하기에 앞서 우선 정의의 제1원칙이 규정하는 동등한 자유의 원칙이 실현되었다고 가정하자. 즉 한 사회의 모든 시민들은 사상과 양심의 자유, 정치적 자유, 재산권 행사의 자유 등을 누리고 있다. 롤즈가 주장하였듯이 정의의 제1원칙은 제2원칙보다 우선함으로 정의의 제2원칙을 설명하기에 앞서 정의의 제1원칙이 충족된 사회를 가정하였다. 또한 롤즈는 정의의 제1원칙이 실현되기 위하여서는 자유시장체제(free market)가 가장 적합한 경제체제라고 상정하였다. 자유시장의 개념은 정의의 제1원칙인 동등한 자유의 이념에 가장 잘 부합하는 경제제도이다.[73] 수요와 공급에 의하여 가격이 결정되는 완전 경쟁체제가 실현되면, 시민들은 자유로이 그의 직업과 경력을 선택할 수 있는 자유를 향유하게 된다. 분권화된 시장 경제체제 하에서는 가계와 기업들은 자유로이 의사결정을 할 수 있다. 따라서 계획 경제의 필요성은 배제된다. 시장 경제

		분배의 원칙	
		〈효율성의 원칙〉	〈차등의 원칙〉
기회 균등의 원칙	〈재능의 우선〉	자연적 자유체제	자연적 귀족체제
	〈공정한 기회 균등〉	자유적 평등체제	민주적 평등체제

〈그림 6〉 **평등의 사회체제 유형**

의 제2원칙의 내용을 구체적으로 제시하였다. 그러나 필자의 해석으로는 롤즈의 표현을 더욱 일반화하여 '기회균등의 원칙'과 '분배의 원칙'이라는 표현을 사용하였다. 이에 대하여는 Rawls, *Theory of Justice*, 65쪽을 참조하시오.

73 이에 대하여는 Rawls, *Theory of Justice*, 270–273쪽을 참조하시오.

의 장점에 대한 믿음은 자유주의의 중요 특징이다. 이처럼 정의의 제1원칙이 충족된 조건하에서 그 사회의 불평등을 규정하는 정의의 제2원칙과 관련한 상이한 해석을 상정하였다.

롤즈는 평등을 가름하는 두 가지 조건으로써 기회균등의 원칙과 분배의 원칙을 제시하고 이러한 두 조건의 결합에 의하여 평등한 체제의 성격을 규정하였다. 그러나 두 조건은 각각 상이한 해석을 낳고 있다. 즉, 기회균등의 원칙으로서 '재능 있으면 출세할 수 있다'는 해석(careers are open to talents)과 '공정한 기회균등'(equality of fair opportunity)을 강조하는 상이한 해석이 있다. 또한 분배의 원칙으로서 파레토 최적(Pareto optimality) 조건과 같은 '효율성의 원칙'과 롤즈가 제시한 '차등의 원칙'이라는 상이한 해석이 있다. 롤즈의 정의의 제2원칙은 이러한 상이한 해석 중에서 공정한 기회균등과 차등의 원칙을 결합하여 사회적, 경제적 불평등을 규제하였고 이러한 사회체제를 민주적 평등체제(system of democratic equality)라고 칭하였고 그 우월성을 역설하였다. 환언하면 정의의 제2원칙에 의하면 사회적, 경제적 불평등은 다음의 두 가지 조건을 충족시키는 경우에만 수용할 수 있는데, 첫째 조건에 의하면 공정한 기회균등의 조건하에 모든 시민은 중요한 직위나 직책을 얻을 수 있는 실질적 기회가 보장되어야 하고 둘째 조건에 의하면 불평등이 그 사회의 최하위 계층에게 이득이 되어야 한다. 이러한 정의의 제2원칙과 더불어 정의의 제1원칙이 준수되는 사회를 조직화된 사회(well-ordered society)라고 칭하였다. 즉, 정의의 제1원칙이 규정하는 자유와 권리의 평등이 실현된 후 정의의 제2원칙의 두 조건이 충족된 사회는 민주적 평등체제이며 이는 정의로운 사회이다. 이하에서는 보다 구체적으로 롤즈가 제시한 정의의 제2원칙의 내용과 그 의미를 상술하겠다.

롤즈는 민주적 평등체제를 기타의 사회체제와 비교하는 과정에서 경세

예로 들어 보자. e점에서는 두 재화의 등량 곡선이 접하는 것이 아니라 교차함으로써 두 재화의 한계 기술대체율이 일치하지 않는다. 즉 X재 생산에 자본을 노동에 비해 상대적으로 많이 투입하였으며, Y재 생산에 노동을 과다하게 사용하여 비효율적인 요소 투입의 결과 X재를 Q_2 만큼, Y재를 Q_2 만큼 생산하고 있다. 따라서 X재 생산에 과도하게 투입된 자본을 줄여 Y재 생산으로 전환하고 Y재 생산에 과다하게 사용된 노동을 줄여서 X재 생산에 이용하면 b, c 사이의 한 점으로 이동할 수 있고, 그 결과 Q_2 보다 많은 량의 X재와 Y재를 생산할 수 있다. 환언하면 파레토 개선(Pareto improvement)을 통하여 더욱 효과적인 생산을 할 수 있다. 계약 곡선은 이러한 파레토 개선의 여지가 더 이상 없는 가장 효율적인 생산점들이다. 계약 곡선상의 생산은 한 재화의 생산을 증가시키기 위해서는 반드시 다른 재화의 생산을 감소시킬 수밖에 없다는 의미에서의 파레토 최적 조건을 만족시키는 생산점들이다. 이러한 효율적인 두 재화 생산의 무수한 조합들을 상품공간으로 옮겨서 X재와 Y재 각각의 생산량을 표시하여 그림 8에서 생산 가능곡선을 얻을 수 있다. 생산요소 공간의 계약 곡선은 상품 공간의 생산 가능곡선에 해당하며 따라서 그림 7과 그림 8의 a, b, c, d점들은 서로 대응하는 것이다. 생산 가능곡선의 기울기의 절대값은 한계변환율이라고 칭한다. 이는 주어진 가용자원으로 X재의 생산증대를 위해서 어느 정도 Y재의 생산감소를 초래해야만 하는가의 비율이다.

이렇게 생산의 효율성이 달성된 후, 그 다음 과제는 생산된 재화를 두 사람(A와 B)에게 효율적으로 배분(교환)하는 일이다. 우선 그 사회에서 일정량의 재화가 생산되었다고 가정하자. 즉, 그림 8의 생산 가능곡선상의 a점에서 생산하는 것이 모든 시민들의 선호를 반영하는 선택이라면 그 사회에서는 X재는 $\overline{X}$, Y재는 $\overline{Y}$ 만큼의 생산을 하게 된다.

이러한 두 재화의 생산량 $\overline{X}$과 $\overline{Y}$을 A, B의 두 시민에게 효율적으로 분

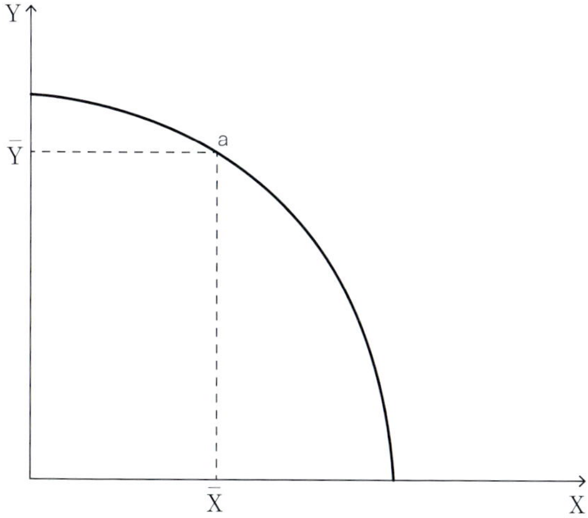

〈그림 8〉 **생산 가능곡선**

배하는 문제를 살펴보기 위하여 **그림** 9에서 $O\overline{X}a\overline{Y}$의 에지워드 상자를 상정하자. O를 원점으로 하는 시민 A의 무차별 곡선과 a를 원점으로 하는 시민 B의 무차별 곡선으로 두 시민의 재화에 대한 선호를 표시하였다. 원점 O를 향하여 볼록한 형태의 일련의 무차별 곡선들이 표시돼 있다. 하나의 무차별 곡선은 두 재화 X, Y의 묶음들로 구성돼 있는데 시민 A는 이러한 재화의 묶음들에 대하여 동등하게 평가하고 있다. 즉, 시민 A가 소비할 수 있는 X재와 Y재의 경우의 수는 많은데 그 중에서 시민 A에게 동일한 만족을 주는 재화의 묶음을 표시한 것이다. 예를 들어 시민 A가 X재 4개와 Y재 2개를 소비함으로써 얻는 만족과 X재 3개와 Y재 4개를 소비함으로써 얻는 만족이 같다면, 두 재화의 이러한 결합을 모두 표시한 것이 시민 A의 무차별 곡선이다. 원점 O로부터 멀리 떨어진 무차별 곡선은 시민 A가 두 재화를 더욱 많이 소비하여, (반면 시민 B는 상대적으로 적은 량의 재화를 소비한다) 더욱 큰 만족(효용)을 누리고 있음을 나타낸다. 마찬가지로 원점 a를 향하여 볼록한 형태로 표시된 일련의 무차별 곡선은 시민 B의 선호도를 반영하고 있다. 두 시민의 무차별 곡선이 접하는 계약곡선(Oeba)을 도출할 수 있다. 이 계약곡선 상의 점들은 두 시민의 무차별 곡선의 기울기가(소비의 한계 대체율) 같은 점들의 궤적이다. 이는 생산된 재화의 양 $\overline{X}$, $\overline{Y}$를 가장 효율적으로 A와 B에게 배분했을 때 두 시민이 얻을 수 있는 최대한의 효용수준의 조합을 나타내고 있다. 예를 들어 **그림 9**의 z점에서 분배가 이루어졌다면 이는 효율적인 분배의 균형점이 아니다. 두 시민은 X, Y 재화의 상호 교환을 통하여 q점으로 이동할 수 있다. 환언하면 시민 A는 X재의 소비를 줄이고 Y재의 소비를 증가시키는 한편 시민 B는 정반대의 소비를 함으로써 q점에서 균형이 이루어진다. 교환이 이루어진 후의 q점에서의 두 시민의 무차별 곡선을 z점에서의 무차별 곡선과 비교해보면, 두 시민의 효용이 모두 증가하였음을 알 수 있다. 계약 곡선상의 점들은 더 이상의 개선이 불가능한 가장 효율적인 분배 점들의 집합이다. 계약 곡선상의 점들 사이의 이동은 한 시민의 효용수준의 감소 없이는 불가능하다. b에서 e로의 이동을 통한 새로운 분배는 시민 A의 효용수준의 감소 없이는 불가능함으로 파레토 최적 조건을 충족시킨다. 계약 곡선은 파레토 최적 조건을 만족시키는 가장 효율적인 분배 점들이다.

그러나 **그림 9** 계약 곡선상의 점들은 교환(분배)의 효율성만을 나타낼 뿐이다. 계약 곡선상의 무수한 분배의 경우 수들은 모두 똑같은 결과를 얻는 것은 아니다. 즉, 생산의 효율성까지 동시에 고려하여 경제전체의 관점에서 효율적인 생산과 교환의 두 조건을 동시에 만족시키는 균형점을 찾아야 한다. 즉, 경제전반의 효율성의 조건은 생산가능곡선의 기울기인 한계변환율과 두 시민의 공통의 무차별곡선의 기울기인 한계대체율이 같아야 한다. 이는 **그림 9**의 a점에서의 기울기(한계 변환율)와 계약 곡선상의 무차별 곡선의 기울기(소비의 한계대체율)가 일치하는 b점에서 결정된다. 즉, 그 사회에서 두 재화를 $\overline{X}$, $\overline{Y}$의 양만큼 생산하는 것이 가장 효율적 생산이라면 A, B 두 시민에게 b점에서 분배하는 것이 가장 효율적 배분이며 이 경우에 두 시민이 얻는 효용 수준(I_2^A와 I_2^B)을 나타내고 있다. 만약 경제전반의 효율성의 조건이 충족되지 않는다면 생산과 분배의 변화를 통하여 시민들의 효용증대가 가능하다. 예를 들어, 그 사회의 한계변환율은 2이고 한계대체율은 1이라고 가정하자. 이 경제는 1단위의 X재 생산의 감소로서 2단위의 Y재 생산을 증대시킬 수 있고, 시민들은 X재 1단위와 Y재 1단위를 무차별적으로 선호한다. 따라서 X재 1단위 생산에 소요되는 자본과 노동을 Y재 생산에 투입하여 2단위의 Y재를 추가 생산하고 분배함으로써 모든 시민들의 효용의 증대를 이룩할 수 있다. 결국 한계변환율과 한계대체율이 같은 점에서 경제전체의 효율이 달성된다.

그림 9에서 a점에서 두 재화의 생산량이 결정되었다는 전제 하에 이를 효율적으로 분배하는 교환점들인 계약곡선을(Oeba) 도출하였다. 계약곡선상의 각각의 분배점에서 두 시민이 얻을 수 있는 효용수준의 짝들을(I_1^A

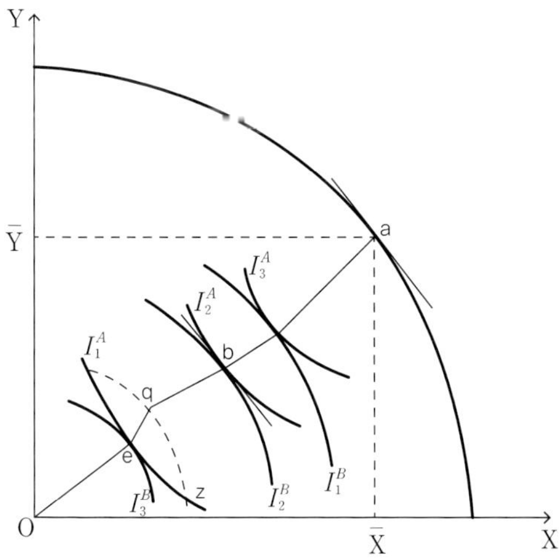

〈그림 9〉 경제전체의 효율

와 I_3^B, I_2^A와 I_2^B, 등등) 효용공간에 옮겨서 효용가능곡선을 도출할 수 있다. 그림 10에서 가로축은 시민 B의 효용수준을(U^B), 세로축은 시민 A의 효용수준(U^A)을 표시한다. 그림 10의 곡선(cbed)은 그림 9의 계약곡선(Oeba) 상의 효용수준의 짝들을 표시한 효용가능곡선이다. b와 e점은 그림 9와 그림 10에서 대응하는 효용수준을 나타낸다. 물론 b점은 경제전반의 효율성의 조건을 충족시키는 균형점이다.

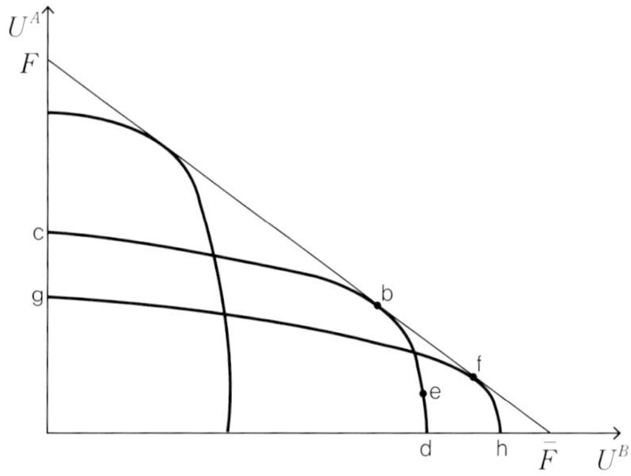

〈그림 10〉 **총효용가능곡선**

하나의 효용가능곡선(cbed)은 재화의 생산이 일정량으로($\overline{X}$과 $\overline{Y}$) 결정되는 것이 가장 효율적인 경우에 도출할 수 있는 것이다. 즉 그림 8의 생산가능곡선 상의 a점에서 $\overline{X}$와 $\overline{Y}$ 만큼의 생산이 이루어질 경우에 이를 가장 효율적으로 분배하여 얻을 수 있는 효용 수준의 조합을 표시한 것이다. 그러나 그림 8의 생산가능곡선 위의 다른 점에 대해서도 각각 이에 상응하는 효용가능곡선을 구할 수 있다. 즉, 두 재화의 생산량을 $\overline{X}$, $\overline{Y}$과는 다른 량만큼 생산할 수 있는 무수한 경우의 수가 가능하며 각각의 경우에 대응하는 무수한 효용가능곡선들을 구할 수 있다. 그림 10에는 이처럼 무수히 많은 효용가능곡선들이 표시돼 있다. 곡선(gfh)은 그 중의 하나이다.

f점은 효용가능곡선(gfh)상에서 경제전반의 효율조건을 충족시키는 점이다. f점은 그림 9의 b점과 같은 의미를 갖는 점이다. 이처럼 개별 효용가능곡선상에서 경제전반의 효율조건을 충족시키는 점들을(b점, f점, 등등) 포괄하는 곡선을 도출할 수 있다. 그림 10의 $F\bar{F}$ 곡선은 이를 나타내는 총효용가능곡선이다. 총효용가능곡선은 생산의 효율성과 교환의 효율성을 동시에 만족시킴으로써 경제전반의 효율성 조건을 만족시킨 경우 두 시민이 얻을 수 있는 최대한의 효용수준의 조합이다. 총효용가능곡선상의 어떠한 점도 그 사회에 주어진 부존자원, 생산기술조건, 개인들의 선호 하에서 파레토최적조건을 충족시키는 점이다. 그림 10에서 총효용가능곡선이 우하향 한다는 점은 한 시민의 효용수준의 증가는 타인의 효용수준의 감소 없이는 불가능하다는 파레토 최적 조건을 나타내고 있다.

만약 총효용가능곡선상의 한 점이 가장 바람직한 분배점으로써 선택이 되었다면 자동적으로 생산요소를 어떻게 투입하여 최적 생산을 달성하고, 그 생산된 재화를 어떻게 교환할 것인가 하는 문제가 동시에 결정된다. 그러나 총효용가능곡선($F\bar{F}$)상의 모든 점들은 파레토 최적성 조건을 충족시키는 효율적인 분배점들이다. 따라서 파레토 최적성의 효율조건으로는 총효용가능곡선 상의 어떤 점이 바람직한 분배점인가를 결정할 수는 없다. 그림 10의 총효용가능곡선상의 b점과 f점 중에서 어떤 분배점이 바람직한가를 결정하기 위하여서는 다른 기준이 필요하다. 즉, 정의의 원칙이 필요하다. 효율성의 원칙이 정의의 원칙과 동일하지는 않다. 예를 들어 그림 10의 총효용곡선상의 F점이나 $\bar{F}$점과 같은 극단적인 분배는 두 시민 중 한 시민만이 모든 재화를 소비할 수 있도록 소득을 분배하는 경우이다. 이는 극단적인 경제적 불평등 상태임으로 정의로운 사회는 이러한 분배를 수용할 수 없다. 정의론의 주된 관심사인 사회의 기본구조에 파레토의 원칙을 적용할 경우, 롤즈는 이 원칙은 공정한 협동체로서의 사회의 기본구조를 규정할 수 없다고 평가하였다.[75] 사회의 기본구조가 노예제도를 인정하고 있다고 가정하자. 노예의 노동력으로 생산은 효율적으로 이루어지고 지주들은 만족하고 있다. 이러한 사회에서는 지주들의 희생 없이는 노예제도를 폐지할 수 없다. 즉, 이러한 노예사회는 파레토의 최적성 조건을 충족시키는 효율적인 사회이다. 노예 사회에서 지주와 노예의 효용(만족)수준의 분배는 **그림 10**의 총효용가능곡선상의 어떠한 점일 것이다. 그러나 민주 시민의 숙고된 도덕적 판단으로는 노예 사회는 공정한 협동체로서의 사회라는 개념과는 정합적으로 일치하지 않는다. 노예 반란의 가능성이 상존하는 사회는 공정한 협동체가 아니다. 따라서 노예사회는 정의로운 사회라고 평가할 수 없다. 즉, 효율성의 원칙만으로는 정의의 개념을 정립할 수 없다.

총효용가능곡선 상의 어떤 점에서의 분배가 가장 정의로운 기준을 충족시키는가의 문제에 대해 다양한 대안이 제기되었다. 이하에서는 롤즈가 제시한 대안을 설명함으로써 그의 정의의 제2원칙을 보다 구체적으로 기술하겠다. **그림 6**에서 제시한 4가지 사회체제 중 하나인 자연적 자유체제(system of natural liberty)에서는 '재능 있으면 출세할 수 있다'(careers are open to talents)라는 기회균등의 기준으로써 이 문제를 해결한다. 자연적 자유체제에서는 "효율성의 원칙에 의하여 사회의 기본구조가 규정되고 직무를 수행할 능력과 의지가 있는 자라면 누구나 중요한 직위를 얻을 수 있다면, 그 사회의 분배는 정당하다."[76] **그림 6**에서 표시한 것과 같이 자연적 자유주의 체제는 파레토의 최적성이라는 효율성의 조건과 재능(능력) 우선의 기회균등 조건이 충족된다면 그 결과로써 초래되는 불평등은 정당한

75 이에 대하여는 Rawls, *Theory of Justice*, 71쪽을 참조하시오.

76 Rawls, *Theory of Justice*, 66쪽.

것이며 수용할 수 있는 것이다. 재능 우선의 기준은 업적주의(meritocracy)를 의미한다. 특정한 직책에 적합한 인재를 평가할 때, 직무수행 능력이라는 공정한 평가 절차가 작동하는 경우이다. 정치적, 경제적 주요 직책을 수행할 재능과 능력이 있는 자가 충원되어서 특권을 향유하고 많은 소득과 부를 축적한다면 이러한 분배는 정당한 것이다. 그림 10의 총효용가능곡선상에서 바람직한 분배점은 두 시민 A와 B의 능력에 따른 소득과 부의 격차에 따라 결정된다. 예를 들어 시민 B가 시민 A보다 재능과 능력면에서 뛰어나서 중요 직책을 얻어 출세를 하여 부를 축적하였고, 따라서 A보다 더 많은 재화를 소비하여 더 높은 효용수준을 누린다면 분배점은 $\overline{F}$점에 보다 가까운 곳에서 결정될 것이다. 또한 이러한 분배는 정당한 것이다.

역사적으로 18세기의 프랑스 사회는 능력 우선의 기회균등원칙을 선호하였다. 귀족주의 잔재가 드리워져 있던 프랑스 사회에서 능력 우선의 원칙은 귀족들에 의한 중요 직책의 독직 현상을 타파하는 목적을 수행하였다. 현대사회는 인종, 성별, 종교적 차이에 근거하여 경제적이나 정치적 중요 직책을 할당하는 것을 용납하지 않는다. 사회적 신분, 성별, 인종과 무관하게 개인의 능력과 재능에 따라 출세가 보장되어야 한다. 이러한 기회균등의 원칙은 자유주의 전통의 중요한 특징인 평등사상의 발현이다. 롤즈의 주장에 의하면 현대 사회체제 중에서 자유방임적 자본주의(laissez-fair capitalism) 체제가 이에 해당한다.[77] 재화와 서비스의 수요자와 공급자 사이의 자유로운 거래에 의하여 합리적인 소비와 생산이 이루어지는 시장경제(market economy)에서 경제적 효율성과 경제발전의 원동력을 추

77 이에 대하여는 다음을 참조하시오. John Rawls, *Justice as Fairness*(Cambridge: Harvard University Press, 2001), 137쪽.

구하는 체제이다. 재화시장의 논리처럼 노동시장(labor market)에서도 노동력의 수요자와 공급자 사이의 자유계약에 의하여 고용량과 임금이 결정된다. 노동시장에서 능력이 있는 자는 출세의 기회가 보장된다. 능력이 있는 자가 중요한 직책을 담당함으로써 경제적 효율성이 보장되는 것이다.

그러나 능력(재능) 우선의 원칙은 부정적인 측면을 내포하고 있다. 상대적으로 재능과 능력이 부족하거나 이러한 재능을 함양할 여건이 부족한 환경에서 성장한 자는 사회에서 낙오된다.[78] 롤즈는 자연적 자유체제가 보장하는 능력 우선의 원칙은 단지 형식적인 기회균등의 원칙이라고 비판하였다. 비록 모든 사람이 중요 직책을 얻을 수 있는 법적 권리를 누리고 있지만, 재능과 능력을 키우고 발휘하는 것은 사회적 환경이나 운과 같은 우연적인 요소에 의하여 결정된다. "직관적으로 보아서, 자연적 자유체제의 명백한 부정의는 분배의 몫이 도덕적으로 자의적 요소들에 의하여 결정된다는 점이다."[79] 예를 들어 프로 농구가 활성화된 사회에서 장신의 농구선수가 고액의 연봉을 받고 있다고 가정하자. 그의 장신은 농구 선수로서 유리한 신체적 조건이다. 그는 뛰어난 농구 실력을 발휘하여 프로 농구선수의 직책을 수행함으로 그의 능력을 정당히 평가받고 있다. 즉, 업적주의가 실현되고 있다. 그러나 단신의 키를 갖고 있는 농구 선수 지망생에게는 이러한 기회가 주어지지 않을 것이다. 불행하게도 단신의 농구 선수 지망생이나 태생적인 신체장애자는 그의 능력을 개발하고 발휘하는데 불리한 여건에 놓이게 된다. 신장과 신체적 조건에 따라 농구선수로서의 재능의 개

---

78 이에 대하여는 다음을 참조하시오. Philip Green, *Equality and Democracy*(New York: New Press, 1998), 42쪽.; James Fishkin, *Justice, Equal Opportunity, and the Family*(New Haven: Yale Univ. Press, 1984), 19-30쪽; Bernard Williams, 'The Idea of Equality,' in *Philosophy, Politics, and Society*, 2nd Ser. eds. Peter Laslett and W.G. Runciman(Oxford: Basil Blackwell, 1962), 126쪽.

79 Rawls, *Theory of Justice*, 72쪽.

발에 차이가 발생하고, 그에 따른 소득의 격차가 발생한다면 이는 신장이라는 자연적 우연요소(natural contingency)에 의한 분배이다. 신장이나 신체조건은 본인이 제어(control)할 수 없는 우연적 요소일 뿐이다. 또한 장신의 농구선수가 고액의 소득을 올릴 수 있는 것은 그 사회에서 프로농구가 활성화되어 있기 때문이다. 만약 장신으로서 농구에 재능이 뛰어난 자가 프로농구 리그가 없는 국가에서 태어났다면 그의 장신은 소득의 원천으로서는 무용지물이었을 것이다. 그가 우연히 프로농구가 활성화된 국가에서 태어난 사실은 사회적 우연요소(social contingency)일 뿐이다.

동등하게 재능과 능력을 키울 수 있는 환경을 저해하는 요소 중의 하나는 가족제도이다. 부유한 부모 밑에서 자라난 학생은 재능과 능력을 키우는데 유리한 조건에 있다. 서울의 부촌에 거주하는 학생과 지방의 빈촌에서 성장한 학생을 비교하여 보자. 부유한 가정환경 속에서 성장한 서울출신 학생은 고액의 과외교육을 받았고, 가난한 가족환경하의 지방출신 학생은 열악한 교육환경에 처해 있었다. 대학 수능시험에서 서울출신 학생은 높은 점수를 얻어서 일류대학의 의대에 진학하였다. 반면 가난한 가정환경에서 교육받은 학생은 대학에 진학하지 못하고 중소기업에 취직하였다.[80] 그들이 사회인이 되었을 때, 서울출신 학생은 고액의 소득을 보장하

---

80 1970년도부터 2003년까지의 서울대학교 사회과학대학 입학생의 자료를 실증적으로 분석한 연구결과에 의하면, 도시지역 출신 학생의 입학 편중현상이 나타나고 있다. 특히 서울 지역 내에서 소위 강남 8학군과 타 지역의 입학률을 비교하면 그 격차가 증가하고 있다. 1980년대 이후 서울지역의 입학률은 전국 평균의 1.5배인 반면 강남지역 출신의 입학률은 2.5배로 나타났다. 또한 고소득직군 아버지의 자녀 입학률은 기타 그룹의 입학률보다 약 16배 높은 수준이었다. 이에 대하여는 다음을 참조하시오. 김광억(외), 「입시제도의 변화: 누가 서울대학교에 들어오는가?」(서울: 서울대학교 사회과학연구원, 2004). 고등학생 1인당 사교육비는 서울이 42만원, 광역시가 24만 5천원으로 무려 17만 5천원의 격차를 보이고 있다. 이는 수도권과 지방간의 교육격차로 이어지고 있다. 이에 대하여서는 다음을 참조하시오. 김영철, '대학 진학 격차의 확대와 기회형평성 제고방안,' 「KDI FOCUS」 통권 제23호(2012. 11. 5).

사유화는 인정되지만 부와 자본(이에는 사회적으로 유용한 재능, 즉 인적 자본을 육성할 수 기회를 포함한 것이다)의 소유가 사회구성원들에게 넓게 고루 분산됨으로써(완전히 균등한 분산은 아니지만) 부유한 소수집단이 정치와 경제생활을 지배하는 것을 방지하는 자본주의 시장경제체제이다. 반면 현대 서구사회가 추구하고 있는 복지지향 자본주의 체제는 부유한 소수집단이 생산수단을 독점하고 있어서 그들이 정치적, 경제적 생활을 지배하고 있고 실질적 기회균등이 보장되어 있지 않다. 물론 복지지향 자본주의 체제도 복지정책을 통하여 경제활동의 최종단계에서 사회최하위계층에게 부의 분배를 시도하여 기본적 욕구를 충족시켜주는 사회체제이다. 그러나 롤즈가 추구하는 부가 고루 분산된 민주체제(property-owning democracy)에서는 모든 시민들의 경제활동 최초단계 때부터 기회균등이 보장되고 생산자산과 인적자본이 고루 분산된 자본주의 체제이다. 따라서 소수 부유층이 정치, 경제적 생활을 독점적으로 지배할 수 없는 체제이다. '이러한 사회체제가 의도하는 바는 사고나 불운에 의하여 사회낙오자가 된 사람들을 단순히 도와주는 것이 아니라(물론 이러한 정책도 필요하지만), 모든 시민들이 적절한 사회적, 경제적 평등상황 하에서 그들의 삶을 영위할 수 있는 위치를 보장해 주는 것이다.'[107] 이 체제를 달성하기 위하여 유산에 대하여 누진적 상속, 증여세를 부과하여 부의 편중을 방지하여야 한다. 또한 과도한 부의 축적을 방지하기 위하여 누진적 소득세를 시행하거나 일정 수준이상의 소비에 대하여 부과하는 소비세를 시행하여야 한다.[108] 환언하면 롤즈는 현대 복지 자본주의에서는 소수의 대기업 소유자들에게 경제력이 집중되어 이들이 정치적 영향력을 과도하게 발

---

107 Rawls, *Justice as Fairness*, 139쪽.

108 이에 대하여는 Rawls, *Theory of Justice*, 279쪽과 *Justice as Fairness*, 160–161쪽을 참조하시오.

휘하는 것을 비판하였고 이러한 상황에서 복지정책은 사회최하위 계층에게 최소한도의 생계지원을 해주지만 그들의 자존감을 고양시키지 못한다고 지적하였다. 복지혜택을 받는 최하위계층은 좌절감을 느끼고 만성적으로 복지수혜에 의존하게 된다. 이들은 공적 정치문화에서 제외된 느낌을 갖게 되고 정치참여를 하지 않을 것이다. 즉 복지지향 자본주의에서는 모든 시민들의 정치적 자유의 가치(fair value of the political liberties)가 충족되지 않는 사회체제이다. 극심한 불평등은 모든 시민들이 정치적 자유를 실질적으로 누릴 수 있는 방편을 억제하여 자유라는 개념은 유용한 것이 되지 못한다. 이에 대한 대안으로 롤즈가 제시한 민주적 평등체제(부가 고루 분산된 민주체제)에서는 생산수단의 사유화와 시장경제의 효율성을 인정하지만 생의 초기단계에서부터 기회균등의 원칙이 작동하여 모든 시민이 부와 인적, 물적 자본을 비교적 평등하게 축적할 수 있으며 과도한 부의 편중을 방지하는 제도적 장치가 작동하는 사회체제이다. 민주적 평등체제에서는 최소 생계수준 이하의 최하위 계층이 존재하지 않을 것이다. 만약 소수의 최하위 계층이 존재한다면 이러한 현상은 우리가 알 수 없고 개선할 수도 없는 어떤 다른 요인 때문일 것이다. 민주적 평등체제에서도 자본축적이 상대적으로 적은 계층이 존재하지만 이들은 자존감을 견지하고 상호협력의 정신 하에 자신들의 역할을 수행할 것이다.

롤즈는 복지지향 자본주의 체제와 그가 추구하는 민주적 평등체제 외에도 여러 사회체제를－즉 자유방임적 자본주의, 국가사회주의, 자유주의적 사회주의－비교검토하면서 정의의 2원칙을 충족시킬 수 있는 체제를 분석하였다. **그림 6**에서 롤즈가 비판한 자연적 자유체제(system of natural liberty)는 현대 자유방임적 자본주의(laissez–faire capitalism) 체제인데 이는 경제적 효율성만을 추구하고 실질적 기회균등을 보장하지 못하는 사회체제이다. 자유방임적 자본주의 체제에서는 극심한 부의 불평등이라는 시장의 실패를 겪게 된다. 위에서 설명한 바와 같이 복지지향 자본주의 체제는 경제적, 사회적 불평등을 치유할 원칙이 결여되어 경제와 정치의 중요 결정이 소수의 수중에 집중된 체제이다. 그리고 일당독재에 의한 명령경제인 국가사회주의(state socialism) 체제는 사회주의 정당이 채택한 경제계획에 의하여 경제정책이 규율되고 민주적 절차와 시장경제, 생산수단의 사유를 부정하고 있다. 따라서 국가사회주의는 롤즈의 정의의 제1원칙인 기본적 자유의 원칙에 위배된다. 또한 시장경제를 부정하고 공산당에 의한 명령경제는 비효율적인 체제이다. 반면 롤즈는 그의 정의의 두 원칙이 충족되는 사회체제로서 두 가지 사회체제를 언급하였다. 첫째는 롤즈가 제시한 바와 같이 부가 고루 분산된 민주체제(property-owning democracy)이고 둘째는 자유주의적 사회주의(liberal socialism) 체제이다. 자유주의적 사회주의 체제는 기본적 자유와 권리가 보장 되며 실질적 기회균등이 이루어진 사회주의 체제이다. 생산수단이 전체사회의 소유이듯이 정치권력도 다수의 민주정당에 분산 되어있고 경제적 권력도 다수의 회사에 널리 분산 되어있다. 생산수단의 사유는 인정되지 않지만 기업을 경영하는 전문경영인은 그 회사의 노동자들에 의하여 선출된다. 노동자들은 본인이 속한 기업의 중요결정에 적극적으로 참여한다. 물론 노동자들의 직업선택의 자유는 보장된다. 국가사회주의의 명령적 계획경제와는 달리 자유주의적 사회주의 체제는 기업 간의 경쟁적 시장경제 논리를 수용하는 체제이다. 즉 시장가격에 직면한 전문경영인과 노동자들은 자신 회사의 이윤추구를 위하여 비용 절감을 위한 경영을 추구한다. 필자의 견해로는 롤즈가 주장하는 자유주의적 사회주의 체제는 시장 사회주의(market socialism) 체제라고 칭하는 것이 보다 일반적 표현이다. 롤즈는 그의 정의의 두 원칙은 민주적 평등체제(즉 property-owning democracy)이거나 자유주의적 사회주의 체제에서 실현될 수 있다고 주장하였다. '두 체제 중에서 어느 것을 선택할 것인가는 그 국가의 상황, 제도, 역사적 전통에 달려있다.'[109] 물론 두 체제는 현실 세계에서는 아직 실현이 되지 않은 사회체제이다.[110] 그러나 롤즈는 현재의 자본주의와 사회주의 체제의 대안으로서 그의 정의의 원칙이 실현된 사회체제를 제시하고 있다.

민주적 평등체제의 특징인 차등의 원칙은 후생경제학적 측면에서 중요한 의미를 지닌다. 그림 10의 총효용가능곡선상의 모든 점은 생산과 교환의 효율성을 동시에 만족시키는 경우 두 시민이 얻을 수 있는 효용수준의 조합이다. 물론 총효용가능곡선상의 모든 점은 파레토 최적의 조건을 만족시키는 효율적인 상태이지만, 그들 중 어떤 분배점이 사회적으로 바람직한가를 판가름할 수 없다. 따라서 정의의 개념이 필요하고 롤즈는 자신의 이론인 기회균등의 원칙과 차등의 원칙을 제시하였고 부가 고르게 분산된 민주체제를 상정하였다. 이하에서는 차등의 원칙에 대한 후생경제학적인 의미를 설명하겠다.

총효용가능곡선상의 모든 점은 파레토 최적의 조건을 충족시키지만 어떤 점이 사회 전체적으로 바람직한 분배점인지에 대한 정보를 제공하지는 못한다. 예를 들어 총효용가능곡선 $F\bar{F}$ 선상에서 특정한 점에서 다른 점으로의 이동은 재분배를 통하여 시민 A와 시민 B의 효용의 상대적 증감

---

109 Ralws, *Theory of Justice*, 280쪽. 그러나 롤즈는 부가 분산된 민주체제와 자유주의적 사회주의 체제를 엄격히 구별한 것 같지는 않다. 롤즈는 부가 분산된 민주체제에서 노동자들이 경영에 참여하는 기업(worker-managed firm)형태를 권장하였고 궁극적으로 자본주의 경제는 노동자 참여 기업들 사이의 경쟁체제로 전환될 것이라 예측하였다. 이러한 면에서 부가 분산된 민주체제와 자유주의적 사회주의 체제 사이의 구별이 모호해 진다. 노동자 참여 기업에 대하여는 Rawls, *Justice as Fairness*, 178쪽을 참조하시오.

110 개혁개방 이후의 중국경제를 자유주의적 사회주의 또는 시장 사회주의(market socialism)라고 분석하는 경향이다. 그러나 필자의 견해는 현재 중국의 사회체제는 롤즈의 정의의 제1원칙을 충족시키지 못하는 상황이기에 이는 자유주의적 사회주의에 속하지 않고 자본주의로의 이행과정에 있는 상황이다.

을 수반한다. 그러나 시민 A와 시민 B의 상대적 효용의 증감비율 중에서 사회적으로 가장 바람직한 비율이 무엇인가에 대하여는 총효용가능곡선은 아무런 단서를 제공하지 못한다. 후생경제학에서는 사회후생함수(social welfare function)라는 개념을 이용하여 사회적으로 가장 바람직한 분배를 결정할 수 있다. 사회후생함수는 모든 시민의 분배에 관한 선호관계를 고려하여 사회전체를 대표하는 선호관계를 나타낸 것이다. 그림 12에는 대표적인 사회후생함수인 사뮤엘슨(Samuelson)의 사회무차별 곡선(social indifference curve)을 나타내고 있다.

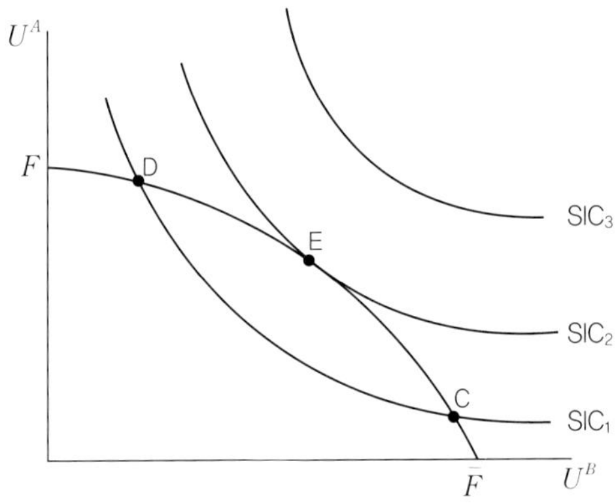

〈그림 12〉 **사뮤엘슨의 사회무차별 곡선**

그림 12의 가로축과 세로축은 각각 시민 B와 시민 A의 효용수준을 나타내고 있다. 사뮤엘슨의 사회후생 무차별곡선은 원점에 대한 볼록한 형태를 지닌 SIC_1, SIC_2, SIC_3 … 등으로 표시돼있다. 또한 총효용가능곡선이 표시돼있다. 총효용가능곡선상의 하나의 배분점 C에서 또 다른 배분점 D로의 이동은 시민 B의 효용수준의 감소와 시민 A의 효용수준의 증가를 의미한다. 그러나 증가된 효용과 감소된 효용의 상대적 크기에 대하여는 총효용가능곡선은 단서를 제공하지 못하고 있다. 여기에서 사회적 판

단의 필요성이 대두한다. 예를 들어, 사회전체의 판단에 의하면 C 배분상황과 D 배분상황에 대하여 차이를 두지 않고 동등하게 평가한다고 가정하자. 이러한 특징을 지닌 배분점을 모두 표시한 것이 사회후생 무차별곡선(social welfare indifference curve)이다. 사뮤엘슨의 사회후생 무차별곡선은 원점에 대하여 볼록한 부(−)의 기울기를 지닌 형태를 취하고 있다. 하나의 사회후생 무차별곡선상(SIC_1)의 C점에서 D점으로의 이동은 사회전체의 효용수준의 변화가 없는 조건하에서 시민 B의 효용수준의 감소분을 보상하기 위한 시민 A의 효용수준의 증가분을 나타내고 있다. 원점에서 가까운 사회후생 무차별곡선(SIC_1)에서 원점에서 더욱 먼 무차별곡선(SIC_2)으로의 이동은 사회 전체의 후생수준의 증가를 의미한다. 그러나 이 사회에게 주어진 부존자원과 기술수준에서는 총효용가능곡선 밖의 무차별곡선(SIC_3)은 달성할 수 없다.

한 사회가 달성할 수 있는 가장 바람직한 분배 상황은 총효용가능곡선과 사회후생 무차별곡선이 접하는 곳이다. 그림 12의 E점이 이 사회의 가장 바람직한 배분 상황이다. 만약 C점에서 분배가 이루어져서 시민 A와 B가 일정한 효용을 누리고 있고 이 사회 전체가 SIC_1의 효용 수준을 누리고 있다고 가정하자. 이 경우 새로운 분배정책을 통하여 E점으로 이동하여 시민 B의 효용 감소와 시민 A의 효용 증가를 이루었다면, 사회 전체적인 효용은 SIC_2로 증가하게 된다. 따라서 가장 바람직한 분배상황은 E점이다. 파레토 최적 조건을 만족시키는 총효용가능곡선상의 여러 분배점들 중에서 한 점이 선택되었다. 일단 최선의 분배점(E)이 결정되었음으로 이에 상응하여 두 재화(X와 Y)의 생산 규모, 이를 생산하기 위한 생산요소(자본과 노동)의 투입 비율, 생산된 재화가 두 시민에게 어떻게 분배되는가하는 문제는 총효용가능곡선의 도출과정을 역으로 추적하면 될 것이다.

사회 후생함수는 사회 구성원 A와 B의 효용수준이 주어져 있을 때 이

것을 종합해 하나의 사회후생수준으로 표현한 것이다. 사회후생함수는 A, B 두 시민 사이의 효용수준을 비교 평가하는데 이를 어떤 방식으로 하는가에 따라서 상이한 형태를 갖는다. 사뮤엘슨의 사회후생 무차별곡선이 원점에 대하여 볼록한 형태를 가지는 것은 평등주의적 사상의 표현이다. 사뮤엘슨의 사회후생 무차별곡선의 기울기는 사회전체의 후생수준의 변화가 없는 조건하에서 시민 A의 후생과 시민 B의 후생 사이의 교환비율을 의미한다. 예를 들어, 그림 12 SIC_1 상의 D점에서 C점으로 이동한 경우를 상정해 보자. C점으로 이동함으로 시민 B는 시민 A에 비하여 높은 수준의 효용을 누리고 있다. D점에서의 SIC_1 기울기의 절대값이 2였다고 가정하자. C점에서는 사회후생 무차별곡선의 기울기의 절대값이 D점보다 적을 것이다(예를 들어 1/3이라고 가정하자). 즉 D점에서 C점으로 이동함에 따라 사회후생 무차별 곡선의 기울기 절대값이 적어진다. 이는 효용의 절대수준이 높아진 시민 B는 사회후생의 산정에 있어서 낮은 가중치를 부여하고, 효용의 절대수준이 낮아진 시민 A는 높은 가중치를 부여함을 의미한다. 즉 시민 B의 효용수준이 점차 높아짐에 따라 그의 효용에 부여하는 상대적 중요성이 점차 작아진다. 사뮤엘슨의 무차별 곡선의 형태는 이런 의미에서 평등주의적 사상을 나타내고 있다. 즉, 사뮤엘슨의 무차별 곡선은 불평등에 대한 혐오감을 나타내고 있다.[111]

시민 A와 B의 후생수준의 교환비율에 대한 객관적인 기준은 없다. 이는 사회 전체의 가치판단의 문제이다.[112] 두 시민 중에서 한 시민의 후생을

111 이에 대하여는 다음을 참조하시오. Andreu Mas-Colell, Michael Whinston, and Jerry Green, *Microeconomic Theory*(Oxford: Oxford Univ. Press, 1995), 826쪽; John Bonner, *Introduction To The Theory of Social Choice*(Baltimore: Johns Hopkins Univ. Press, 1986).

112 이에 대하여는 다음을 참조하시오. Peter-Olov Johansson, *An Introduction to Modern Welfare Economics*(Cambridge: Cambridge Univ. Press, 1991), 32쪽.

중시할 수도 있고, 두 시민의 후생을 동등하게 고려할 수도 있다. 이에 따라 여러 형태의 사회무차별 곡선이 유도된다. 그림 13에는 공리주의와 롤즈의 사회후생무차별곡선이 각각 표시되어 있다.

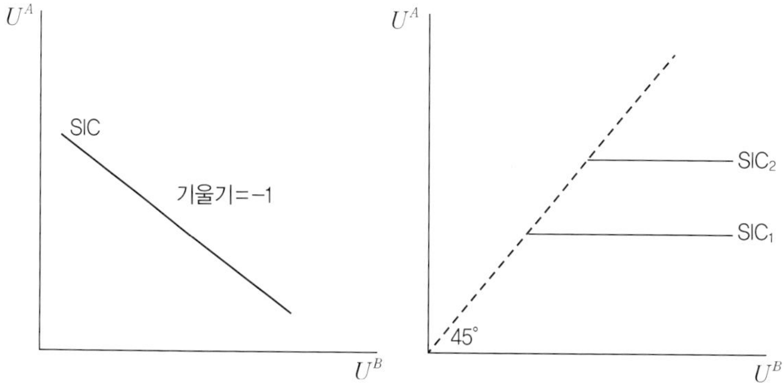

(a) 공리주의 사회후생 무차별 곡선 (b) 롤즈의 사회후생 무차별 곡선

〈그림 13〉 **사회후생무차별곡선의 형태**

시민 B는 그 사회의 부유층을, 시민 A는 그 사회의 최하위 계층을 나타낸다고 가정하자. 그림 13 (a)에 표시된 바와 같이 공리주의자들의 사회후생은 개인 후생을 단순히 합한 것이다. 공리주의의 무차별곡선이 부의 기울기를 지닌 직선으로 표시된 것은 시민 A의 한 단위의 효용 증가를 위하여 그 사회는 시민 B의 효용을 한 단위 포기한다는 것을 의미한다. 이는 시민들의 효용수준과 관계없이 일정한 교환비율이다. 사뮤엘슨의 무차별곡선과는 달리 공리주의 무차별곡선의 형태는 사회 최하위 계층과 부유층의 효용사이의 가중치의 차이를 인정하지 않고 있다. 즉, 공리주의 가치관은 사회의 불평등을 고려하지 않고 있다. 한편 불평등에 대한 혐오감을 나타내고 있는 사뮤엘슨의 무차별곡선을 극단적으로 확장한 것이 롤즈의 차등의 원칙이다. 그림 13 (b)에 표시된 바와 같이 롤즈의 사회후생무차별곡선은 가로축에 수평인 형태를 취하고 있다. 사회후생수준이 SIC_1에서

SIC_2로 증가하기 위하여서는 부유층인 시민 B의 효용수준의 증감과는 관계없이 최하위계층인 시민 A의 효용수준의 증가를 통하여 이룩된다. 즉, 롤즈의 사회후생함수의 결정에는 최하위계층의 후생만이 중요한 역할을 하게 된다.

그림 12에서 설명하였듯이 한 사회가 달성할 수 있는 가장 바람직한 분배 상황은 총효용가능곡선과 사회후생 무차별곡선이 접하는 곳이다. 따라서 롤즈의 차등의 원칙에 의한 바람직한 사회후생의 결정은 롤즈의 사회후생무차별곡선과 총효용가능곡선이 접하는 곳에서 결정될 것이다. 그러나 롤즈는 총효용가능곡선의 도출논리인 파레토 최적개념을 부정하고 있다. 그림 6에서 표시된 바와 같이, 민주적 평등체제에서 차등의 원칙은 파레토 최적성이라는 효율성의 원칙을 대신하고 있다. 파레토의 최적성 원칙이 적용되는 총효용가능곡선이 우하향함으로써, 한 시민의 효용의 증가는 타 시민의 효용의 감소를 의미한다. 그 이유는 정해진 일정량의 생산물의 분배를 가정하기 때문이다. 그러나 롤즈는 파레토 최적 개념은 그의 사회 개념과 일치하지 않음으로 수용할 수 없다고 주장하고 있다. 롤즈의 주장에 의하면, "긍정적인 이득의 합을 생산할 수 있는 사회 협력체제로서의 기본구조에서는 이러한 주장은 포기된다."[113] 즉, 롤즈가 상정한 사회협력체는 모든 시민에게 상호 이득(mutual advantage)이 되는 체제임으로 파레토 최적성이 적용되지 않는다는 것이다. 따라서 롤즈는 총효용가능곡선 대신 기여곡선(contribution curve)의 개념을 제시하였다. 이는 한 계층의 후생의 증가가 타 계층의 후생 증대에 미치는 영향력을 나타낸다. 그림 14는 이를 나타내고 있다.

그림 14의 가로축은 부유층의 후생수준을 세로축은 최하위 계층의 후

---

113 Rawls, *Theory of Justice*, 68쪽.

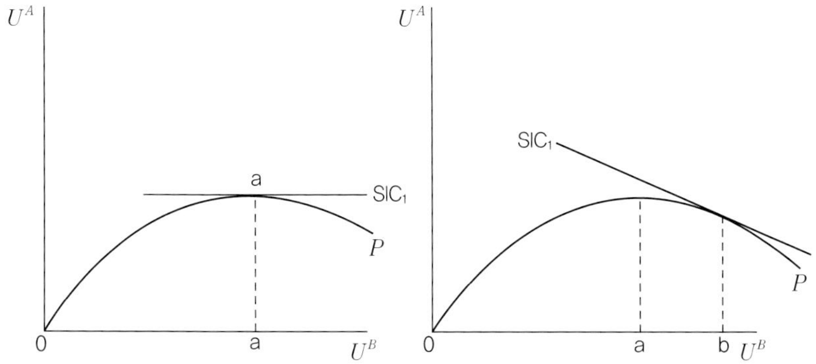

〈그림 14〉 **기여곡선과 사회후생**

생수준을 나타낸다. 원점 O는 모든 사회적 기본재가 공평하게 분배된 완전히 평등한 상태이다. 그림 14 (a)의 기여곡선 OP는 부유층의 후생수준이 증가함에 따라 그 증가분이 최하위계층의 후생수준의 증가에 영향을 미쳐, 최하위계층의 후생수준도 증가함을 나타내고 있다. 가로축이 부유층의 효용수준을 나타냄으로 기여곡선은 항상 45도 직선의 하단부에 위치한다. 차등의 원칙이 충족되는 경우는 기여곡선의 정점과 롤즈의 사회후생무차별곡선이 접하는 a점이다. 이것이 민주적 평등체제에서 사회적으로 가장 바람직한 분배상태이다.[114] 반면 그림 14 (b)에 표시된 바와 같이, 공리주의 분배 기준에 의하면 공리주의 사회후생무차별곡선과 기여곡선이 접하는 b점이 최선이 배분점이다. 그러나 b점은 기여곡선의 정점인 a보다 오른쪽에 위치한다. 즉, 공리주의의 최선의 배분점은 롤즈의 그것보다 상위층(U^B)에게 상대적으로 유리한 선택으로써 심한 불평등을 수반한다.

114 롤즈는 그림 6의 네 가지 유형의 사회체제 중에서 자연적 귀족체제(natural aristocracy)에 대하여는 간단히 언급하고 있다. 귀족체제는 역사적으로 과거의 사회체제임으로 본서에서는 설명을 생략하겠다.

기여곡선은 롤즈가 주장한 독특한 개념이다. 롤즈의 사회 협동체라는 개념은 상호 이득을 전제로 함으로 부유층의 후생수준의 증가는 최하위층의 후생수준에 긍정적인 영향을 미친다. 롤즈는 효용수준의 연쇄관계와 조밀성에 의하여 이러한 효과가 경제전반에 걸쳐 나타난다고 가정하였다. 이전에 설명하였듯이 낙수효과(trickle-down effect)를 가정한 것이다. 만약 그렇치 않을 경우에는 사회의 기본구조는 그러한 효과가 나타나도록 다양한 분배 정책을 시행하여야 한다. 그림 15는 연쇄관계를 기여곡선을 이용하여 설명하고 있다. 경제 상황을 더욱 현실에 부합하게 묘사하기 위하여 사회계층을 상위계층(B), 중위계층(C), 최하위계층(A)으로 구분하였다. 그림 15의 가로축에는 상위계층의 후생수준이 표시돼 있고, 그들의 후생수준의 증가가 타 계층에 미치는 기여도가 각각 표시돼 있다. U^A는 최하위 계층의 후생수준을 나타내고 U^C는 중위계층의 후생수준을 나타내고 있다. 원점 O는 모든 계층의 후생수준이 동일한 평등한 상태이다. 이러한 시원적 평등상태에서부터 시작하여 불평등이 발생하였다고 가정하자. 사회적, 자연적 우연의 요소 때문에 불평등이 발생하여 최상위계층의

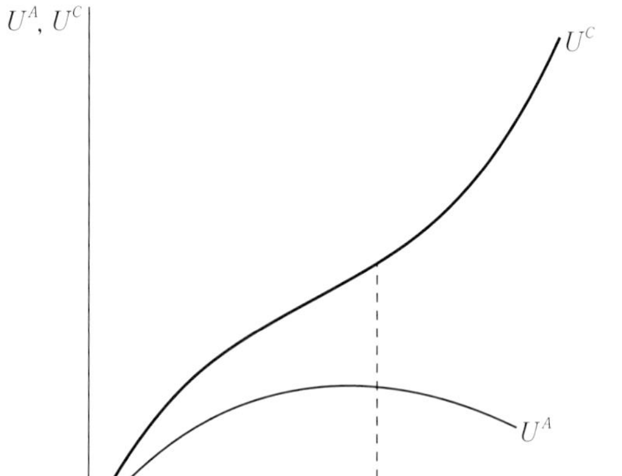

〈그림 15〉 **연쇄관계**

후생(U^B)이 증가하였다. 그에 따라 최하위계층의 후생(U^A)도 증가한다. 차등의 원칙에 의하면 U^A곡선이 정점에 이르는 a점이 최선의 분배점이다. 연쇄관계가 의미하는 바는 a점의 왼쪽 영역에서는 최하위계층의 후생이 증가함에 따라 중위계층의 후생도 증가한다는 것이다. a점의 오른쪽 영역과 같이 U^A곡선이 하강하는 상황에서는 연쇄관계가 적용되지 않는다. 효용수준의 조밀성 가정은 상위층의 후생이 증가함에 따라 하위층과 중위층의 후생수준도 영향을 받음으로 U^A곡선과 U^C곡선상에 수평직선이란 존재하지 않는다는 것을 의미한다. 이러한 가정 하에서 롤즈의 차등의 원칙이 실현되면 최하위계층을 포함한 모든 계층이 이득을 얻게 된다. 상위계층은 사회적, 자연적 우연 요소의 영향력으로 인한 높은 후생수준을 누릴 수 있고, 중위와 하위계층은 상위계층이 기여한 만큼 후생수준의 증가를 얻어 장기적인 전망이 향상된다. 가장 바람직한 배분점인 a점에서 실제 배분이 실현된 상태는 완벽한 정의로운 체제(perfectly just scheme)이다.[115] 물론 정의의 제1원칙이 실현된 상태에서 제2원칙도 충족되어서 최하위계층의 후생이 극대화된 사회이다. **그림 15**의 원점인 평등상태에서 이탈하여 발생한 불평등을 차등의 원칙에 의해 규율하여 a점에서 최선의 분배가 이루어진 완벽한 정의 사회에서는 상위층의 후생증대가 더 이상 하위계층의 후생을 증대시키지 못한다. 이러한 의미에서 차등의 원칙은 파레토의 최적성이라는 효율성의 원칙과 부합하는 것이다.[116] 물론 **그림 15**의 원점에서 a 분배점 사이의 구간은 최하위계층의 후생수준이 극대화되지 않았음으로 이는 완벽한 정의 사회가 아니다. 이 상태에서는 상위층의 후생이 최하위계층의 후생 증대에 영향을 미칠 여지가 존재한다. 따라서 차등의 원칙

115 이에 대하여는 Rawls, *Theory of Justice*, 78쪽을 참조하시오.

116 이에 대하여는 Rawls, *Theory of Justice*, 79쪽을 참조하시오.

반에 대한 이해를 돕고자 한다. 롤즈의 차등의 원칙은 자본주의 사회에서 존재하는 불평등을 합리화하기 위한 주장이며 기여곡선의 개념을 부정하는 비판이 제기되고 있다. 그러나 필자의 견해로는 이러한 비판은 적절치 못하다. 롤즈의 사상체제 전반을 이해한다면 이러한 비판은 부정확한 지적이다. 이하에서는 평등주의 관점을 이용하여 롤즈의 이론을 재구성해 보겠다. 가장 평등한 상태인 원점 0에서 출발하여 불평등이 증가하였다고 가정하자. 즉 **그림** 15의 가로축을 따라 사회의 불평등이 증가하였다고 가정하자. 기여곡선상의 oa 구간까지는 연쇄관계가 작동하여 상위계층의 후생증가는 하위계층의 후생증가를 유발한다. 롤즈의 차등의 원칙에 의하면 하위계층의 후생증가를 유발하는 효과가 있다면—즉 기여곡선상의 oa 구간까지—사회의 불평등은 인정된다. 그러나 불평등이 심화되어서 a점의 우측 구간에서는 하위계층의 후생이 감소하는 추세임으로 그러한 불평등은 인정되지 않는다. a점의 우측 구간에서 발생하는 극심한 불평등은 협동체로서의 사회의 안정을 해치게 됨으로 그 구간은 분배점으로서 고려의 대상이 아니다. 필자의 해석을 뒷받침하기 위하여 롤즈의 주장을 제시한다면 기여곡선의 특징에 대한 롤즈의 설명이 이를 잘 나타내고 있다. 롤즈는 주장에 의하면 기여곡선의 특징은 불평등이 사회에 부정적인 영향을 미친다는 가정 하에 상위층에게 허용된 최대의 부가 제한되었다는 것을 보여준다는 점이다.[124] 즉, 기여곡선상의 oa구간까지가 상위층에게 허락된 불평등의 정도이고 a점은 그 극대치이다. a점이 최선의 분배점인 이유는 최하위계층의 후생 증대가 극대화되었기 때문이다. a점을 초과하여 불평등이 심화되는 것은 차등의 원칙에 의하여 인정되지 않는다. 롤즈가 상정한 기여곡선에 의하면, a점 이상의 극심한 불평등은 최하위층의 후생증대

124 이에 대하여는 Rawls, *Theory of Justice*, 81쪽을 참조하시오.

에 지속적으로 기여하지 못한다. 즉, 연쇄관계가 작동하지 않음으로 이러한 극심한 불평등은 용납되지 않는다. 그러나 비판가들의 지적에 의하면 a점 이상의 극심한 불평등은 최하위층의 후생증대에 기여하지 못한다는 롤즈의 가정은 실증적으로 증명하기 어려운 주장이며 따라서 무제한의 불평등이 가능하다는 주장이다.[125] 만약 국가의 경제정책과 복지정책을 통하여 최하위계층의 후생을 약간만 증가시켜주기만 한다면 차등의 원칙은 자본주의 경제에 존재하는 극심한 불평등을 용인하며 이를 합리화할 것이라는 비판이다.[126] 그러나 이러한 비판은 롤즈 사상의 전반적 체제를 고려한다면 적절한 주장이 아니다. 차등의 원칙은 롤즈의 정의의 두 원칙인 기회균등의 원칙과 동등한 자유의 원칙과 무관하게 작동하는 것이 아니다. 차등원칙이 적용되기 이전에 정의의 제1원칙과 제2원칙의 일부 인 기회균등원칙이 충족되어야 한다. 롤즈의 정의 제2원칙인 기회균등의 원칙에 의하여 그 사회의 교육적 불평등에 제약이 가해진다. 경제적 불평등이 교육과 직업의 공정경쟁을 저해한다면 기회균등원칙은 이러한 불평등을 시정하고자 다양한 교육정책을 시행한다. 따라서 하위계층에 속한 시민들도 고등교육을 받을 수 있고 직업적 능력을 배양하여 신분상승을 할 수 있다. 경제적 불평등이 공정한 정치참여를 저해한다면 롤즈의 정의의 제1원칙은 모든 시민들의 실질적 자유 가치를 증대하는 정책을 시행한다. 예를 들어

125 필자는 동의하지 않지만, 고든(Gordon)의 견해에 의하면 롤즈의 기여곡선의 형태가 가로축에 대하여 오목하고 하나의 정점을 갖는 것은 객관적으로 증명할 수 없는 자의적 요소 때문임으로 차등의 원칙이 허용하는 불평등의 정도는 무제한적으로 심각할 수도 있다는 것이다. 이에 대하여는 다음을 참조하시오. Scott Gordon, 'John Rawls's Difference Principle, Utilitarianism, and the Optimum Degree of Inequality,' *Journal of Philosophy* Vol.70, No.9(May 1973), 279쪽.

126 이에 대하여는 다음을 참조하시오. G.A. Cohen, *Rescuing Justice and Equality*(Cambridge: Harvard Univ. Press, 2008).

상위계층의 구성원인 대기업들이 정치적 영향력을 행사하여 그들에게 유리한 임금정책을 달성하려한다면 대기업집단의 정치 후원금을 금지할 수 있다. 이처럼 롤즈의 정의 제1원칙과 정의 제2원칙의 일부 인 기회균등 원칙이 충족되더라도 발생하는 불평등을 시정하기 위하여 차등원칙은 복지정책을 포함한 다양한 분배정책을 시행한다. 이러한 과정을 거쳐 정의 사회는 장기적으로 평등한 분배구조를 달성하게 된다. 이처럼 차등의 원칙은 최하위계층의 후생증대를 통하여 불평등을 제어하려는 것이 그 목적이다.[127] 따라서 차등원칙이 최하위계층의 후생을 약간만 증가시켜주기만 하고 극심한 불평등을 합리화한다는 비판은 적절한 지적이 아니다.

롤즈의 차등의 원칙은 그의 독특한 주장으로서 많은 논란을 불러일으킨 주제이다. 필자의 견해로는 차등의 원칙은 자유주의의 권리개념이 형식적일 뿐이라는 맑스(marx)의 비판에 대한 롤즈의 대답이다.[128] 맑스는 그의 저서 '유태인 문제에 대하여'(On the Jewish Question)와 그 외의 저서에서 자유주의가 주장하는 권리 개념에 대하여 비판을 가하고 있다. 맑스에 의하면 자본주의 생산방식 하에서 부르조아지(유산계급)와 프로레타리아(무산계급)의 계급분화는 필연의 결과이다. 이러한 계급이익의 대립상황에서 인권이란 이기적인 개인의 권리일 뿐이다. 이익의 갈등상황에서 개인들은 사회와 타인들과는 격리된 고독한 단세포이다. 국가는 인권이라는 미명하에 개인－특히 유산계급－의 이기적 이익을 보호한다. 예를 들어, 재산권이란 개인이 타인이나 사회와 무관하게 자신의 재산을 사용, 처분할 수 있는 권리이다. 자본주의 사회에서의 개인은 자신의 이기적 이익만을

127 이에 대하여는 다음을 참조하시오. Samuel Freeman, *Liberalism and Distributive Justice*(Oxford: Oxford Univ. Press, 2018), 107－110쪽.

128 이에 대하여는 Rawls, *Lectures on the History of Political Philosophy*, 320－322쪽을 참조하시오.

위하여 재산권을 행사하지 사회전체의 이익을 고려하지 않는다. 이러한 상황에서 국가는 선거권이나 공무담임권에서 재산요건을 폐지함으로써 정치적 해방(political emancipation)을 이룩하였다. 즉 재산의 유무와 상관없이 시민들은 선거권과 공직에 취임할 수 있는 정치적 해방을 이룩하였다. 그러나 재산요건을 폐지하였다고 인간해방(human emancipation)을 이룩한 것은 아니다. 재산요건을 폐지하였지만 재산권 자체를 폐지한 것은 아니다. 따라서 자본주의 국가는 재산권, 사회적 신분, 교육, 직업이 그 나름대로 영향력을 행사하도록 허용한다.[129] 즉, 재산이나 사회적 신분에 따라 행사할 수 있는 권리의 심도와 영향력에 차이가 있다는 것이다. 유산계급은 충분히 그들의 권리를 누릴 수 있지만, 무산계급은 그러하지 못하다. 따라서 정치적 해방만으로는 시민권의 평등을 이룩할 수 없다. 사유재산을 폐기한 사회주의 사회에서만이 계급간의 갈등이 해결되고, 개인의 이익과 공공의 이익이 부합되며 따라서 권리의 개념조차도 필요 없는 인간해방을 이룩할 수 있다.

자유주의에 대한 맑스의 비판에 대하여 롤즈는 그의 초기저서에서는 직접적으로 대응을 하지는 않았다.[130] 그러나 그의 후기 저서에서는 자유의 실질적 가치의 개념으로 이에 대응하고 있다.[131] 첫째, 차등의 원칙에 의하여 최하위 계층의 상황이 호전된다면 그들이 누릴 수 있는 실질적 자유의

---

129 이에 대하여는 다음을 참조하시오. Karl Marx, 'On the Jewish Question,' in *Collected Works*, Vol.3(New York: International Publishers, 1974), 153쪽. 맑스의 권리 개념에 대한 분석은 다음을 참조하시오. Jeremy Waldron ed. *Nonsens upon Stilts*(London: Methuen, 1987), 119-136쪽; Leszek Kolakowski, 'Marxism and Human Rights,' *Daedalus* Vol.112, No.4(Fall 1983), 81-92쪽.

130 롤즈는 맑스의 사회주의 사회는 너무 이상적이라고 간단히 언급하고 있다. 이에 대하여는 다음을 참조하시오. Rawls, *Theory of Justice*, 281-282쪽.

131 이에 대하여는 Rawls, *Justice as Fairness*, 148-150쪽과 176-179쪽을 참소하시오.

가치가 증가할 것이다. 장기적으로 평등을 추구하는 롤즈의 정의의 두 원칙이 실현되면 평등한 시민권이 보장될 것이다. 즉 모든 시민들이 그들이 속한 사회적 지위와 상관없이 정치적 영향력을 행사할 수 있는 기회가 주어질 것이다. 부유한 계층만이 정치적 영향력을 행사하는 폐단을 방지할 수 있다. 둘째, 맑스가 상정했던 계급간의 갈등이 없는 사회는 너무 이상적이다. 오히려 민주주의 사회의 정치문화는 양립 불가능한 다양한 주의·주장들이 존재하며 따라서 이해관계의 대립이 존재할 수밖에 없다. 합리적 다원주의는 민주사회의 영원한 특징이다. 즉 정의의 여건(circumstances of justice)은 민주사회에서 필연적으로 존재하는 현실이다. 롤즈는 이러한 민주사회의 정치문화를 수용하고 이러한 사회의 기본구조를 규정하는 정의의 원칙을 제시한 것이다.[132] 셋째, 맑스와 민주사회주의자(democratic socialism)들은 유산계급의 무산계급에 대한 착취에 기인하는 계급간의 불평등과 투쟁을 문제시하지만, 롤즈는 개인의 가족환경, 신체적 차이, 운 등을 중요시하고 이러한 요소들의 영향력을 완화하여 사회협력체 형성을 추구하였다. 이러한 의미에서 롤즈의 이론은 사회주의자들의 이론보다 더욱 포괄적인 불평등의 여건을 치유하는 보다 정교한 이론을 제시하고 있다.[133]

롤즈의 정의의 제2원칙은 그 이후 서구 학계의 많은 학자들이 평등주의에 대한 새로운 논의를 전개하는 계기를 마련하였다. 정의의 제2원칙은 사회적, 경제적 불평등을 규율하는 두 가지 기준인 기회균등의 원칙과 차등

---

132 이에 대하여는 Rawls, *Lectures on the History of Political Philosophy*, 321-322쪽을 참조하시오.

133 세번째 주장에 대하여는 다음을 참조하시오. Will Kymlicka, 'Left-Liberalism Revisited,' in *The Egalitarian Conscience, ed.* Christine Sypnowich(Oxford: Oxford Univ. Press, 2006), 9-35쪽. 사회주의 경제학자인 로머(Roemer)는 롤즈의 불평등 원인분석은 맑스(Marx)보다 진보된 적절한 분석이고 그렇다면 맑스의 착취이론은 분배적 정의를 위한 해결책이 될 수 없다고 평가하였다. 로머의 주장에 대하여는 다음을 참조하시오. John Roemer, 'Socialism Revised,' *Philosophy & Public Affairs* Vol.45, No.3(Summer 2017), 291쪽.

의 원칙을 제시하고 있다. 롤즈는 기본적으로 사회적, 경제적 불평등의 원인을 사회적, 자연적 우연(contingencies)의 요소에서 찾고 있다. 부유한 가정환경, 신체적인 우위, 운과 같은 우연적인 요소들은 당사자가 선택할 수 없는 것들이다. 따라서 이러한 요소들 때문에 기인하는 불리한 처지와 그 결과인 불평등은 당사자들에게 책임(responsibility)을 물을 수 없는 것이다.[134] 부유한 가정환경에서 성장하여 재능을 개발하는데 유리한 여건을 누리는 경우, 자식들의 자유 의지(free will)에 의하여 그가 태어날 가정을 선택할 수 있는 것은 아니다. 만약 필자가 필자의 부모님들의 부유한 가정환경으로부터 혜택을 누리고 있다면 이는 필자의 자유 의지에 의한 선택의 결과가 아니다. 또한 열악한 가정환경에서 성장한 자식들이 재능을 개발할 기회가 제한되었고 따라서 경제적으로 하위계층에 속한다면 이는 자식들의 책임이 아니다. 사회적, 자연적 우연의 요소들은 가혹한 불운(brute luck)일 뿐이다.[135] 물론 개인의 자유의지로 통제할 수 있는 요소들에 기인하여 불평등이 발생하기도 한다. 근로를 하지 않고 휴양지에서 파도타기를

---

134 실제 롤즈의 저서에서는 책임이라는 개념을 명백하게 사용하지는 않았지만, 그의 전반적인 이론적 맥락에서 책임은 중요한 역할을 수행한다. 책임과 운평등주의에 대하여는 다음을 참조하시오. S.L. Hurley, *Justice, Luck, and Knowledge*(Massachusetts: Harvard Univ. Press, 2003); Christopher Lake, *Equality and Responsibility*(Oxford: Oxford University Press, 2001); Arthur Ripstein, *Equality, Responsibility, and the Law*(Cambridge: Cambridge Univ. Press, 1999).

135 가혹한 불운이라는 표현은 롤즈가 사용한 것이 아니라 뒤와킨(Dworkin)이 사용한 개념이다. 그러나 이 개념을 롤즈의 경우에 적용하는 것은 개념적으로 적절한 경우이다. 이에 대하여는 다음을 참조하시오. Carl Knight and Zofia Stemplowska, 'Responsibility and Distributive Justice,' in *Responsibility and Distributive Justice*, eds. Carl Knight and Zofia Stemplowska(Oxford: Oxford Univ. Press, 2011), 1–5쪽. 뒤와킨의 이론에 대하여는 다음을 참조하시오. Ronald Dworkin, 'What Is Equality? Part 1: Equality of Welfare,' *Philosophy and Public Affairs* Vol.10, No.3(Summer 1981); 'What Is Equality? Part 2: Equality of Resources,' *Philosophy & Public Affairs* Vol.10, No.4(Fall 1981); Sovereign Virtue(Cambridge: Cambridge Univ. Press, 2000). Michael Allingham, *Distributive Justice*(New York: Routledge, 2014), 4–5쪽. Joseph Fishkin, *Bottlenecks*(Oxford: Oxford Univ. Press, 2014).

즐기는 게으른 시민이나 도박에 탐닉하는 자처럼 본인의 태만 때문에 저소득층에 속하거나, 자동차 보험에 가입하지도 않고 음주운전을 하여 신체적 불구가 되어 직장을 잃고 저소득층으로 전락하였다면 이러한 불평등은 개인의 선택적 불운(option luck)에 기인한다. 따라서 이러한 불평등은 사회적 보상의 대상이 아니다. 롤즈의 정의의 제2원칙은 가혹한 불운의 영향력을 완화하여 가급적 사회적 평등을 추구하는 것을 목적으로 한다. 실질적인 기회균등을 보장하기 위하여 공립학교체제를 수립하고 취업에서의 차별을 제거하여야 한다. 또한 차등의 원칙에 의거하여 사회최하위 계층에게 최저 생계비(social minimum)를 보장하여야 한다. 또한 조세를 통하여 사회의 부가 가급적 공평하게 분포되도록 하여야 하고 부유한 계층의 정치적, 사회적 영향력을 차단하여야 한다. 정의로운 사회라면 가혹한 불운으로부터 기인하는 불평등을 완화하기 위한 제도적 노력을 경주하여야 한다. 재능을 개발하는데 유리한 가정환경에서 출생한 것 자체를 정의롭지 못하다고 평가할 수는 없다. 만약 필자가 부유한 가정환경에서 출생하였다면 이는 단지 사실(fact) 관계일 뿐이다. 그러나 정의사회를 가름하는 기준은 가혹한 불운으로부터 발생하는 불평등을 완화(mitigation)하기 위한 경제적, 정치적 장치를 구비하였는가의 여부이다. 롤즈의 정의의 제2원칙은 가혹한 불운의 영향력을 완화시키기 위한 원칙을 제시한 것이다. 이러한 의미에서 현대 정치사상가들은 롤즈의 이론을 운평등주의(luck egalitarianism)라고 칭한다. 물론 불평등을 야기하는 가혹한 불운의 영향력을 완벽히 차단할 수는 없다. 부유한 가정환경이 자녀교육에 미치는 영향력을 차단하기 위하여 부모가 자식들에게 잠자리에서 동화책을 읽어주는 행위를 금지할 수는 없다. 부모가 자식들에게 유산을 물려주는 행위를 도덕적으로 비난할 수는 없다. 그러나 롤즈의 운평등주의에 의하면 가혹한 불운의 영향력을 완벽하게 차단할 수는 없지만 가급적 이를 완화하기

위한 제도적 장치를 마련하여야 한다.[136]

롤즈는 사회적, 자연적 우연의 요소에 의한 행운을 누리는 상위계층의 부를 하위계층에게 분배하는 것은 사회적 책임으로 간주하고 있다. 정의의 제2원칙은 이러한 분배의 기준을 제시하고 있다. 안슨(Richard Arneson)의 해석에 의하면, 롤즈의 민주적 평등체제에서는 모든 시민들이 성인으로써 인생의 첫발을 내딛을 때 그들에게는 합당한 량의 사회적 기본재가 주어져야 하고(물론 사회적 기본재 중에서 자유는 모든 시민들이 평등하게 누려야 한다) 시민들은 그들이 선택하는 인생 계획에 대하여 전적으로 책임을 져야 하는 체제이다. 여기서 합당한 량이란 사회의 최하위 계층시민들이 획득할 수 있는 사회적 기본재의 장기적 전망치를 최대화하는 것이다.[137]

c. 정의의 제1원칙의 우선성

이상에서 설명한 정의의 두 원칙 사이에는 우선성의 관계가 존재한다. 즉, 정의의 제1원칙이 제2원칙보다 축차적으로 우선하다. 롤즈는 직관주의(intuitionism)를 비판하면서 상충되는 정의의 원칙들 사이의 우선 순위를 결정하는 것은 중요한 문제라고 주장하였다.[138] 따라서 롤즈는 자신

136 운평등주의자 중에는 가혹한 불운의 영향력을 완벽히 제거(neutralization)할 것을 주장하는 급진적 학자들과 롤즈처럼 이를 완화(mitigation)하여야 한다는 학자들로 구분된다. 이에 대하여는 다음을 참조하시오. Shlomi Segall, *Equality and Opportunity*(Oxford: Oxford Univ. Press, 2013), 153쪽; Andrew Mason, *Levelling the Playing Field*(Oxford: Oxford Univ. Press, 2006).

137 이에 대하여는 다음을 참조하시오. Richard Arneson, 'Rawls, Responsibility, and Distributive Justice,' in *Justice, Political Liberalism, and Utilitarianism*, eds. Marc Fleurbaey et al.(Cambridge: Cambridge Univ. Press, 2008), 80–107쪽. 그러나 안슨은 롤즈의 사상체계에서 선택적 불운과 가혹한 불운을 명확히 구별할 수 없다고 비판하였다.

138 이에 대하여는 Rawls, *Theory of Justice*, 40–45쪽을 참조하시오.

의 정의의 두 원칙들 사이의 우선 순위에 대한 근거를 제시하였다. 정의의 제1원칙은 기본적 자유의 보장을 규정하고 있다. 즉, 사회적 기본재 중에서 자유나 권리에 관한 규정이다. 반면 정의의 제2원칙은 경제적 소득이나 부, 직위나 직책 등을 규정하는 원칙이다. 즉, 사회적 기본재 중에서 소득이나 직위·직책과 관련한 사회적, 경제적 불평등을 규정하는 원칙이다. 정의의 제1원칙이 제2원칙보다 축차적으로 우선한다는 것은 사회적, 경제적 이득을 위하여 기본적 자유를 포기할 수 없다는 의미이다. "정의의 두 원칙 사이의 축차적 우선 관계는 사회적 기본재들 사이의 암묵적인 선호도를 나타낸다."[139] 즉 사회적 기본재 중에서 자유와 권리가 사회적, 경제적 이득보다 중요하다는 것이다. 롤즈의 예에 의하면, 특정 집단에게 정치적 자유를 부여할 경우 그들이 경제성장과 효율적인 정책을 저지할 수 있을 우려가 있다고 하여 이들에게 정치적 자유를 부여하지 않는다면 이는 정의의 제1원칙의 우선성에 대한 위반이다.[140] 필자는 다음과 같은 예로서 정의의 제1원칙의 우선성을 설명하겠다. 예를 들어 경제적으로 일정수준 이상의 부를 누리고 있지만–즉, 절대빈곤 수준은 면하였지만–그 사회에서 빈곤계층의 시민이 그의 정치적 권리를 활용하여 국가의 정책 결정에 영향을 미칠 수 있는 가능성이 적다고 가정하자. 이러한 상황에서 정치가가 그 시민에게 금품을 주거나 취업기회를 보장하고 국회의원 선거에서 자신을 지지할 것을 제안하였다. 만약 이 시민이 경제적 이득을 얻기 위하여 불법선거운동을 한 정치가에게 투표하였다면, 경제적 이득을 위하여 정치적 자유를 포기한 것이다. 정의의 제1원칙이 보장하는 정치적 자유는 정

139 Rawls, *Theory of Justice*, 63쪽.

140 이에 대하여는 다음을 참조하시오. John Rawls, *Justice as Fairness*(Cambridge: Harvard University Press, 47쪽.

의의 제2원칙이 규율하는 사회적, 경제적 이득보다 우선함으로 이러한 불법선거는 정의롭지 못하다. 따라서 정의의 제1원칙의 우선성은 민주시민의 숙고된 도덕적 판단과 일치한다.

물론 정의의 제1원칙의 우선성이 적절치 않은 상황도 있을 것이다. 절대 빈곤의 고통을 받는 시민들에게는 경제적 이득이 정치적 자유보다도 더욱 중요한 기본재이다. "동등한 자유의 원칙이 부정되는 유일한 경우는 모든 시민들이 동등한 자유를 누릴 수 있도록 그 사회의 문명수준의 발달을 위한 경우이다."[141] 즉, 사회가 발달하면 정의의 제1원칙의 우선성이 타당한 수준에 이르게 된다. 그 사회의 문명수준이 발달하여 전반적인 후생수준이 향상되면 경제적, 사회적 이득에 대한 중요성보다는 자유의 중요성이 점차적으로 증가한다.[142] 사회의 전반적 후생수준이 향상되면 시민들의 절실한 경제적 요구는 해결이 된 상태임으로 영적인 활동이나 문화적 활동을 위한 권리의 중요성이 증가한다. 또한 시민들은 그들이 속한 단체에 적용되는 법이나 규정의 제정에 영향력을 행사하기를 원한다. 환언하면 시민들은 그들의 인생계획을 스스로 결정할 수 있기를 바란다. 따라서 자유의 중요성이 증대된다. 이처럼 정의의 제1원칙의 우선성은 문명사회의 발달과정의 장기적인 경향을 반영한 것이다.[143] 환언하면 롤즈의 정의의 두 원칙

---

141 Rawls, *Theory of Justice*, 542쪽.

142 롤즈는 그의 초기 저서인 「정의론」에서는 사회가 발전할수록 경제적, 사회적 이득의 한계 중요성(marginal significance)이 감소하는 반면 자유의 중요성이 증가한다고 표현하였다. 그러나 후기 저서인 「정치적 자유주의」에서는 한계중요성의 개념을 포기하고 사회가 발달하면 자유의 필요성이 부각되는 사회 상태로 점진적으로 변하기 때문에 정의의 제1원칙이 우선하다고 주장하고 있다. 필자의 견해로는 한계 중요성이라는 개념의 포기는 적절한 수정이라고 생각되나 자유의 우선성의 근거인 사회발전에 관한 롤즈의 전반적인 주장에는 근본적인 변함이 없다고 생각된다. 이에 대하여는 Rawls, *Political Liberalism*, 371쪽을 참조하시오.

143 이에 대한 해설과 비판에 대하여는 다음을 참조하시오. Brian Barry, *The Liberal Theory of Justice*(Oxford: Clarendon, 1973), 59-82쪽.

의관, 직관주의, 혼합정의관(mixed conception) 등이 그 대안이다.[151] 이중에서 계약 당사자들은 롤즈의 정의의 두 원칙을 선택한다. 실제 롤즈는 그의 정의의 두 원칙의 선택 근거를 제시하는 과정에서 두 가지 방법을 사용하였다. 첫째 방법은 원초적 입장의 계약 당사자들이 무지의 장막 하에서 정의의 두 원칙을 채택하는 논리적 근거를 제시하였다. 후술하겠지만 맥시민(maximin) 원칙은 그 논리적 근거의 하나의 예이다. 두 번째 방법은 정의의 두 원칙을 여타 다른 정의의 원칙들과－예를 들어 공리주의 정의관이나 완전주의 정의관－비교하여 정의의 두 원칙이 더욱 우월한 것임을 보여주고 있다. 롤즈는 두 방법의 명확한 구별 없이 혼합하여 사용하고 있다.[152] 물론 두 가지 방법이 상호 배타적인 것은 아니다. 두 번째 방법은 단편적인 비교를 통한 정당화 과정이고, 첫 번째 방법은 반성적 평형상태에 근거한 논리적 설명이다. 첫 번째 방법은 반성적 평형상태에 근거하여 원초적 입장에서 계약 당사자들이 갖고 있는 선택 동기나 원초적 입장의 특징 때문에 정의의 두 원칙이 채택되는 논리적 근거를 제시하였다. 이러한 면에서 첫 번째 방법은 더욱 정교하고 체계적이다. 반면 두 번째 방법인 비교를 통한 정당화 과정도 계약 당사자들의 동기나 원초적 입장의 특징에 의존하고 있지만, 이 방법은 정의의 두 원칙과 여타 정의관을 대칭 비교하는 단편적인 방법이다. 필자의 견해로는 롤즈는 그의 후기 저술 단계로 갈수록, 첫 번째 방법에 더욱 의존하고 있는 것 같다. 따라서 이하에서는 첫 번째 방법을 위주로 논의를 전개하겠다. 다만 필요에 따라 두 번째 방법인 비교를 통한 정당화 과정에 대하여서 보충적 차원에서 간단히 언

---

151 여러 대안에 대하여는 Rawls, *Theory of Justice*, 124쪽을 참조하시오.

152 이에 대하여는 다음을 참조하시오. Thomas Seung, *Intuition and Construction*(New Haven: Yale Univ. Press, 1993), 24–30쪽.

급하겠다.

구체적인 설명에 앞서 롤즈의 정당화 과정을 이해하기 위하여 주의를 요할 사항에 대하여 언급하고자 한다. 롤즈는 정의의 제1원칙의 선택근거와 제2원칙의 선택근거를 각각 구별하여 설명하고 있다. 정의의 두 원칙은 일반적 정의 원칙의 특별한 경우인데 각각의 원칙의 선택 근거를 분리하여 설명함으로 구체적 논거를 제시하고 있다. 또한 롤즈는 정의의 두 원칙 사이의 구별이 없이 일반적 정의의 원칙을 선택하는 근거를 포괄적으로 논하고 있다. 때로는 제1원칙의 선택 근거와 제2원칙의 선택 근거는 서로 중첩되기도 한다. 이하에서는 먼저 정의의 두 원칙의 선택 근거를 분리하여 설명하고 난 후, 일반적 정의 원칙의 포괄적 선택근거를 설명하겠다. 이것은 정의의 두 원칙은 일반적 정의 원칙의 특별한 경우라는 특징에 근거한 적절한 방법이다. 우선 정의의 제1원칙의 선택 근거부터 논의를 전개하겠다.

a. 정의의 제1원칙의 선택 근거

제6절에서 설명한 바와 같이 원초적 입장에서 상호 무관심한 계약 당사자들은 그들이 대변하는 시민의 가치관을 추구하는데 적합한 정의관을 선택하려 하지만, 무지의 장막 때문에 그 가치관의 구체적 내용을 모름으로 모든 시민들의 불특정한 가치관들(unspecified conceptions of the good)을 추구하는데 적합한 정의의 원칙을 선택하고자 한다. 이것이 이성적인 계약 당사자들의 실질적인 선택 동기이다. 즉 무지의 장막 하에서 이성적인 계약 당사자들은 모든 시민들의 불특정한 가치관의 추구에 가장 적합한 정의관을 선택하고자 하는 동기를 갖고 있다. 이러한 동기는 결국 시민들이 가치관을 추구하는 능력을 발휘하고 고양시키는데 적합한 사회환경을 조성하는 것이다. 즉, 민주시민들이 그들의 가치관을 자유의지에 따라 형성, 변경하고 타인이나 국가의 간섭 없이 이를 추구할 수 있는 사회

여건(social condition)을 조성하는 것이다. 이를 위하여서는 사회의 기본구조는 롤즈의 정의의 제1원칙이 규정하는 기본적 자유를 보장하여야 한다. 따라서 원초적 입장에서 계약 당사자들은 정의의 제1원칙을 선택한다. 롤즈는 기본적 자유에 속하는 양심의 자유(liberty of conscience)와 종교의 자유가 선택되는 근거를 설명하면서 논의를 전개하였다. 양심의 자유에 의하면 개인은 외부의 압력이나 간섭을 받지 않고 자신의 양심에 따라 어떤 문제에 대하여 판단을 형성할 수 있다. 종교의 자유에 의하면 개인은 특정한 종교를 자유롭게 선택하여 신봉할 수 있거나 아무 종교도 갖지 않을 수 있다. 이러한 권리의 보장은 민주 시민들의 가치관의 형성, 변경, 추구에 필요한 사회적 여건을 형성해 주는 것이다. 예를 들어, 시민들은 그의 기존 가치관이 부적절하다고 판단되면 새로운 가치관을 형성할 수 있다. 특별한 종교적 가치관이나 포괄적인 철학적 주장에 근거하여 특별한 인생 계획을 갖고 있던 시민이 그의 가치관을 수정하여 타종교로 개종하여 인생의 계획을 바꿀 수 있다. 기존의 가치관과 삶의 형태가 그 시민에게 가장 적합한 것이라는 보장은 없다. 크고 작은 가치관의 수정의 필요성이 존재한다. 이러한 사회적 여건을 조성하기 위하여서는 모든 시민들은 정의의 제1원칙이 규정하는 기본적 자유인 양심의 자유와 종교의 자유를 누려야 한다. "따라서 부적절하거나 잘못된 선택을 할 수 있는 시민에게 양심의 자유는 가치관을 추구하는 능력의 발휘와 고양에 필요한 조건이라는 전제하에, 계약당사자들은 이러한 기본적 자유를 보장하는 원칙을 선택할 근거를 갖게 된다."[153] 또한 기존의 가치관을 수정하는 과정에서 시민들은 새로운 목표가 그에게 적합하다는 근거에 대한 충분한 이해가 있어야 한다.

153 Rawls, *Political Liberalism*, 313쪽. 이 부분의 설명에서 롤즈는 밀(J.S. Mill)이 그의 저서 자유론에서 전개한 사상과 토론의 자유의 근거에 대한 논의를 원용하고 있다.

환언하면 지적, 도덕적 능력을 발휘하여 이성적 사고(rational deliberation)를 하여야 한다. 이러한 과정을 통하여 새로운 가치관에 대한 확신이 생겨야만 그것은 그 자신의 것이 된다. 단지 사회나 동료집단의 압력에 의하여 가치관을 형성, 수정한다면 이는 개인성(individuality)의 말살이다. 이성적 사고는 그 자체가 민주시민의 가치관의 일부이다. 이러한 이성적 사고를 위하여서는 양심의 자유가 필요함으로 계약 당사자들은 정의의 제1원칙인 동등한 자유의 원칙을 선택한다.

가치관을 형성하는 능력과 정의감을 발휘하는 능력은 민주시민이 사회 협력원으로서 지녀야 할 두 가지 도덕적 능력이다. 따라서 롤즈는 정의감을 발휘할 수 있는 능력이 원초적 입장에서 정의 원칙의 선택 근거로써의 역할을 제시하였다. 그러나 위에서 설명한 바와 같이 원초적 입장의 계약 당사자들의 실질적 선택 동기는 가치관을 형성할 수 있는 능력에 적합한 정의관을 선택하는 것이다. "따라서 계약 당사자들에게 정의 원칙의 선택의 동기로써 정의감을 발휘하는 능력이 갖는 역할은 이러한 실질적 동기와 부합하여야 한다."[154] 롤즈의 주장은 다음의 세 가지 명제로 설명하는 것이 적절하다. 첫째 명제에 의하면, 계약 당사자들은 모든 시민들이 그들의 가치관의 형성, 변경, 추구를 마음껏 할 수 있는 사회여건을 제공하는 정의 사회를 추구한다. 즉, 계약 당사자들은 이성적인(rational) 대변자이다. 둘째 명제의 의하면, 그러한 사회를 규정하는 정의의 원칙은 모든 시민이 정의감을 발휘하여 자발적으로 이를 준수하여야 한다. 즉 정의의 원칙은 안정된 원칙이어야 하고, 이러한 원칙이 규율하는 사회는 사회협력을 유지하는 가장 안정된 사회이다. 이러한 안정된 사회에서 생활하는 시민들만이 그들의 가치관을 충분하고 적절하게 추구할 수 있다. 셋째 명제

154 Rawls, *Political Liberalism*, 315쪽.

에 의하면, 롤즈의 정의의 원칙은 여타 다른 정의 원칙보다도–예를 들어 공리주의 원칙보다도–더욱 안정된 원칙이다. 즉 계약 당사자들은 롤즈의 정의의 두 원칙이 여타 다른 원칙보다도 시민들의 정의감을 강하게 불러일으켜 이를 준수하게 된다고 평가한다.[155] 그러나 이러한 평가가 정의의 두 원칙의 선택 근거는 아니다. 다만 이러한 평가를 하는 과정에서 계약 당사자들은 정의의 두 원칙에 의해 조직화된 사회는 사회협력을 유지하는 가장 안정된 사회이고, 따라서 그 사회는 시민들의 가치관을 충분히 추구할 수 있는 사회여건을 조성하여 준다는 점을 인식하게 된다. 이것이 계약 당사자들의 선택 근거이다. 이처럼 원초적 입장의 계약 당사자들에게는 정의의 원칙을 준수하는 도덕적 능력은 시민들의 가치관의 추구를 위한 하나의 방편이다.

이상의 세 가지 명제 중에서도 세 번째 명제는 더욱 구체적인 논증이 필요하다. 롤즈는 정의의 두 원칙이 다른 원칙들보다도 더욱 안정적인 원칙이라는 주장의 근거를 제시하고 있다. 롤즈는 안정적인 원칙은 모호하지 않고 모든 시민들이 인지할 수 있게끔 분명하고 명료하여야 한다고 주장하고 있다. 또한 안정적인 원칙은 모든 시민들의 이익을 고려하여야 하고 이에 부합하여야 한다. 다음으로 안정적인 원칙이란 시민들의 자발적 동의를 불러일으켜야 한다. 롤즈의 정의의 두 원칙은 공리주의 원칙 보다 더욱 명료하여 시민들이 이해하기 용이한 원칙이다. 공리주의 원칙이 주장하는 효용의 극대화는 상이한 선호도를 갖고 있는 시민들 사이에서 객관적으로 측정하기에는 모호한 개념이다. 이에 반하여, 정의의 제1원칙이 규정하는 동등한 자유의 원칙이 침해당하였는가를 규명하는 것은 훨씬 용이한 작

155 이에 대하여는 Rawls, *Political Liberalism*, 316–317쪽을 참조하시오.

업이다.[156] 또한 정의의 두 원칙은 모든 시민들의 이해관계에 부합하는 원칙이다. 이점은 동등한 자유의 원칙과 그 우선성, 실질적인 자유의 가치 등에 나타나 있다. 모든 시민들에게 자유에 대한 권리를 보장하고, 또한 자유의 실현을 위한 수단을 확보함으로써 실질적인 자유의 가치를 담보하는 것은 모든 시민들의 이해관계에 부합하는 것이다. 따라서 정의의 두 원칙은 공리주의 정의관보다 더욱 용이하게 시민들의 자발적인 준수를 이끌어 낸다. 이처럼 정의의 두 원칙은 안정적인 정의관이다.

이상에서 필자가 세 가지 명제로써 롤즈의 주장을 전개한 것은 정의 원칙의 선택 근거로써 가치관을 형성하는 능력을 강조하기 위함이다. 즉 원초적 입장에서 계약 당사자들의 선택 동기는 정의감을 발휘하는 능력을 키우는 것과는 직접적으로 관련이 없다. 그림 3의 원초적 입장의 구성 원리에서 표시하였듯이, 상호 무관심한 계약 당사자들이 갖는 정의 원칙의 선택 동기는 가치관을 형성, 변경, 추구할 수 있는 자유로운 시민 개념의 정합적 반영이다. 정의감을 발휘하는 능력은 원초적 입장에서 단지 무지의 장막으로 반영돼 있다. 환언하면 계약 당사자들은 그들이 선택할 정의의 원칙이 시민들에게 자발적으로 수용되어 준수되는 안정된 원칙인지의 여부는 선택의 동기가 아니다. 사회 안정에 관한 문제는 이 단계에서는 제기되지 않는다. 롤즈의 주장에 의하면, 사회 안정의 문제는 원초적 입장에서 정의의 원칙이 잠정적으로 선택된 후 그 다음 단계에서 제기되는 것이다.[157] 이에 대하여는 다음절에서 중첩적 합의를 설명할 때 후술하겠다.

---

156 이에 대하여는 Rawls, *Theory of Justice*, 501쪽과 320-325쪽을 참조하시오.

157 이에 대하여는 Rawls, *Political Liberalism*, 65쪽을 참조하시오.

당한 대접을 받았다고 느끼는 것은 정당하다. 특정한 계층을 충원 과정에서 배제하는 것은 그들의 자아실현의 경험을 박탈하는 것이다. 이는 인간에게 중요한 가치를 박탈하는 것이기 때문에 롤즈는 공리주의 주장을 배격한다. 이러한 점에서 기회균등 원칙의 선택 근거로서 자아실현의 중요성이 강조된다.

차등의 원칙의 선택 근거로써 제2장 제7절 a에서 설명한 정의의 제1원칙의 직관적 선택근거인 사회협력의 필요성이 동일한 논리에 의해 제시된다. 모든 시민들의 복지는 상호협력 체제에 근거하고 있음으로 분배는 모든 시민들의 자발적인 협력(willing cooperation)을 이끌어 내어야 한다. 이를 위하여서는 공정한 분배의 원칙이 채택되어야만 한다. 차등의 원칙에 의하면 최상위층이 누리는 사회적, 경제적 이익은 우연적 요소의 결과임으로 이러한 불평등은 도덕적으로 자의적이다. 따라서 불평등이 사회 최하위 계층에게 도움이 되어야만 정당한 분배이다. 차등의 원칙은 사회적, 자연적 우연의 요소로부터 발생하는 부당한 불평등을 교정하는 효과가 있다. 이러한 차등의 원칙은 모든 시민들의 복지를 위한 필요조건임으로 최하위 계층의 자발적인 협력을 유도한다.[161] 이것이 차등 원칙 선택의 직관적 근거이다.

c. 정의의 두 원칙의 선택 근거

롤즈는 정의의 제1원칙과 제2원칙이 선택되는 근거를 구분하여 설명하기도 하고 이러한 구분이 없이 정의의 두 원칙이 선택되는 체계적인 근거를 제시하고 있다. 즉, 무지의 장막하의 원초적 입장에서는 맥시민(maximin) 원칙이 작동함으로 정의의 두 원칙이 선택된다는 것이다. 롤즈의 주

161 이에 대하여는 Rawls, *Theory of Justice*, 15쪽을 참조하시오.

장에 의하면 맥시민 원칙은 정의의 두 원칙의 선택 근거를 체계적으로 설명하기 위하여 제시되었다고 주장하고 있다. 그러나 필자의 견해로는 맥시민 원칙은 롤즈의 일반적 정의의 원칙의 선택 근거로써 더욱 적당한 것 같다. 이하에서는 구체적으로 맥시민 원칙을 설명하겠다. 무지의 장막하의 원초적 입장에서 정의의 원칙을 선택하는 계약 당사자들은 그들이 대변하는 시민과 관련한 특별한 정보를–예를 들어 성별, 직업, 가치관, 심리적 성향, 사회계층, 신체적 조건 등–모르는 상황이다. 이러한 상황은 사회 선택이론(social choice theory)의 불확실성하의 선택상황(decision under uncertainty)이다. 롤즈의 주장에 의하면 이러한 불확실성하의 선택 상황에서는 맥시민 원칙이 자기 발견적 방법(heuristic device)으로써 작동한다. 자기 발견적 방법은 물리학, 심리학, 수학, 인공지능의 연구 분야에서 문제 해결(problem solving)의 방법으로써 제시되었다.[162] 휘리스틱(heuristic)이라는 용어는 그리스어에서 유래하는데 발견(find)이라는 의미를 갖고 있다. 현대의 과학철학에서 자기 발견적 방법은 증거를 찾거나 새로운 발견을 위한 시도를 의미한다. 특히 해결하고자 하는 문제가 복잡하거나, 그 문제에 대한 정보나 지식이 한정돼 있고, 문제해결을 위한 시간이 제한돼 있을 경우, 자기 발견적 방법은 유용한 수단이다. 이러한 상황에서 자기

---

162 자기 발견적 방법에 대하여 롤즈는 자세히 설명하지 않고, 원초적 입장에서의 선택 상황을 불확실성하의 선택 상황으로 비유하면서 이러한 상황에서 맥시민 원칙이 자기 발견적 방법으로써 작동한다고 언급하였다. 이에 대하여는 Rawls, *Theory of Justice*, 152쪽을 참조하시오. 자기 발견적 방법에 대하여는 다음을 참조하시오. Rudolf Groner, Marina Groner, and Walter Bischof eds., *Methods of Heuristics*(Hillsdale: Lawrence Erlbaum, 1983); Herbert A. Simon, *Models of Bounded Rationality*(Cambridge: MIT Press, 1982); Steven French & Harmke Kamminga eds., *Correspondence, Invariance and Heuristics*(Boston: Kluwer Academic, 1993); Gerd Gigerenzer & Peter Todd eds., *Simple Heuristics That Make Us Smart*(Oxford: Oxford Univ. Press, 1999); William Wimsatt, 'Heuristics and the Study of Human Behavior,' in *Metathoery in Social Science*, eds. Donald Fiske and Richard Shweder(Chicago: Univ. of Chicago Press, 1986), 293–314쪽.

맥시민 원칙이 작동하는 것이다. 맥시민 원칙이 작동하기 위한 두 번째 특징은 계약 당사자들의 가치관에 의하면 맥시민 원칙에 따라 선택함으로써 보장받을 수 있는 최저 이득 이상에 대하여는 관심이 없다. **그림 17**의 선택 상황에서 맥시민 원칙은 S_3의 분배상황을 선택하기를 권유한다. 이 경우 계약 당사자들이 확보할 수 있는 최저 분배의 몫은 6이다. 계약 당사자들의 가치관에 의하면 6이상의 분배의 몫에 대하여는 관심을 갖지 않는다는 것이다. 그 이상의 분배 몫을 추구하다가 그가 소중히 여기는 것을 잃을 수 있기 때문이다. "이러한 조건은 세 번째 조건을 유도한다. 즉, 선택되지 않은 대안들은 용납될 수 없는 결과를 포함하고 있다."[167] 환언하면 맥시민 원칙이 작동하기 위한 세 번째 조건에 의하면, 선택되지 않은 분배상황인 S_1과 S_2의 경우의 최저 분배 몫인 3과 4는 계약 당사자들이 도저히 받아들일 수 없는 결과이다. 이러한 세 가지 조건이 충족된다면 불확실성하의 선택 상황에서 맥시민 원칙이 작동하게 된다.

롤즈의 주장에 의하면 원초적 입장에서는 이러한 세 가지 특징이 적용됨으로 맥시민 원칙이 작동한다는 것이다. 첫째, 원초적 입장의 무지의 장막은 계약 당사자들이 대변하는 시민들이 속할 계층에 대한 확률적 계산을 할 수 없게 한다. 또한 각 계층이 누릴 사회적 기본재의 수량적 양도 모르는 상황이다. 따라서 맥시민 원칙이 작동한다. 두 번째 특징에 의하면 계약 당사자들은 그들이 확보할 수 있는 최저 분배의 몫 이상에 대하여는 무관심하다. 정의의 두 원칙의 여러 함의는 이러한 특징을 반영하고 있다. 예를 들어, 정의의 제1원칙의 제2원칙에 대한 우선 순위는 원초적 입장의 계약 당사자들은 평등한 자유를 희생하여 더 많은 경제적 이득을 얻으려 하지 않는다는 것을 의미한다. 즉, 계약 당사자들은 **그림 17**의 S_3 분배상

167 위의 책, 154쪽.

황이 담보하는 6이상에 대하여 무관심하다는 것은 정의의 제1원칙의 우선성과 일치한다. 셋째, 원초적 입장의 계약 당사자들은 롤즈의 정의의 원칙 이외의 다른 원칙들은 그들이 받아들일 수 없는 상황을 포함하고 있다고 상정한다. 예를 들어, 계약 당사자들은 공리주의 원칙은 사회 공익을 위하여 일부 시민의 자유를 희생할 수 있다고 비난하고 이러한 결과를 용납하지 못한다.[168] 공리주의가 초래하는 이러한 결과는 그림 17의 S_1이나 S_2의 최하위 계층의 분배 몫일 것이다. 계약 당사자들은 이러한 결과를 받아들일 수 없다. 따라서 원초적 입장은 맥시민 원칙이 작동할 수 있는 조건을 충족시킨다. 그 결과, 원초적 입장의 계약 당사자들은 롤즈의 정의의 원칙을 선택한다.

제9절 가치관에 대한 정의 개념의 우선성

필자는 제2장의 5절에서 롤즈의 인간관을 설명하면서 자유민주 사회의 시민들은 본인의 자유의지에 따라 가치관(conception of the good)을 형성, 변경, 추구하는 도덕적 능력의 소유자임을 설명하였다. 그러나 판단의 부담들(burdens of judgment)때문에, 민주사회에는 다양한 가치관이 형성되고 이에 근거하여 다양한 포괄적이고 합리적인 주장들이 존재한다. 정의 사회는 이러한 자유로운 시민들이 그들의 가치관을 추구할 수 있는 정치적, 사회적 배경을 조성하여야 함으로, 정의의 원칙은 특정한 합리적 주장에 의거하지 않는 자유로운 입장의 견해(freestanding view)이다. 제2장 제6절에서 설명한 원초적 입장의 무지의 장막은 이를 보장하여 준다. 이러

168 이에 대하여는 Rawls, *Theory of Justice*, 156쪽을 참조하시오.

한 목적을 위하여 선택된 정의의 두 원칙에 의거하여 민주사회의 헌법, 법률, 정책 등이 정해진다. 환언하면, 국가는 특정한 합리적, 포괄적 주장이 지향하는 가치관을 시민들에게 권장하기 위한 목적으로 법과 정책을 수립하여서는 안 된다. 즉, 자유민주 사회의 국가는 공공정책 수립의 목적 측면에서 중립적 국가(neutral state)이다. 이러한 의미에서 자유민주주의 국가는 목적의 중립성(neutrality of aim)을 추구한다. 예를 들어, 정책 결정자가 프로레슬링 경기와 오페라 공연의 입장권에 과세를 할 경우에 직면하였다고 가정하자. 이 정책 결정자는 프로레슬링 경기를 즐기는 삶의 형태보다는 오페라 공연을 즐기는 문화적 삶의 형태가 더욱 가치 있다고 판단하였다. 따라서 국민들에게 문화적 삶의 형태를 권장하기 위하여 오페라 공연에는 보조금을 지급하였고 레슬링 경기의 입장권에는 과세를 부과하기로 결정하였다. 즉 특정한 형태의 삶을 권장하기 위한 목적으로 과세정책을 결정하였다. 이는 자유민주주의의 중립적 국가관에 위배되는 정책결정이다. 자유민주주의 국가는 특정한 가치관이나 그에 근거한 포괄적 주장을 권장하기 위한 목적으로 공공정책을 수립하여서는 안 된다.

비록 중립적 국가는 특정한 가치관을 권장하기 위하여 공공정책을 수립하지는 않지만, 시민들이 어떠한 종류의 가치관이라도 추구하는 것을 허락하는 것은 아니다. 원초적 입장에서 선택된 정의의 원칙에 위배되는 가치관을 추구하는 것은 용납될 수가 없다.[169] 민주사회의 시민들이 추구하는 가치관과 그에 근거한 인생의 계획과 삶의 방식(forms of life)은 정의의 두 원칙을 위배하여서는 안 된다. "어떤 사회이든 그 자체 내에 모든 형태의 삶의 방식을 포함할 수는 없다."[170] 만약 특정 시민이 추구하는 가치관

169 이에 대하여는 Rawls, *Political Liberalism*, 192-193쪽을 참조하시오.

170 Rawls, *Political Liberalism*, 197쪽.

과 인생계획이 롤즈의 정의의 두 원칙과 상충될 경우에는, 롤즈의 정의의 두 원칙이 우선한다. 롤즈는 이를 가치관에 대한 정의개념의 우선성(priority of the right over the good)이라고 칭하였다. "공정으로서의 정의관에 있어서 정의 개념의 우선성이란 정치적 정의의 원칙은 허용 가능한 삶의 형태를 제한한다는 의미이다. 따라서 이러한 제한 범위에 위배되는 목적을 추구하기 위한 시민의 주장은 중요성을 부여할 수 없다."[171] 공리주의에 대한 롤즈의 비판에 의하면, 효용의 극대화를 추구하는 공리주의 원칙은 시민들이 욕구하는 바의 질적인 면 또는 욕구의 성격에 대하여 무관심하다. 공리주의는 시민들이 추구하는 가치관과 인생계획의 내용과 무관하게 오직 최대 다수 시민들의 욕구의 충족만이 정의의 유일한 기준이다. 따라서 다수 시민들의 욕구는 개인의 자유를 제한하거나 차별적인 정책으로써 충족될 위험성도 있다.[172] 중세 서구사회에서 자행되었듯이, 국가권력에 중대한 영향력을 행사하는 다수의 기독교인들이 특정 소수 종파의 종교적 관행에 대하여 혐오감을 갖고 있다면 공리주의 원칙은 특정 소수 종파에 대한 탄압적인 국가정책을 저지할 수 없다. 반면 롤즈의 정의의 두 원칙은 원초적 입장의 무지의 장막 하에서 선택되었다. 계약 당사자들은 그들이 대변하는 시민의 가치관을 모르는 공정한 상태에서 정의의 원칙을 선택하였다. "따라서 시민들은 묵시적으로 그들의 가치관이 정의의 원칙과 일치하거나, 적어도 정의의 원칙에 위배되는 주장을 하지 않는다는 점에 동의하였다."[173] 이처럼 정의의 원칙은 특정 가치관이 허용될 수 있는 합리적 범위를 규정하여준다.

171 위의 책, 174쪽.

172 이에 대하여는 Rawls, *Theory of Justice*, 30-32쪽을 참조하시오.

173 위의 책, 31쪽.

예를 들어 특정 종교 집단은 그들의 종교적 가치관에 근거하여 현대 사회의 저급한 문화를 혐오한다고 가정하자. 따라서 이러한 종교의 신도들은 자신들의 자식들에게 저급한 현대 문화와의 접촉을 금하기 위하여 정규 학교에서의 수업을 받는 대신 자신들의 종교 집단 내에서 자녀 교육을 주장하였다. 특히 그들은 종교의 자유를 주장하면서 자신들의 자녀 교육 방법을 국가 사회가 인정해주기를 원하였다. 자유민주주의 국가는 시민들의 자발적인 가치관 형성과 그에 따른 인생계획과 삶의 방식을 보장해 주어야 한다. 즉 국가는 특정 종교집단이 그들 자식들을 종교 집단 내에서 교육을 시켜 가치관을 형성토록 허용하여야 한다. 그러나 그 가치관이 정의의 두 원칙에 위배되어서는 안 된다. 따라서 이러한 종교 집단의 가정교육에서 부모들은 자녀들에게 정의의 원칙이 규정하는 시민의 권리를 숙지시켜야 한다. 그들의 종교관에 의거하여 정규 학교 교육을 거부하고 그들 종교 집단내의 가정교육으로 대신하는 것은 허락되지만, 그 가정교육을 통해 민주시민의 헌법적 권리들을 가르쳐야 한다. 즉, 그들은 가정교육을 통해 그들의 자녀들에게 정의의 원칙이 규정하는 양심의 자유에 의하면 종교적 개종은 자유라는 사실을 숙지시켜야 한다. 민주 시민의 기본권리를 교육시킴으로써 그들의 자녀들이 성인으로 성장하였을 때, 자녀들이 무지에 의하여 종교적 개종을 못하는 것을 방지하여야 한다. 또한 그들의 가정교육에는 그들의 자녀들이 민주사회의 협력원으로 성장할 수 있는 내용을 담고 있어야 한다. 이처럼 특정 종교집단내의 교육 내용에 제한을 가하는 것은 권리 개념이 가치관보다 우선하기 때문이다.

사회의 기본구조를 규정하는 정의의 원칙은 민주주의의 정치적 문화에 근거하고 있다. 또한 정의의 원칙은 민주 사회의 기본구조를 규정하고 헌법의 근간(constitutional essential)을 이루는 정치적 개념이다. 따라서 정의의 원칙이 표방하는 정치적 가치들(political values)은 기타 비정치적 가치들(nonpolitical values)보다도 우선한다. 정의의 원칙이 표방하는 중요한 가치들에는 평등한 정치적, 시민적 자유, 공정한 기회균등, 경제적 상호주의(economic reciprocity), 시민들 사이의 상호존중 등의 가치를 포함한다.[174] 이러한 정치적 가치들은 정의의 두 원칙과 사회적 기본재의 개념에 나타나 있다. 예를 들어, 차등의 원칙은 경제적 상호주의라는 정치적 가치를 표방하고 있다. 반면, 인간의 구원은 기독교 종교관이 표방하는 비정치적 가치이다. 정치적 가치들은 시민들의 존재의 근간을 이루는 사회 기본구조를 규정함으로 여타의 비정치적 가치들 보다 우선한다. 따라서 특정한 종교관이 추구하는 비정치적 가치들은 정의의 원칙이 표방하는 정치적 가치를 위배하여서는 안된다. 이러한 면에서 가치관에 대한 정의개념의 우월성은 결과적으로 영향력의 중립성(neutrality of effect)을 부정한다.[175] 자유민주주의 국가는 정책 수립의 목적에서 중립적인 국가이지만, 정의의 원칙을 위배하는 가치관이나 그에 근거한 포괄적 주장을 수용하지는 않는다. 자유민주주의 국가는 개인들의 가치관 형성에 영향력을 미치지 않을 수 없기 때문에 정의의 원칙에 위배되는 포괄적 주장은 장기적으로 그 지지 기반을 잃게 된다.

제10절 보수적 반성적 평형상태

필자는 제2장의 제1절에서 롤즈의 기본적 문제의식을 논하면서 두 종류의 문제의식을 구분하여 제시하였다. 첫 번째의 롤즈의 문제의식은 민주

174 이에 대하여는 Rawls, *Political Liberalism*, 139쪽을 참조하시오.

175 이에 대하여는 Rawls, *Political Liberalism*, 193쪽을 참조하시오.

사회의 기본구조를 규정하는 공평한 협력 조건을 구함으로써 정의사회를 구축하는 것이었다. 두 번째의 문제의식은 롤즈의 정의의 원칙이 여러 합리적이고 포괄적 주장으로부터 수용되는 것을 중첩적 합의과정을 통해 보여줌으로써 안정된 사회를 구축하는 것이었다. 첫 번째 문제에 대하여 롤즈는 원초적 입장에서 정의의 두 원칙이 선택되는 과정을 보여주고 이를 정당화하였다. 필자가 제2장의 2절부터 9절까지 설명한 롤즈의 이론은 첫 번째 문제에 해당하는 것으로써 이는 그의 사상체계의 첫 번째 단계이다. 롤즈의 사상체계의 두 번째 단계에 대하여는 후술하겠지만, 우선 첫 번째 단계의 의미를 살펴봄으로써 그 구조를 더욱 명확히 밝히고 두 번째 단계와의 차이점을 이해하는데 도움이 되고자 한다.

그림 3의 원초적 입장의 구성원리는 롤즈의 첫 번째 문제의식인 정의 원칙의 선택이 반성적 평형상태를 통해서 정당화되는 과정을 보여주고 있다. 즉, 민주주의 정치문화, 원초적 입장의 특징, 정의의 두 원칙이 상호 정합적으로 일치함을 보여줌으로써 롤즈의 정의의 두 원칙이 선택되는 과정을 정당화하였다. 필자의 견해로는 롤즈의 사상체계의 첫 단계에서 사용한 반성적 평형상태는 보수적인 개념(conservative conception of reflective equilibrium)이다.[176] "보수적인 반성적 평형상태에 의하면, 개인은 일견 도덕적으로 합당한 일반원칙을 구축함으로써 정합적인 믿음의 체계를 이룬다. 또한 이러한 믿음체계는 일반원칙, 그의 숙고된 도덕적 판단, 그의 광범위한 철학적 시각 사이의 논리적이고 실증적인 관계를 살펴봄으로써 형성된다."[177] 즉, 개인의 숙고된 도덕적 판단과 철학적 시각이 일반원칙과 일

176 이러한 용어는 드폴(DePaul)의 개념을 필자가 약간의 수정을 가하여 원용하였다. 이에 대하여는 다음을 참조하시오. Michael R. DePaul, *Balance and Refinement*(London: Routledge, 1993), 35-56쪽.

177 DePaul, *Balance and Refinement*, 35쪽.

치함으로써 그는 일련의 믿음체계를 형성하게 된다. 롤즈의 사상체계의 첫 단계는 민주사회의 정치문화, 원초적 입장, 정의의 두 원칙 사이의 정합적 관계를 규정하여 갖게 되는 일련의 믿음체계를 제시하였다. 따라서 이는 보수적인 반성적 평형상태이다. 보수적이라는 수식어가 의미하는 바는 민주적 정치문화, 원초적 입장의 특징 등이 필요한 경우가 아니면 변경되지 않는다는 것이다. 롤즈는 그의 이론구축 과정에서 이러한 요소들이 상호 정합적으로 일치하여 결국 반성적 평형상태를 이룩하였다고 주장하고 있다. 따라서 더 이상 이러한 요소들을 수정할 필요가 없는 보수적 평형상태를 이룬 것이다.

보수적인 반성적 평형상태의 특징을 더욱 부각시키기 위하여 이와는 대비되는 개념인 급진적인 반성적 평형상태(radical conception of reflective equilibrium)를 간단히 언급하겠다. 급진적 평형상태에 의하면 개인의 믿음체계의 수정을 허락하거나 나아가서 이러한 수정을 기대하고 있다. 급진적 평형상태는 개인이 견지하고 있는 믿음체계를 수정하기 위하여 여러 다른 대안적 이론들을 이론 수정의 준거로 사용하고 있다. 이러한 면에서 급진적 평형상태는 믿음체계의 수정과정(moral conversion)이다. 다음절에서 설명할 롤즈의 사상체계의 두 번째 단계인 중첩적 합의 과정은 급진적인 반성적 평형상태의 예이다. 두 종류의 반성적 평형상태의 차이점과 특징은 롤즈의 중첩적 합의과정을 고찰해 보면 더욱 분명히 들어 날 것이다. 중첩적 합의에 대하여는 후술하겠지만 여기서는 두 종류의 반성적 평형상태에 대하여 간단히 언급함으로써 이후 논의의 출발점으로 삼기 위함이다.

제11절 안정된 사회

롤즈의 사상체계의 두 번째 단계인 안정된 사회의 모색은 첫 번째 단계인 정의 사회의 구축 단계에서는 제기되지 않는 새로운 문제의식이다. 1993년도에 출판된「정치적 자유주의」에서는 1971년도에 출판된「정의론」과는 달리 안정된 사회에 대한 새로운 문제를 제기하였다. 다원화된 민주사회에서는 양립불가능하고 대립되는 여러 합리적이고 포괄적인 주장들이 존재하는 특징이 있다. 다원주의(the fact of pluralism)는 정의의 주관적 여건이다. 양립 불가능한 합리적인 주장들은 서로 상이한 가치관을 추구하고 있다. 환언하면 민주사회는 다원화된 사회임으로 이해관계의 갈등이 있고 상이한 종교적, 철학적, 도덕적 주장들이 존재하기 때문에 사회 안정성이 위협받게 된다. 따라서 첫 번째 단계인 원초적 입장에서 정의의 원칙이 선택된 후에는, 그 정의의 원칙을 합리적이고 포괄적 주장을 견지하고 있는 시민들이 준수하고 수용할 수 있는지에 대한 문제가 야기된다. 이것은 민주사회의 안정성에 관한 문제이다. 롤즈의 사상체계의 두 번째 단계는 그의 정의의 두 원칙이 여러 합리적 주장들로부터 중첩적으로 수용될 수 있다는 것을 보여줌으로써 정의의 두 원칙이 규정하는 사회는 안정된 사회임을 정당화하였다. 롤즈의 주장에 의하면 안정성이라는 문제는 첫 번째 단계에서도 염두에 두어야 하지만, 첫 단계에서는 아직 정의의 원칙이 선택되지 않았음으로 이는 두 번째 단계에서 논의되게 된다.[178]

중첩적 합의(overlapping consensus)에 대하여 상술하기 전에, 사회 안정과 정치적 책무(political obligation)에 관한 롤즈의 이론 발전 단계를 이해할 필요가 있다. 시민들이 그가 속한 국가 사회의 법, 명령, 제도 등을 준

178 이에 대하여는 Rawls, *Political Liberalism*, 141쪽을 참조하시오.

수하여야하는 이론적 근거에 대한 논의는 정치적 책무의 중요 과제이다. 만약 시민들이 그가 속한 국가의 법이나 정책을 준수하여야 할 정치적 책무를 저버린다면 폭동이나 시민불복종 행위가 만연한 불안정한 사회가 될 것이다. 왈드론(Jeremy Waldron)은 정치적 책무에 대한 다양한 이론들을 간결하게 구분하고 있다. 왈드론의 분류에 의하면 정치적 책무에 관한 이론은 취득된 정치적 책무의 이론(theories of acquired obligation)과 자연적 의무의 이론(theories of natural duty)으로 구분하고 있다.[179] 정치사상사에서 고전적인 사회 계약론자들의 정치적 책무관은 취득된 정치적 책무이론의 대표적인 예이다. 존 록크(John Locke)로 대변되는 고전적 사회 계약론자들의 주장에 의하면 정치적 책무는 시민들의 동의(consent)로부터 발생한다는 것이다. 시민들이 국가의 법, 제도, 명령을 준수하여야 하는 이유는 사회계약 당사자인 시민들이 명시적 동의나 묵시적 동의를 하였기 때문이다. 취득된 정치적 책무의 또 하나의 예는 공정한 게임의 원칙(principle of fairness)이다.[180] 공정한 게임의 원칙에 의하면 시민들의 정치적 책무는 정의로운 사회의 전체 구성원들의 협조로부터 이득을 얻었기 때문에 발생한다. 시민들은 사회 전체 구성원과의 협조를 통하여 이득을 얻을 수 있음으로 그가 속한 사회가 정의로운 사회라면 시민들은 그의 역할을 다해야 한다. 결혼을 통하여 가족을 구성하면 이로부터 이득을 얻을 수 있음으로 결혼과 동시에 가족에 대한 의무가 발생하듯이, 시민들에게는 정의로운 사회에 대한 정치적 책무가 발생하여 국가의 법과 제도를 준수하여

179 이에 대하여는 Jeremy Waldron, 'Special Ties and Natural Duties,' *Philosophy and Public Affairs* Vol.22, No.1(Winter 1993), 3-30쪽을 참조하시오. 보다 포괄적으로 정치적 책무를 소개한 저서로는 John Horton, *Political Obligation*(New York: Macmillan, 1992)를 참조하시오.

180 롤즈의 정의관인 공정으로서의 정의(justice as fairness)와 혼동을 피하기 위하여 필자는 principle of fairness를 공정한 게임의 원칙이라고 번역하였다. 실제 왈드론은 principle of fairness라는 표현을 사용치 않고 principle of fair play라는 표현을 사용하였다.

야 한다. 이처럼 취득된 정치적 책무의 이론에 의하면 정치적 책무는 시민들의 말과 행동으로부터(동의의 표시나 혜택의 수혜) 발생하는 것이다. 이에 반하여 자연적 의무의 이론에 의하면 시민들은 정의로운 사회의 법과 제도를 준수하는 것은 자연적 의무라는 주장이다. 나아가서 시민들은 정의사회를 구현하기 위하여 노력하여야할 적극적인 의무를 지고 있다. 「정의론」에서 롤즈의 주장에 의하면, 정의의 원칙을 선택하는 계약 당사자들은 원초적 입장에서 개인의 정치적 책무의 원칙으로써 자연적 의무의 원칙(the principle of natural duty)을 선택한다.[181] 곤경에 빠진 사람을 구해주어야 하고 타인을 해치지 말아야 하는 자연적 의무처럼, 우리는 정의의 원칙을 지지하고 이를 준수하여야 한다.[182] 사회의 기본구조가 정의의 두 원칙에 의하여 구성된 정의로운 사회이면, 시민들은 정의 사회의 제도와 법을 준수하여야 하는 자연적 의무가 있다. "또한 시민들에게 과도한 희생을 초래하지 않는 한, 시민들은 아직 실현되지 않은 정의사회를 추구하여야 한다."[183] 롤즈는 자연적 의무 이론의 우월성을 설명하고 있다. 사회계약론의 정치적 책무 이론에 의하면 시민들의 명시적 동의나 묵시적 동의라는 자발적인 행동이 필수요건이다. 그러나 실제 시민들이 이러한 자발적인 행동을 하였는지는 의심스럽다. 이에 반하여 자연적 의무의 이론은 시민들이 자발적 행동이 필요치 않다. 또한 공정한 게임의 원칙에 의하면 정치적 책무는 사회로부터의 수혜 때문에 발생하는데 이는 오직 공직자나 사회의 상위층과 같은 특별한 계층에게만 적용된다. 이에 반하여 자연적 의무의 이론에 의하면 정치적 책무는 모든 시민들에게 적용되기 때문에

---

181 이에 대하여는 Rawls, *Theory of Justice*, 114–117쪽과 333–341쪽을 참조하시오.

182 롤즈의 정치적 의무관의 변화에 대하여서는 다음을 참조하시오. John Simmons, *Moral Principles and Political Obligations*(Princeton: Princeton Univ. Press, 1979), 143–156쪽.

183 Rawls, *Theory of Justice*, 115쪽.

더욱 적절한 이론이다. 따라서 원초적 입장에서 계약 당사자들은 자연적 의무의 이론을 선택하게 된다.[184] 이처럼 사회의 기본구조가 정의의 원칙에 의하여 구성된 조직화된 사회(well-ordered society)는 시민들의 정의감(sense of justice)을 불러일으켜 정치적 책무를 다하게 함으로써 안정된 사회를 이룩할 수 있다.

실제 롤즈는 그의 정의관에 의하여 규율되는 조직화된 사회의 시민들은 도덕 발달의 세 단계를 거쳐 충분한 정도의 정의감을 구비하는 과정을 설명하였다. 첫 번째 단계인 권위의 도덕성(morality of authority) 단계에서 아동들은 가정 내의 부모의 권위에 의하여 점차적으로 정의감을 키우게 된다. 부모들의 지도와 사랑 하에서, 아동들은 부모들의 도덕적 명령을 준수하게 된다. 두 번째 단계인 조직의 도덕성(morality of association) 단계에서는 개인은 그가 속한 학교, 직장, 이웃, 시민사회라는 조직 내에서 타인과 협력하고 신뢰감을 키우게 된다. 세 번째 단계인 원칙의 도덕성(morality of principle) 단계에서 개인은 그의 가치관과 롤즈의 정의관이 일치함으로 정의의 두 원칙을 준수하게 된다. 이전의 두 단계를 통해서 상호 신뢰감과 이해심, 동포애가 형성되었기 때문에 모든 시민들은 정의감을 갖게 된다.[185] 이처럼 정의로운 사회에서 성장한 시민들은 충분한 정도로 정의감을 갖게 되어서 부정의를 범하고 싶은 충동을 억제한다. 따라서 롤즈의 정의의 원칙에 의하여 사회의 기본구조가 규율되는 조직화된 사회는 안정된 사회이다.

그러나 롤즈는 다원주의 사회에는 양립 불가능한 여러 합리적이고 포괄

---

184 롤즈의 주장에 의하면 원초적 입장에서 계약 당사자들은 자연적 의무의 원칙 뿐 아니라 공정한 게임의 원칙을 동시에 선택한다. 그러나 공정한 게임의 원칙은 공직자와 같은 일부에게만 적용되는 원칙인 반면, 자연적 의무의 원칙은 모든 시민들에게 일반적으로 적용된다.

185 이에 대하여는 Rawls, *Theory of Justice*, 462–479쪽을 참조하시오.

적인 주장들이–예를 들어, 공리주의와 칸트주의 사이의 논쟁이나 신교와 구교의 차이–존재함으로 그의 조직화된 사회의 안정성은 비현실적이라는 점을 깨닫게 되었다. 즉 사회 안정의 문제는 조직화된 사회에 살고 있는 시민들의 정의감을 불러일으키는 문제뿐 아니라, 정의의 두 원칙이 다원주의 사회에 존재하는 여러 합리적인 주장들로부터 수용되느냐의 여부에 달려 있다. 따라서 롤즈는 그의 저서 「정치적 자유주의」에서 정의의 두 원칙이 여러 합리적이고 포괄적인 주장으로부터 중첩적으로 수용된다는 것을 보여줌으로써 조직화된 사회는 안정된 사회임을 정당화하였다.

이하에서는 롤즈의 중첩적 합의에 대하여 보다 구체적으로 설명하겠다.

제12절 중첩적 합의

무지의 장막하의 원초적 입장은 가상적인 상황을 상정한 것이다. 따라서 원초적 입장에서의 정의의 원칙의 선택도 가상적인 선택과정이다. 이러한 가상적 상황에서 선택된 정의의 두 원칙이 다원주의 사회에서 존재하는 여러 합리적 주장들로부터 수용되는가의 문제는 실제상황에 정의의 원칙을 적용하는 것이다. 원초적 입장의 무지의 장막 때문에 가리어져 있던 합리적이고 포괄적인 주장들은 중첩적 합의 단계에서는 실제적으로 존재한다. 롤즈의 사상체계의 첫 단계인 원초적 입장에서의 선택 상황에서는 무지의 장막이 깊게 드리워져 있지만, 그의 사상체계의 두 번째 단계인 중첩적 합의 단계에서는 무지의 장막이 걷히고 시민들의 다양하고 양립 불가능한 가치관이 실제 모습을 드러낸다. 원초적 입장과 같은 가상 상황이 아니라 실제 상황에서 정의의 문제가 논의된다. 따라서 이 단계에서는 롤즈의 정의관이 다양하고 양립 불가능한 합리적 주장들로부터 수용되는지의 여부가 사회 안정의 중요한 문제로 대두된다.

롤즈의 주장에 의하면 현대 민주주의 사회에서는 다양한 철학적, 종교적, 도덕적 주장(doctrine)들이 존재한다. 이러한 주장들은 합리적이고 포괄적인 주의·주장들이지만 상호 대립되고 양립 불가능한 주장들이다. 판단의 부담 때문에 상이한 가치관이 존재하고 따라서 다양한 합리적 주장들이 존재한다. 이러한 다원주의는 민주주의 문화의 특징이다. 이처럼 다양한 주장들은 상호 양립 불가능하지만, 이들 주장들은 각각 합리적인 주장들이다. 롤즈는 합리적 주장의 합리성을 다음 세 가지 특징으로써 정의하고 있다. 첫째, 합리적 주장은 이론적 이성(theoretical reason)의 작용이다. 합리적 주장은 인간의 종교적, 철학적, 도덕적 측면을 체계적이고 일관되게 분석하여 다양한 가치를 발견한다. 또한 다양한 가치들의 조화를 이룩하여 인지적인 세계관을 제시한다. 둘째, 합리적 주장은 실천적 이성(practical reason)의 발현이다. 합리적 주장은 다양한 가치들 중에서 우선순위를 정하여 가치들의 대립을 해결한다. 어떠한 가치를 우선시하는가에 따라서 합리적 주장들은 상호 구분된다. 이러한 면에서 합리적 주장은 실천적 이성의 발현이다. "마지막으로 세 번째 특징은 합리적 주장은 변화하지 않는 고정된 주장은 아니지만, 통상적으로 전통적인 주장·주의에 속하거나 이에 근거하고 있다."[186] 합리적 주장은 장기적으로 그 내용과 주장이 급격하게 변하지 않는다. 변화의 합당한 근거가 있을 경우에도 점차적으로 변하는 경향이 있다. 따라서 합리적 주장들은 인류 지성사의 전통적인 주의·주장을 구성하고 있다.

이처럼 민주주의 사회에서 존재하는 상호 양립 불가능한 합리적인 주장들로부터 정의의 두 원칙이 수용되는 과정을 정당화하기 위하여 롤즈

186 Rawls, *Political Liberalism*, 59쪽.

기 때문에 시민들은 그들의 지지를 쉽게 철회하지 않을 것임으로 사회 안정을 이루게 된다.

롤즈는 중첩적 합의과정을 통하여 그의 정의관의 이론구조와 내용이 여러 합리적이고 포괄적인 주장들의 이론구조와 정합적으로 일치하거나 적어도 큰 갈등이 없다는 것을 보여주고자 하였다. 따라서 그의 정의관은 안정된 것임을 정당화하였다. 그림 18은 이를 나타내고 있다.

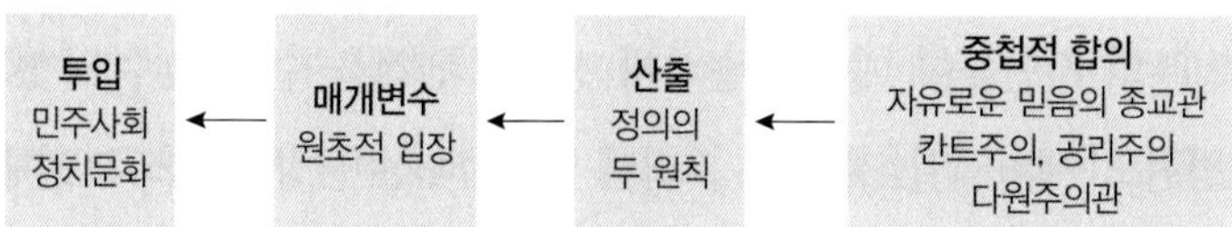

〈그림 18〉 **중첩적 합의**

그림 1의 롤즈의 이론구조의 첫 단계와는 달리 그림 18의 두 번째 단계에서 화살표의 방향이 오른쪽에서 왼쪽으로 표시된 것은 롤즈의 조직화된 사회의 안정성을 확보하기 위하여 여러 합리적, 포괄적 주장들이 롤즈의 이론체계를 평가하고 수용하는 순차적 과정을 나타내고 있다.

정의의 두 원칙이 다원주의 사회에서 중첩적 합의를 이룩하였지만, 정의의 두 원칙은 도덕적 판단에 대한 진리(truth)의 준거를 제시하는 것은 아니다. 종교적, 철학적, 윤리적 판단에 대한 진리의 문제는 정치적 자유주의가 취급할 문제의 영역이 아니다. 즉 정의의 두 원칙은 특별한 합리적 주장의 진실성 여부를 결정하는 기준을 제시하는 것은 아니다. 다원주의 민주사회에서 개인들은 그들의 가치관에 따라 특별한 합리적 주의·주장을 진리의 기준으로 삼고 있다. 그러나 양립 불가능한 가치관의 차이 때문에 진리의 기준에 대하여 정치적 합의를 이룩할 수는 없다. 따라서 자유주의가 다루는 사회 정의(social justice)의 문제에 있어서 우리는 민주사회의 시민들이 공유하고 있는 공적 정치문화에 근거하여 정치적 원칙을 수립한다.[192] 따라서 중첩적 합의를 이룩하는 과정에서 진리라는 개념에 의존하는 대신 합리적(reasonable)이라는 개념을 사용하는 것으로 충분하다. 만약 정의의 두 원칙이 진리이기 때문에 합리적이고 포괄적인 주장들은 이를 수용하여야 한다고 주장한다면 중첩적 합의를 이룩할 수 없을 것이다. 진리(true)와 거짓(false)을 구분할 수 있는 합의된 공적 기준이 없는 상황에서 이러한 주장은 배타적이고 결국 정치적 분열을 조장할 것이다. 그 대신 정치적 자유주의는 합리적이라는 개념을 이용한다. 합리적인 시민은 사회협력의 조건을 규정하는 정의의 원칙에 대하여 그 자신의 제안을 할 준비가 돼있고, 일단 타인들이 합의된 정의의 원칙을 준수한다면 본인도 이를 준수한다. 또한 합리적인 시민들은 판단의 부담들(burdens of judgment)과 그 결과를 인식하고 있다.[193] 환언하면 합리적인 시민들은 동일한 합리적, 포괄적 주장을 견지하지는 않지만, 그들의 주장과 다른 주장을 탄압하기 위하여 정치적 권력을 남용하지는 않는다. 합리적 시민들은 타인들과 사회 정의의 문제를 해결하기 위하여 기꺼이 토론할 준비가 돼있다. 정치적 영역에 있어서 시민들은 민주주의의 공적 정치문화를 공유하고 있다. 이러한 정치문화에 근거한 정의의 원칙은 시민들의 숙고된 도덕적 판단과 일치한다. 이러한 상황에서 시민들은 그들의 합리적, 포괄적 주장의 관점에서 정의의 두 원칙을 진리의 원칙으로써 또는 합리적인 원칙으로써 수용한다.

롤즈의 주장에 의하면 그의 정의의 두 원칙은 합리적인 포괄적 주장들

---

192 이에 대하여는 Rawls, *Political Liberalism*, 150쪽을 참조하시오. 실용주의(pragmatism)주장에 의하면 진리는 우리가 탐구하여야 할 목적이지만 우리의 믿음이 항상 진리라는 보장은 없고 이후에 거짓으로 판명될 수도 있다. 이러한 의미에서 롤즈의 이론은 실용주의라는 평을 받고 있다. 이에 대하여는 다음을 참조하시오. Daniele Botti, *John Rawls and American Pragmatism*(Lanham: Lexington Books, 2019).

193 이에 대하여는 Rawls, *Political Liberalism*, 94쪽을 참조하시오.

로부터 중첩적 합의를 이룩하는 것이지 비합리적인 주장들(unreasonable doctrines)로부터 합의를 이끌어 내는 것은 아니다. 위에서 설명한 모범 케이스의 경우, 세 가지 포괄적 주장들은 합리적 다원주의사회에서 존재하는 합리적인 주장들이다. 롤즈의 정의의 두 원칙은 이러한 합리적 주장들로부터 중첩적 합의를 이끌어 낸다. 물론 민주사회에는 비합리적 주장들이 존재한다. 이기주의 정의관이나 극단적인 종교적 근본주의와 같은 비합리적 주장들이 실재한다. 이러한 비합리적인 주의·주장들은 개인이나 계급의 이익을 대변하는 단견에 의거한 것이다. 비합리적인 주의·주장은 이론적 이성이나 실천적 이성에 근거한 전통적인 주장이 아니다. 그러나 롤즈는 중첩적 합의가 이루어지는 장기적 과정에서 비합리적 주장들은 사회의 기본적 정의를 해칠 정도로 성행할 수 없음으로 사회 안정을 이룩할 수 있다는 희망을 피력하고 있다.[194]

제13절 급진적 반성적 평형상태

이상에서 롤즈의 사상 체계의 두 번째 단계인 중첩적 합의에 대하여 설명하였다. 이번 절에서는 중첩적 합의 과정을 롤즈 사상 체계 전반을 고려하여 필자 나름대로 인식론적 재해석을 하고자 한다. 특히 정당화 과정에 초점을 맞추어서 중첩적 합의과정을 분석하겠다. 또한 중첩적 합의과정을 롤즈의 사상 체계의 첫 단계와 비교하여 그 특징을 살피고자 한다. 즉, 중

194 이에 대하여는 Rawls, *Political Liberalism*, 39쪽과 65쪽을 참조하시오. 롤즈는 비합리적 주장들이 영향력을 상실할 것이라는 보장은 없다고 주장하고 있다. 그러나 필자의 견해로는 롤즈는 중첩적 합의는 현실적으로 가능하고 따라서 사회 안정을 이룩할 수 있다고 확신하는 것 같다.

첩적 합의 과정은 급진적 반성적 평형상태(radical conception of reflective equilibrium)라는 인식론적 방법임을 밝힘으로써 그 특징을 설명하고자 한다.

일부 학자들은 중첩적 합의는 반성적 평형상태와는 다른 롤즈의 새로운 정당화 과정이라고 주장하고 있다. 롤즈의 사상체계의 두 번째 단계에서 제기된 중첩적 합의는 롤즈의 정당화 과정의 변화라는 주장이다. 와인스톡(Weinstock)은 롤즈는 3가지 정당화의 조건을 제시하였다고 주장한다. 첫 번째 정당화의 조건에 의하면 사회 정의관은 시민들이 공유하는 숙고된 도덕적 판단과 일치하여야 한다. 두 번째 정당화 조건에 의하면 사회 정의관은 사회적 갈등과 불협화음을 해결하는데 기여하여야 한다(해결의 조건 reconciliation condition). 세 번째 조건에 의하면 정의관은 장기적 관점에서 시민들로부터 지지 기반을 획득하여서 현실적이어야 한다.(실용적 조건 pragmatic condition). 와인스톡의 주장에 의하면 롤즈의 사상체계의 첫 단계는 첫 번째 정당화 조건을 충족시키기 위한 것인 반면, 롤즈의 사상체계의 두 번째 단계는－즉, 중첩합의 과정－두 번째와 세 번째의 정당화 조건을 다룬 것이다.[195] 따라서 와인스톡은 중첩적 합의 과정을 통한 정당화가 필요한 이유는 롤즈의 사상체계의 첫 단계에서 사용한 반성적 평형상태는 시민들이 공유하는 도덕적 전제들을 창출하지 못함으로 사회적 갈등을 해결할 수 없기 때문이라고 주장한다.

필자는 와인스톡이 제시한 3가지 정당화 조건은 적절한 주장이라고 평가한다. 그러나 반성적 평형상태와 중첩적 합의 과정이 상이한 두 가지 정당화 과정이라는 주장에는 이이를 제기한다. 롤즈의 사상 체계의 첫 단계

195 이에 대하여는 다음을 참조하시오. Daniel Weinstock, 'The Justification of Political Liberalism,' *Pacific Philosophical Quarterly* Vol.75, Nos. 3&4(Sep./Dec. 1994), 165–185쪽.

와 두 번째 단계는 각각의 문제의식과 목적이 다르다. 첫 단계에서는 정의 사회 구축이라는 목적을 추구하였고 두 번째 단계는 안정된 사회의 구축이 목적이다. 따라서 와인스톡의 주장처럼 두 번째 단계의 목적은 사회적 갈등의 해결을 위한 실용성의 추구이다. 그러나 두 가지 상이한 단계에서도 그 정당화의 인식론적 방법은 동일하다. 와인스톡의 주장은 이 점에 주의를 기울이지 않고 있다. 와인스톡의 주장은 롤즈의 이론 체계의 두 단계 사이의 목적의 차이를 지적하고 있지만, 인식론적 정당화 과정의 유사성을 간과하고 있다.

필자가 제2장 제10절에서 간단히 설명한 바와 같이, 롤즈의 사상 체계의 첫 단계에서는 보수적인 반성적 평형상태라는 인식론적 방법을 사용하였지만 중첩적 합의과정의 단계에서는 급진적 반성적 평형상태(radical conception of reflective equilibrium)라는 인식론적 방법을 통하여 그의 이론을 정당화하였다. 급진적 평형상태는 개인이 견지하고 있는 믿음체계를 수정하기 위하여 여러 다른 대안적 이론들을 이론 수정의 준거로 사용하는 믿음체계의 수정 과정(moral conversion)이다. 예를 들어 맑스(Marx)의 책을 처음 읽어 본 사람이 그 이론에 동의하여 사회주의자가 될 수 있다. 그 결과, 이 사람은 이전까지 그가 견지하고 있던 믿음의 체계를 버리고 사회주의 이론을 신봉하게 되었다. 이제 이 사회주의자의 믿음체계는 맑스의 이론과 정합적으로 일치하는 평형상태를 이룩한 것이다. 롤즈의 중첩적 합의과정은 이러한 급진적 반성적 평형상태라는 인식론적 방법이다. 롤즈의 정의의 두 원칙은 특정한 합리적 주장을 견지하고 있는 시민이 그의 믿음체계를 수정할 수 있는 대안적 이론으로서의 역할을 한다. 이는 사회주의 이론의 신봉자가 된 시민에게 맑스의 책이 미치는 영향력과 같다.

다양하고 상호 양립 불가능한 합리적 주장을 견지하고 있는 시민들은 정치 영역을 규율하는 원칙으로써 롤즈의 정의의 두 원칙을 수용한다. 물론 판단의 부담 때문에 시민들은 사적인 영역을(non-public sphere) 규율하는 합리적, 포괄적 주장에 대하여는 중첩적 합의를 이룩할 수는 없다. 그러나 사회의 기본구조를 규정하는 정의의 원칙에 대하여는 중첩적 합의를 이룩할 수 있다. 특정한 합리적이고 포괄적 주장을 견지하고 있는 시민은 그의 철학적, 사상적, 도덕적 관점에서 정의의 두 원칙을 수용한다. 환언하면 이 시민은 그의 합리적, 포괄적 주장과 롤즈의 정의관이 여러 가지 이유에 근거하여 정합적으로 일치함을 발견하게 된다. 따라서 이 시민은 이전까지 그가 견지하고 있던 정의관에 대하여 수정을 가하게 된다. 나아가서 롤즈가 제시한 공적인 정치문화의 내용도 수용하게 된다. 이러한 중첩적 합의 과정은 믿음 체계의 수정을 통해서 개인의 믿음체계가 급진적 반성적 평형상태를 이루는 것이다.

이하에서는 중첩적 합의를 급진적 반성적 평형상태의 관점에서 필자 나름대로 재해석하여 그 특징을 구체적으로 고찰하겠다. 비합리적인 주장과 합리적인 주장 등 모든 믿음의 이론체계는 일련의 믿음(belief sets)이 일치하여 균형을 이루고 있는 인식론적인 상태(epistemic states)이다. 그러나 이러한 인식론적인 상태는 그를 구성하고 있는 일련의 믿음 중 일부가 변함으로써 그 이론체계가 변하게 된다.[196] 즉, 합리적인 주의·주장들은 그의 이론체계의 믿음 중 일부의 믿음이 변하여 결국 전체이론이 변하게 된다. 이러한 이론의 변화(theory change)에는 세 가지 유형이 있다. 첫 번째 유형은 이론의 확장(expansion)이다. 예를 들어(K)를 합리적이고 포괄적인 주의·주장의 일련의 믿음체계라고 할 경우(A)라는 롤즈의 정의관을 믿음체계(K)가 수용하였다면(이를 $A \in K$라고 표현한다), 이는 믿음체계(K)

196 이에 대하여는 다음을 참조하시오. Peter Gardenfors, *Knowledge in Flux*(Cambridge: MIT Press, 1988), 47쪽.

를 축소시키기 않고 새로운 믿음을 첨가하였음으로(새롭게 형성된 믿음체계를 K_{A+}라고 표현한다) 이론의 확장이다. 중첩적 합의의 예에서 자유로운 믿음의 종교관(믿음체계 K)이 롤즈의 정의의 두 원칙과 정치문화(믿음체계 A)를 수용하는 것은 이론의 확장에 속한다. 자유로운 믿음에 대한 종교관의 축소가 없이 새로운 믿음을 첨가하였기 때문이다. 자유로운 믿음이라는 합리적인 주의·주장의 관점에서 롤즈의 정의의 두 원칙, 정치문화, 원초적 입장 등은 그들의 일련의 믿음체계와 정합적으로 논리상 일치한다. 따라서 자유로운 믿음의 종교관은 롤즈의 정의관을 포함하는 확장된 믿음체계(K_{A+})를 갖게 되었다. 칸트주의자들이 롤즈의 정의관을 수용하는 경우도 이론의 확장에 속한다. 칸트의 자유의지를 신봉하는 합리적인 주창자들은 그들의 주의·주장으로부터 연역적으로 롤즈의 정의관을 유출해낼 수 있음으로, 칸트의 믿음체계를 포기하지 않고 롤즈의 정의관을 수용할 수 있다. 따라서 칸트주의자들은 롤즈의 정의관을 포함하는 확장된 이론체계를 갖게 된다.

두 번째 이론의 변화 유형은 이론의 수정(revision)이다. 예를 들어 기존의 믿음체계(K)가 그와는 상충되는 믿음체계(A)에 직면하여(이를 $A \notin K$라고 표현한다) 기존의 믿음체계의 일부를 수정하는 경우이다. 기존의 믿음체계가 일관성을 유지하기 위하여서는, 기존 믿음의 일부를 포기하고 새로운 믿음을 첨가하여 수정된 이론체계(K_{A*})를 갖는 것이다.[197] 롤즈의 중첩적 합의의 경우, 공리주의자들은 그들의 이론체계의 하나인 효용(utility)의 상호간의 비교(interpersonal comparison)에 대한 믿음을 포기하고 공리주의의 근사치로써 롤즈의 정의관을 수용하여 새로운 믿음체계를 갖게 된다. 공리주의 같은 목적론적 이론(teleological principle)은 너무 추

197 이에 대하여는 다음을 참조하시오. Gardenfors, *Knowledge in Flux*, 53쪽.

상적이지만, 롤즈의 정의의 두 원칙은 간단하고 명료한 이론임으로 이를 공리주의의 근사치로서 수용한다는 것이다. 공리주의의 주장처럼 모든 시민의 효용의 극대화를 위하여서는 일부 시민의 효용의 증대와 다른 시민의 효용의 감소를 상호 비교하여야 한다. 롤즈는 이러한 비교는 타인의 쾌락과 고통을 나의 그것과 비교하는 것으로써 이는 불가능하다는 것이다. 반면 롤즈의 정의의 두 원칙은 간단명료한 이론임으로 공리주의의 원칙의 근사치로써 이용할 수 있다는 것이다. 따라서 공리주의자들은 효용의 측정이라는 믿음을 포기하고 그 근사치로써 롤즈의 정의관을 수용함으로써 이론적 수정을 한다는 것이다.

세번째 유형의 이론변화는 이론의 수축(contraction)이다. 이는 기존의 믿음체계 가운데 일부의 믿음을 포기하지만 새로운 믿음을 첨가하는 경우는 아니다.[198] 기존의 믿음체계의 일부를 포기하는 이유는 기존의 이론체계와 상충되는 믿음의 진위 여부를 살피기 위하여서이다. 즉, 기존의 이론체계와 상충되는 믿음의 진위를 살피기 위하여서는 기존의 이론체계 가운데 그와 상충되는 믿음을 포기하여야만 한다. 일단 기존 믿음의 일부를 포기한 후, 그와 상충되는 새로운 믿음의 진위 여부를 살피는 경우이다. 롤즈가 중첩적 합의를 설명하기 위하여 도입한 모범 케이스의 경우에서는 이론의 수축의 예를 찾기는 힘들다. 필자의 견해로는 단순 다원주의 사회에 존재하는 비합리적 주의·주장들이－예를 들어 종교적 근본주의－중첩적 합의 과정을 통해 그들의 믿음체계를 포기하는 경우일 것이다.

이러한 세 유형의 이론변화는 개별적으로 발생하기보다는 동시적으로 발생하는 것이다. 예를 들어, 이론의 수축을 한 후 다시 이론의 수정을 하여 새로운 믿음체계를 가질 수도 있고 그 반대의 경우도 있다. 세 유형으

198 이에 대하여는 다음을 참조하시오. Gardenfors, *Knowledge in Flux*, 60쪽.

로의 분리는 단순화를 위한 시도일 뿐이다. 롤즈는 중첩적 합의를 통하여 여러 합리적이고 포괄적인 주장들이 롤즈의 이론체계와 정합적으로 일치함으로서 그들의 이론체계는 변화하여 롤즈의 정의관을 수용함을 설명하였다. 따라서 롤즈의 조직화된 사회는 안정적임을 정당화하였다.

제14절 조직화된 사회

롤즈의 사상체계의 두 번째 단계인 중첩적 합의과정은 정의의 두 원칙을 실제 민주주의 사회에 적용하는 과정에서 안정된 사회를 이룩할 수 있음을 정당화하였다. 민주주의 사회에 존재하는 다양한 합리적 주장의 견지자들이 롤즈의 정의의 두 원칙과 정치문화의 특징을 수용함으로 안정된 민주사회를 이룩할 수 있다는 것이다. 나아가서 민주사회의 시민들은 롤즈의 정의의 두 원칙에 입각하여 사회의 기본구조를 조직한다. 즉, 정의의 두 원칙에 의거하여 그 사회의 헌법, 법률, 정책 등을 결정한다. 이처럼 민주주의 사회의 기본구조가 롤즈의 정의의 원칙에 의하여 규정된 정의로운 사회는 조직화된 사회(well-ordered society)이다. 조직화된 사회는 롤즈의 정의의 원칙을 실제 민주사회의 제도적 형태(institutional forms)에 적용하는 과정이다. 이번 절에서는 원초적 입장에서 선택된 정의의 두 원칙을 실제 민주주의 사회의 제도에 적용하는 과정에 대하여 상술하겠다. 이 과정은 롤즈의 첫 번째 저서인 「정의론」에서 전개하였다. 그러나 롤즈는 두 번째 저서인 「정치적 자유주의」에서 중첩적 합의라는 개념을 도입하여 이에 대한 보완을 하였다. 따라서 이번 절에서는 우선 조직화된 사회의 제도적 적용과정을 설명하고 이 과정과 중첩적 합의 과정과의 종합적 관계를 설명하겠다.

롤즈는 연속적인 네 단계(four-stage sequence)를 통하여 조직화된 사회를 구체화하였다. 첫 번째 단계는 원초적 입장에서 정의의 원칙의 선택 과정이다. 이는 본서 제2장 제1절부터 8절까지의 설명을 통하여 상술하였듯이 원초적 입장이라는 가상적 상황에서 정의 원칙의 선택과정이다. 두 번째 단계는 제헌국회(constitutional convention)의 과정이다. 원초적 입장이라는 가상의 상황에서 정의의 두 원칙이 선택된 후, 계약 당사자들은 그들이 살고 있는 실제 사회로 돌아왔다고 가정하자. 그들은 국가의 정치형태를 결정하여야 한다. 즉, 헌법을 제정하여야 한다. 그들은 제헌국회에 파견된 대표들이다. 마치 미국 건국의 아버지들(founding fathers)이 미국의 연방헌법을 제정하거나 해방 후 한국의 제헌의회에서 대한민국 헌법을 제정하는 과정이다. 이미 선택된 정의의 두 원칙 하에서 그들은 정부의 헌법적 기능과 권위를 규정하고 시민들이 누리는 기본 권리와 의무를 헌법에 상술한다. 이러한 제헌국회의 단계에서는 이미 정의의 두 원칙이 정해진 상태임으로 무지의 장막이 약간은 걷힌 상황이다. 원초적 입장 하에서 깊게 드리워져 있던 무지의 장막은 제헌의회의 단계에서는 약간은 걷히게 된다. 즉 제헌국회 의원들은 그가 속한 사회의 일반적 사실(general facts about society)에 관한 정보를 갖고 있다. 그러나 아직도 사회이론의 중요원칙과 그 사회의 일반적 사실을 제외한 특별한 사실(particular facts)에 관한 정보는 무지의 장막에 가리어져 있다. 즉 제헌국회 의원들에게는 그들의 사회적 지위, 신체적 조건, 가치관 등이 무지의 장막에 가리어져 있기 때문에 이에 대한 정보를 모르는 상태라고 상정한다. 즉, 이러한 우연적 요소들에 의거하여 특별한 개인이나 집단에게 유리한 헌법을 제정하여서는 안된다. 그러나 제헌국회 의원들은 정의의 두 원칙과 그 사회의 일반적 사실에 대하여는 알고 있는 상태이다. 따라서 그들은 정의의 두 원칙 뿐 아니라 그들 사회의 경제 발전의 단계, 정치문화, 부존 자원량 등의 일반적 사실에 대한 정보를 갖고 있다. 이처럼 제헌국회 의원들은 그들에 관한 특별한 정보가 차단된 상태임으로 오직 정의의 두 원칙과 일반적 사실에 의거하여 헌법을 제정하여야 한다. 무지의 장막이 드리워진 원초적 입장에서 계약당사자들에게 적용되는 사고의 실험(thought-experiment)은 제헌국회에서 헌법제정의 단계에서도 계속 작동한다. 이러한 정보의 제약 하에서 제헌국회 의원들은 정의의 두 원칙을 실질적이고 효과적으로 구현하는 헌법을 제정한다. 특히 이 단계에서는 정의의 제1원칙인 동등한 자유의 원칙을 실현할 구체적인 제도가 헌법에 규정된다. 즉, 시민의 기본적 자유가 기본권으로서 헌법에 보장된다. 또한 전반적인 정치과정이 절차적 정의의 조건을 충족시킬 수 있도록 사회 기본구조를 형성하는 여러 제도들을 규정한다. "따라서 헌법은 동등한 시민권의 지위를 보장하고 정치적 정의를 실현한다."[199]

다음의 세 번째 단계는 입법의 단계(legislative stage)이다. 정의의 두 원칙에 근거한 헌법에 입각하여 법률, 규정, 정책이 결정된다. 법률과 규정은 정의의 두 원칙 뿐 아니라 헌법의 규정을 충족시켜야 한다. 특히 입법의 단계에서는 정의의 제2원칙을 구현하는 법률과 정책이 결정된다. 즉, 국회의원들은 기회균등의 조건하에 그 사회의 최하위 계층의 장기적 전망을 극대화하기 위한 경제적, 사회적 정책을 입안한다. 물론 입법의 단계에서도 국회의원은 그들과 관련한 특별한 정보라는 우연적 요소들에 의거하여 입법을 하여서는 안 된다. 즉, 원초적 입장에서의 사고의 실험은 계속 작동한다. 그러나 경제적, 사회적 정책과 관련한 법률과 규정들이 정의의 원칙에 부합하는지 그 여부를 판단하기 위하여서는 이전 단계보다는 더욱 많은 정보를 필요로 한다. 제헌국회 단계에서 정의의 제1원칙을 헌법에 적

---

199 Rawls, *Theory of Justice*, 199쪽.

용할 경우보다 정의의 제2원칙을 법률과 정책에 적용하는 입법의 단계에서는 더 많은 정보가 필요하다. 예를 들어, 차등의 원칙을 정확히 구현하는 입법을 제정하기 위하여서는 국회의원들은 그 사회의 구체적인 경제적, 사회적 사실들을 알고 있어야 한다. 무지의 장막은 연속적인 네 단계(four state sequence)를 거치면서 점차로 엷어진다. 또한 제헌국회의 단계가 입법의 단계보다 순차적으로 선행하는 것은 정의의 제1원칙이 제2원칙보다 우선하다는 것을 나타내고 있다.

입법의 단계에서 정의의 제2원칙을 구현하는 법률을 통해 사회최하위계층의 장기적 전망을 향상시킴으로써 그들이 누릴 수 있는 자유의 가치(value of liberty)를 증가시켜서 동등한 자유를 실질적으로 보장할 수 있다. 그러나 최하위 계층의 실질적인 자유의 가치를 증가시키기 위하여서는 여러 가지 제도적 장치가 필요하다. 평등한 정치적 자유의 실질적 가치를 보장하기 위한 하나의 예로서, 정당은 집중된 사적 경제력의 영향력으로부터 자유로 와야 한다. 이를 위하여 선거공영제와 정치인에게 제공되는 기부금액의 제한 등의 정치 제도적 장치가 필요하다.[200]

마지막 네 번째 단계에서는 법관들에 의하여 법률이 구체적 사건에 적용되고, 행정부에 의하여 구체적 정책이 실행되는 과정이다. 또한 시민들은 법률, 규정, 정책 등을 준수한다. 시민들은 정의로운 법률과 정책을 성실히 준수하는 자연적 의무(natural duty)를 지고 있다. 이 단계에서는 무지의 장막은 완전히 걷히고 모든 정보가 알려진 상태이다. 이상의 네 단계를 순차적으로 거쳐서 롤즈의 조직화된 사회는 제도적으로 구현된다. 이러한 조직화된 사회에서 생활하는 다양한 구성원들은 하나의 공통된 목

---

200 이에 대하여는 Rawls, *Political Liberalism*, 357–358쪽과 *Theory of Justice*, 224–226쪽을 참조하시오.

적으로 결합돼있다. 즉, 그들은 제도적으로 정의로운 사회를 가치 있는 것으로 여기고 있기 때문에 정의사회의 구현을 궁극적인 목표로 삼고 있다. 이러한 목표를 위하여 다양한 구성원들이 결합하여 있다는 점에서 조직화된 사회는 사회결합체 중의 결합체(a social union of social unions)이다.[201] 조직화된 사회에서 생활하는 시민들은 동등한 권리를 향유함으로 자신의 가치관 추구에 자존감을 느끼고 생활한다. 물론 조직화된 사회에서도 부의 불평등이 존재하지만 그 정도는 심각하지 않은 상태이다. 상위계층의 유리함이 하위계층을 보상하기 위하여 사용된다는 것을 인지하고 있는 하위계층의 시민들은 모멸감이나 절망감을 느끼지 않게 되고 따라서 상대방에 대한 시기심(envy)을 갖지 않는다.

롤즈는 연속적 네 단계를 거쳐서 정의의 원칙을 실제 상황에 제도적으로 적용하였다. 「정의론」에서 연속적 네 단계를 통한 제도적 적용의 과정을 설명하였지만 롤즈는 이에 대한 보완의 필요성을 느꼈다. 따라서 롤즈는 그의 후기 저서 「정치적 자유주의」에서 중첩적 합의라는 개념을 제시하였다. 본서 제2장 11절과 12절의 중첩적 합의를 설명할 때 지적하였듯이, 민주주의 사회에는 양립 불가능한 여러 합리적 주의·주장들이 존재한다. 따라서 사회 안정의 문제가 제기된다. 정의의 두 원칙을 실제 상황에 제도적으로 적용하는 과정에서 여러 합리적이고 포괄적인 주의·주장들이 정의의 원칙을 중첩적으로 수용할 수 있다는 것을 보여줄 필요성이 발생한 것이다. 롤즈의 주장에 의하면 제헌의회단계에서 헌법적 합의(constitutional consensus)가 이루어진 후에 중첩적 합의가 이루어진다는 것이다. 민주주의 사회에 존재하는 다양하고 양립 불가능한 철학적, 종교적, 도덕적 합리적 주장들은 헌법적 합의 단계에서 정의의 두 원칙을 단순히 하나

---

201 이에 대하여는 Rawls, *Theory of Justice*, 520–529, 534–541쪽을 참조하시오.

의 원칙으로서 수용한다. 포괄적이고 합리적 주의·주장의 견지자들은 제헌의회에서 제정된 헌법이 규정하는 기본적 자유와 권리에 대하여 합의를 이룬다. 또한 사회적 갈등을 해결하기 위한 민주적 선거제도를 수용한다. 그러나 민주사회 정치문화의 특징인 사회관과 인간관까지 수용하지는 않는다. 또한 헌법이 규정하는 기본적 자유와 권리의 구체적인 내용과 범위에 대하여 까지 합의를 이루지는 못한 상태이다. 기존 헌법이 보장하는 기본권 외에 향후에 헌법적인 보호가 필요한 기본권의 종류에 대하여도 합의를 이루지 못하였다. 따라서 헌법적 합의는 견고(deep)하고 광범위(wide)한 것이 아니다.[202]

민주주의 정치문화까지 수용하는 중첩적 합의는 장기간의 시간을 거쳐 형성된다. 일단 헌법적 합의가 이룩된 후, 특정한 합리적 주의·주장을 견지하고 있는 정치적 집단은 타 집단과 정치적 토론을 통하여 그들의 정책을 대중에게 설명하고 설득할 필요를 느낀다. 이를 위하여 그들은 그들만이 견지하고 있는 합리적 주의·주장을 넘어서 정의의 두 원칙과 민주사회의 정치문화에 기초한 정치적 개념을 형성하게 된다. 또한 법원의 위헌심사(judicial review)를 통하여 헌법 해석의 기초가 되는 정치적 정의관과 가치들이 구체화된다. 헌법에 보장된 기본적 자유를 보장하기 위한 입법을 추진하는 과정에서 정치집단은 사회최하위 계층의 정치적 참여를 더욱 광범위하게 보장하는 제도적 필요성을 느낀다. 이를 합법화하기 위하여 정치집단은 그들이 견지하고 있는 합리적 주의·주장의 테두리를 벗어나 민주적 시민관(자유롭고 평등한 시민)과 사회관(사회협동의 공정한 체제)에 기초한 광범위한 정치적 개념을 형성하게 된다. 이러한 과정을 통하여 상이한 정치집단 간에 상호 신뢰감이 쌓이고, 궁극적으로 중첩적 합의가 이루

202 이에 대하여는 Rawls, *Political Liberalism*, 158 159쪽을 참조하시오.

정하자. 그러나 이러한 부정의로운 법과 정책에 반대하는 소수의 시민들은 이러한 법과 정책은 자유롭고 평등한 시민들 사이의 협력을 저해한다는 확신을 갖고 있다. 따라서 소수의 시민들은 비폭력적이고 의도적으로 이러한 법률과 정책에 정치적 반대를 하는 시민불복종 운동(civil disobedience)을 전개할 수 있다.[204] 소수의 시민들은 시민불복종 운동을 통하여 다수의 시민들의 정의감을 불러일으켜 이러한 법률과 정책의 적법성에 대하여 재고를 하도록 유도하여 결국 그 법률과 정부 정책의 수정을 목적으로 하고 있다. 시민불복종 운동을 통하여 상당한 정도의 정의로운 사회는 정의로운 제도를 더욱 강화할 수 있다. 미국의 정치사에서 흑인들의 인권 신장을 위하여 1960년대 마틴 루터 킹 목사가 이끌었던 민권투쟁은 그 좋은 예이다. 이처럼 시민불복종 운동은 현재 권력을 향유하고 있는 다수의 집단들이 장래에도 소수의 집단들과 협력을 통하여 부정의로운 법과 정책을 수정하여 정의사회를 구현할 수 있다는 미래의 가능성에 기초하고 있다. 이러한 면에서 사블(Andrew Sabl)은 롤즈의 시민불복종 운동 이론은 미래지향적(forward-looking)이라고 평하고 있다.[205] 롤즈는 시민불복종 운동이 정당화되기 위한 세 가지 조건을 제시하였다. 첫 번째 조건에 의하면, 소수의 시민들은 중대하고 명백한 부정의에 대하여서만 반대를 하여야 한다. 따라서 정의의 제1원칙과 제2원칙의 첫 번째 부분이 심각하게 침해당했을 경우에 제한된다. 즉, 평등한 자유의 원칙과 공정한 기회균등의 원칙을 심각하게 침해하는 법률과 국가정책에 대하여서만 불복종 운동을 전개할 수 있다. 예를 들어, 여성에게 참정권을 박탈하거나 취업의 기회를

204 시민불복종 운동에 대하여는 Rawls, *Theory of Justice*, 363–394쪽을 참조하시오.

205 이에 대하여는 다음을 참조하시오. Andrew Sabl, 'Looking Forward to Justice: Rawlsian Civil Disobedience and Its Non-Rawlsian Lessons,' *Journal of Political Philosophy* Vol.9, No.3(Sep. 2001), 307–330쪽.

제한하는 법률과 정책은 불복종 운동의 대상이 될 수 있다. 반면 정의의 제2원칙의 두 번째 부분인 차등의 원칙이 침해당하였는지를 판단하기는 매우 불분명하다. 차등의 원칙은 경제적, 사회적 제도에 적용되는 원칙이다. 차등의 원칙이 침해당하였는지를 판단하는 경우에는 이론적이고 사변적인 믿음에 의지하여야함으로 편향된 의견과 편견에 좌우되기 때문에 다수의 정의감을 불러일으키기가 용이하지 않다. 따라서 이 경우는 시민불복종 운동에 호소하기 보다는 통상적인 정치과정에서 해결책을 찾아야 한다.[206] 정당한 시민불복종 운동의 두 번째 조건은 소수의 시민들은 부정의로운 법률과 정책의 개정을 위하여 정치적 다수에게 성심껏 적절한 호소의 노력을 기울였어야 한다. 만약 집권여당이 소수의 주장을 무시하거나 타협의 자세를 보이지 않는다면 최후의 수단으로써 시민불복종 운동을 전개할 수 있다. 정당한 시민불복종 운동의 세 번째 조건은 불복종 운동이 민주주의 헌법과 법률체제를 파괴하는 결과를 초래해서는 안 된다. 만약 시민불복종 운동에 호소하려는 집단이 다수 존재하고, 이들이 모두 불복종 운동을 전개한다면 민주주의 헌법과 법률체제 자체가 붕괴될 것이다. 이런 면에서 시민불복종 운동에 있어서 그 정도의 한계가 규정된다.

제16절 공적 이성(Public Reason)

이상에서 롤즈의 정의의 두 원칙에 대하여 헌법적 합의와 중첩적 합의를 이룩하여 안정된 사회를 구성하는 과정을 고찰하였다. 또한 정의로운 사회를 구현하기 위하여 시민불복종 운동의 역할과 한계에 대하여 살펴보

206 이에 대하여는 Rawls, *Theory of Justice*, 372쪽을 참소하시오.

았다. 이번 절에서는 정의의 두 원칙을 실제 상황에 적용하여 안정된 사회를 구축하는 과정에서 정의의 원칙이 갖는 정치적 역할에 대한 롤즈의 주장을 고찰하겠다. 이번 절에서 분석할 롤즈의 정의의 원칙이 수행하는 공적 이성(public reason)으로써의 기능은 「정의론」에서는 언급이 없는 개념이었다. 그 이후, 롤즈는 「정치적 자유주의」와 개별적인 논문을 통하여 공적 이성에 관한 논의를 전개하였다.[207]

민주사회의 시민들과 정치인은 변화하는 사회 환경 속에서 새로운 사회적, 정치적 문제에 직면한다. 이러한 문제들을 해결하기 위하여 새로운 법을 제정하거나 새로운 정책을 제시한다. 모든 시민들이 롤즈의 정의 원칙을 수용하였고 이에 중첩적 합의를 이루었지만 추상적인 정의 원칙을 구체적 법률이나 사례에 적용하기 위하여서는 정의원칙이나 헌법에 대한 정확한 해석이 필요하다 예를 들어 낙태와 동성애 결혼을 허용하는데 프라이버시 권(privacy right)이 적용될 수 있는가의 문제를 결정하기 위하여서 정의의 원칙과 헌법에 대한 정확한 해석과 적용이 요구된다. 합리적 다원주의 하에서 정치인들과 시민들은 그들의 종교적, 철학적, 도덕적인 포괄적 주장에 근거하여 헌법을 해석하고 이를 근거로 그들의 견해를 피력할 수도 있다. 따라서 다양한 주장이 다양한 근거에서 제시될 것이며 이들 사이의 토의 과정을 거쳐 특별한 법률이나 정책이 채택될 것이다. 이러한 과정에서 정치인과 시민들은 그들이 주장하는 논리의 근거에 대하여 타인들에게 설득시키고 따라서 타인들이 그것을 수용하여야만 채택된 법률은 정당성(legitimacy)을 획득할 수 있다. 예를 들어, 특별한 법률안이나 정책을

---

207 공적 이성에 대하여는 *Political Liberalism* 외에도 롤즈의 논문인 'The idea of Public Reason Revisited,' *University of Chicago Law Review* Vol.64, No.3(Summer 1997), 765-807쪽과 *Political Liberalism*, Paperback ed.(New York: Columbia Univ. Press, 1996), I-Ixii쪽을 참조하시오.

지지하는 국회의원은 국회에서의 공식적인 토의과정을 통하여 그 지지 이유를 타인들에게 납득시키고 동의를 얻어내야만 한다. 국민투표에서 수정헌법안이나 새로운 정책을 지지한 시민은 공적인 토의장(public forum)에서 그 이유를 타인에게 정당화하여야 한다. 선출직 공직에 입후보한 정치인은 그의 정책 공약, 정치적 수사, 정강정책을 타 후보자나 국민들에게 설득하여야 한다. 행정부가 국민의 기본권과 관련한 특별한 정책을 추구한다면 그 근거를 시민들에게 제시하여야 한다. 위헌심사를 결정하는 대법관들은 그 판결의 근거를 제시하여야 한다. 채택된 정책, 법률안, 수정헌법안에 반대한 정치인과 시민들도 이에 찬성한 정치인이나 시민들과 동일한 자유롭고 평등한 시민이다. 따라서 찬성한 시민들은 그 이유를 정당화할 도덕적-법률적인 아닌-의무(moral duty)를 지닌다. 롤즈는 이러한 도덕적 의무를 의례상의 의무(the duty of civility)라고 지칭하였다.[208]

이러한 공적인 토의 과정에서 시민들은 롤즈의 정치적 정의관이 표방하는 이상과 원칙들을 사유의 방편(way of reasoning)으로써 사용하여야 한다.[209] 롤즈의 정치적 정의관이 표방하는 이상과 원칙들에는(the ideals and principles expressed by society's conception of political justice) 민주사회의 공적 정치문화의 특질(자유롭고 평등한 인간, 사회협동체), 원초적 입장이 표방하는 공정성(fairness), 정의의 두 원칙에 나타난 다양한 권리들, 중첩적 합의가 표방하는 관용과 합리성 등이 포함된다. 이러한 이상과 원칙은 민주사회의 시민들로부터 널리 수용되어서 중첩적 합의를 이룩하였다. 따라서 공적이성은 논란의 여지없이 모든 시민들이 수용하는 일반적 믿음이

208 이에 대하여는 Rawls, *Political Liberalism*, 217쪽을 참조하시오.

209 공정이성의 개념 정의(definition)로써 '사회의 정의관이 표방하는 이상과 원칙'은 가장 기초적인 규정이다. 이에 대하여는 Rawls, *Political Liberalism*, 213쪽을 참조하시오.

며 사유의 형태(forms of reasoning)이다. 즉 이는 민주시민 전체의 이성이다. 보다 구체적으로 시민들은 롤즈의 정의관에 나타난 정치적 가치에(political values) 의거하여 특별한 정책, 법률, 수정헌법안을 평가하여 그 지지 및 반대 이유를 제시하여야 한다. 이러한 정치적 가치들은 민주사회의 시민들이 수용하는 것이다. 정치적 가치들은 일방이 수용하는 것이 아니라 타인들도 수용하는 것이므로 공공토론 과정에서 공적 이성에 의거하는 것은 상호성(reciprocity)의 기준을 충족시키는 것이다. 만약 공공토의 과정에서 본인이 견지하고 있는 특별한 종교적, 철학적 합리적 주장에 의거하여 논의를 전개한다면 이는 상호성을 위반하는 것이다. 예를 들어 낙태에 관한 공공토론 과정에서 기독교의 교리인 인간 구원의 개념이나 공리주의자들의 핵심개념인 효용의 극대화(utility maximization)라는 개념을 사용하여 논의를 전개한다면 이러한 가치는 비 기독교인들이나 비 공리주의자들에게는 수용되지 않는 것임으로 상호성의 기준을 위반하는 것이다. 모든 시민들이 수용하는 공적 이성에 의거하여 공공 토론이 진행되어야 한다. 이처럼 롤즈의 정의관은 정치적 문제를 해결하는 공적 토의과정에서 탐구의 지침(guideline of inquiry) 역할을 담당한다. 원초적 입장에서 계약 당사자들은 정의의 두 원칙을 채택하였다. 따라서 정의의 두 원칙이 추구하는 정치적 가치들은 모든 시민들이 수용하는 것이다. 이는 선택된 정의관을 실제 현실상황에 적용하기 위하여 계약 당사자들은 탐구의 지침 역할을 수행하는 공적 이성을 선택한 것을 의미한다.[210] 이처럼 정의의 두 원칙과 공적 이성은 동전의 양면과 같은 관계이다.

공적 이성은 롤즈의 정의관이 표방하는 이상과 원칙들이다. 그 이상과 원칙은 대체적으로 자유주의적 특징을 지니며 이는 중첩적 합의를 이루었

210 이에 대하여는 Rawls, *Political Liberalism*, 226–227쪽을 참조하시오.

다. 그러나 그 이상과 원칙을 개별사항에 적용하는 경우 그 세부사항에는 다양한 해석이 있을 수 있다.[211] 그러나 롤즈는 모든 민주시민들이 수용하는 핵심적인 공적 이성의 내용을 제시하고 있다. 첫째, 공적이성에는 민주주의 헌법에서 규정한 다양한 자유, 권리와 기회가 포함된다. 둘째, 이러한 자유, 권리, 기회는 공익을 위해 희생되어야 한다는 주장이나 완전주의 주장과는 달리 특별한 우선권을 지닌다. 셋째, 모든 시민들이 이러한 자유와 기회를 실질적으로 누릴 수 있도록 전목적적인 수단(all-purpose means)의 확보이다.[212] 공적이성의 내용은 롤즈의 정의의 두 원칙에 나타난 이상이다. 첫 번째 공적이성의 특징인 자유, 권리, 기회는 롤즈의 사회적 기본재 개념이다. 롤즈의 정의의 제1원칙에 의하면 모든 인간은 적절한 기본적 자유에 대한 권리를 공평하게 갖고 있어야 하는데 공적이성은 이 원칙에 나타난 다양한 권리개념에 의거하여 정치적 논의를 전개하여야 한다는 주장이다. 두 번째 특징인 권리의 우선성은 롤즈의 정의의 제1원칙의 제2원칙에 대한 축차적 우선성의 표현이다. 정의의 제2원칙이 규율하고 있는 사회적, 경제적 이득을 위하여 정의의 제1원칙이 규율하고 있는 기본적 자유를 포기할 수 없다는 의미이다. 즉 사회적 기본재 중에서 자유와 권리가 사회적, 경제적 이득보다 중요하다는 의미인데 공적이성은 이러한 이

211 롤즈의 주장에 의하면 원초적 입장에서 정의관을 선택하는 공정으로서의 정의관 외에도 다양한 방법의 구축방법이 있고 따라서 다양한 자유주의 정의관이 있을 수 있기 때문에 공적이성의 내용도 다양한 정의관에 의해 규정되는 것이다. 또한 일군의 자유주의관이 공유하는 개념인 자유롭고 평등한 인간과 사회협력체의 해석에도 다양성이 있기 때문에 공적이성의 내용도 다양하다. 이에 대하여는 Rawls, 'The Idea of Public Reason Revisited,' 773-774쪽을 참조하시오. 그러나 롤즈의 공적이성의 구체적 내용은 그의 정의관에 나타난 사회적 기본재와 이를 규율하는 정의의 두 원칙의 이상과 크게 차이가 없다. 따라서 필자는 공적이성의 내용이 다양하다는 롤즈의 주장에 큰 중요성을 부여하지 않는다. 아마 롤즈는 현실세계에서 본인의 정의관과 근본적으로 차이가 없고 중요개념의 해석과 우선순위에서 약간의 차이를 보이는 자유주의관을 포용하려는 시도였다고 추정된다.

212 이에 대하여는 Rawls, *Political Liberalism*, 223쪽을 참조하시오.

상을 망각하여서는 안 된다. 세 번째 특징인 전목적적 수단의 확보는 실질적으로 자유의 가치(value of liberty)를 보장하기 위한 방편으로 롤즈의 정의의 제2원칙인 기회균등과 차등의 원칙의 목적인데 사회적 기본재인 소득과 부의 재분배를 통하여 모든 시민들이 자유를 실질적으로 향유할 수 있도록 하는 것이다. 공적이성은 이러한 목적을 위하여 전개되어야 한다. 이상에서 설명한 바와 같이 정의의 두 원칙에 나타난 정치적 가치 외에도 롤즈의 정의관이 표방하는 이상으로서 합리성(reasonableness)은 중요한 공적 이성이다. 사회 협력의 공정한 조건인 정의의 원칙을 찾기 위하여 타인과 기꺼이 토론을 하고 이러한 과정을 거쳐 선택된 정의의 원칙을 준수하는 합리성이라는 덕목은 공적이성을 통한 자유로운 토의가 가능할 수 있게 하는 중요한 요소이다. 그 외에도 현재 일반적으로 수용된 믿음이나 상식에 기초한 사유의 형태, 논란의 여지가 없는 과학적 방법이나 결론도 공적이성을 구성하는 중요 요소이다.[213] 중요한 정치적 문제에 대한 공공 토론의 과정에서 시민들은 이러한 정치적 가치들을 원용하여서 논의를 이끌어 나가야 한다. 환언하면 공공 토론 과정에서 시민들은 해결책으로 제시된 정책이나 법률이 정의의 원칙이 표방하는 정치적 가치들을 충족시키는지 여부에 따라 그 결정을 하여야 한다. 중첩적 합의를 이룩한 롤즈의 정의의 원칙이 표방하는 정치적 가치들은 시민들이 합의를 이룬 것이다. 따라서 공적 이성은 여러 정치적 문제에 대한 합리적 해결책을 제시할 수 있음으로 공공토론에서 사유의 방편으로서 역할을 할 수 있다. 특히 정의의 원칙을 실제 상황에 적용하는 과정에서 정의의 원칙이 표방하는 정치적 가치들 사이의 합리적 우선순위(reasonable balance)가 정해져서 정치적 문제에 대하여 해결책을 제시할 수 있다. 이는 정치적 정의관의 완결 단계

213 이에 대하여는 Rawls, *Political Liberalism*, 224쪽을 참조하시오.

이다.[214] 위에서 언급한 바와 같이 정의의 원칙과 공적 이성은 동전의 양면과 같은 관계이다. 이러한 과정에서 특별한 합리적, 포괄적 주장의 영향을 받아서 왜곡된 가치가 정해져서는 안 된다. 공적 이성이 표방하는 정치적 가치들은 중요한 것들임으로 포괄적 주장이 표방하는 가치들보다 우선한다.

공적 이성의 구체적 내용과 그 기능을 더욱 명확히 설명하기 위하여 이를 비 공적 이성(nonpublic reason)과 대비하여 논의를 전개하겠다. 필자가 본서 제2장 3절의 공적 정치문화(public political culture)에서 설명하였듯이 롤즈의 정의의 원칙은 민주사회의 공적 정치문화에 내재한 개념들에 기초하여 구성된 것이다. 공적 정치문화는 모든 시민들이 공유하는 자산(shared fund)임으로 롤즈의 정의의 원칙은 공적 이성이다. 그러나 다원주의 사회에서는 공적 정치문화 외에도 다양한 시민사회의 문화가 존재한다. 시민사회의 문화는 일상생활의 다양한 집단 문화로서 예를 들어 교회문화, 대학문화, 직능집단의 문화 등이다. 상호 양립 불가능한 합리적 주의·주장들은 이러한 시민사회의 비 공적 이성들이다. 따라서 민주사회에서는 다양한 비 공적 이성이 존재하지만 공적 이성은 오직 하나 뿐이다. 예를 들어 기독교 종교 지도자 회의에서 이교도나 종교적 개종에 대한 문제를 해결하고자 토론을 한다고 가정하자. 이 경우 기독교 집단은 그들이 신봉하는 신학 이론(theological doctrine)인 합리적, 포괄적 주장에 의거하여 논의를 전개할 것이다. 이러한 합리적 주장에는 인간의 구원, 신의 은총, 영생, 원죄설 등이 포함될 것이다. 이러한 사유의 방편(way of reasoning)은 그들 종교집단의 구성원에게는 널리 수용된 이성이지만 모든 시민

---

214 이에 대하여는 Rawls, 'The Idea of Public Reason Revisited,' 777–778쪽과 *Political Liberalism*, 224–225쪽을 참조하시오.

들에게 수용된 탐구의 지침은 아니다. 즉 공적 이성은 아니다. 인간 진화론이나 사회발전론을 주장하는 인류학자나 사회학자들은 이러한 신학 이론에 동의를 하지 않고 그들이 연구한 과학적 이론에 기초한 합리적, 포괄적 주장에 의거하여 논의를 전개할 것이다. 이처럼 시민 사회에는 양립 불가능한 다양한 합리적 주장이 존재한다. 따라서 이 문제를 국회나 법정과 같은 공공 토론장에서 논의할 때에는 정의관이 표방하는 이상과 원칙인 공적 이성에 의거하여 해결하여야 한다. 즉 이교도 집단의 구성이 종교적 결사의 자유(freedom of association)의 원칙에 부합되는지 여부에 따라 그 결정을 하여야 한다. 종교적 개종의 문제는 이것이 양심의 자유나 종교의 자유에 부합하는지 여부에 따라 논의를 전개하여야 한다. 더욱 근본적으로는 이러한 문제들은 자유롭고 평등한 인간이라는 개념을 중심으로 논의가 전개되어야 한다. 이상의 예에서 볼 수 있듯이, 공공 토론의 장에서 정치적 문제를 논의할 때에는 특별한 집단의 합리적, 포괄적 주장에 의거하여 논의를 전개하여서는 안 되고 민주사회 시민들이 공유하고 있는 공적 이성을 원용하여 논의를 전개하여야 한다. 이러한 토의 과정을 거쳐 정통성이 있는 결정을 내리는 것은 토의 민주주의(deliberative democracy)의 특징적 요소이다. 민주사회의 토의과정을 통하여 시민들은 서로의 의견과 그 주장의 근거를 개진한다. 타인의 의견과 주장을 청취하는 과정을 통하여 시민들은 그들이 갖고 있던 견해를 수정, 보완할 수 있다. 이러한 숙고과정을 거쳐 얻어진 결정은 정통성이 부여된 것이다.[215] 공적 이성은 이러한 토의 과정에서 시민들이 따라야할 사유의 형태이다.

롤즈는 공적 이성이 적용될 수 있는 정치적 문제들을 한정하고 있다. 즉

215 토의 민주주의와 공적 이성에 대한 롤즈의 주장에 대하여는 다음을 참조하시오. Rawls, 'The Idea of Public Reason Revisited,' 771–772쪽.

모든 정치적 문제들에 대한 토의 과정에서 공적 이성을 사용하는 것은 아니다. 오직 근본적인 정의의 문제의 경우에 한정하고 있다. 예를 들어 여러 종류의 세법, 환경 보호에 관한 문제, 문화 정책과 관련한 문제 등은 중요한 정치적 문제들이지만 사회의 기본구조와 직접 관련된 문제는 아니다. 이에 반하여 공적 이성이 제시하는 정치적 가치들에 의하여 해결할 수 있는 문제는 헌법의 근간(constitutional essentials)과 기본적 정의의 문제(questions of basic justice)들과 같은 두 가지 범주에 한정된다. 첫째, 공적 이성은 헌법의 근간과 관련한 정치적 문제들에 적용된다. 필자가 본서 제2장 1절에서 설명하였듯이, 롤즈의 문제의식은 사회의 기본구조를 규정하는 정의의 원칙을 찾고자하는 노력에서 시작하였다. 또한 본서 제2장 14절의 연속적 네 단계에서 설명하였듯이, 정의의 원칙은 헌법과 법률에 실제적으로 적용된다. 이처럼 롤즈의 전체 사상의 구조에서 알 수 있듯이, 공적 이성이 적용될 수 있는 정치적 문제는 사회의 기본구조와 관련된 문제들에 한정된다. 그 중에서 헌법의 근간에 해당하는 문제들이란 정의의 제1원칙이 규정하는 정치적 자유에 포함될 수 있는 권리의 문제이다.[216] 즉 어떠한 권리들이 성문헌법이 규정하고 있는 기본권에 포함되는지의 문제이다. 예를 들어 정의의 제1원칙이 규정하는 정치적 자유와 권리에 의하면 모든 시민들은 투표권, 공무 담임권, 재산권 행사의 권리를 갖고 있다. 이는 헌법이 규정하는 기본권이다. 이와 관련한 정치적 문제로써 해외거주 동포가 국내에서 상당한 기간 활동할 때 그는 국내에서 투표권을 행사할 수 있는지, 공직에 취임할 수 있는지, 재산을 취득할 수 있는지에 대한 문제가 제기될 수 있다. 또한 민주헌법의 기본권은 표현의 자유를 보장하고

216 이에 대하여는 Rawls, 'The Idea of Public Reason Revisited,' 767쪽을 참조하시오. 헌법의 근간에 대한 정의는 필자가 번역의 필요상 약간의 의역을 하였다.

산은 정치 문화의 한 요소인 협동체로서의 사회 개념의 근간이다. 가정 내에서 자녀를 양육하여 후세대를 형성함으로써 인간 사회의 지속성을 유지하게 된다. 셋째, 여성의 평등권은 롤즈의 정의관이 표방하는 중요한 이상으로서 여성의 자기결정권이다. 여성은 출산을 하여 자녀를 양육할 것인지 아니면 본인의 여건을 고려하여 낙태를 할 것인지를 스스로 결정할 수 있는 자율적 존재이다. 이상의 3종류의 정치적 가치는 모든 시민들이 수용하는 것이며 따라서 공적이성은 이러한 가치를 중심으로 논의를 전개할 것을 요구한다. 즉 시민들은 이러한 다양한 정치적 가치들 사이의 우선순위를 결정하여 입법을 결정하여야 한다. 예를 들어, 시민 롤즈는 3종류의 정치적 가치들 중에서 임신 3개월 까지는 여성의 평등권이 여타 정치적 가치보다도 중요함으로 낙태를 찬성하는 투표를 할 것이다. 즉, 임신 초반기까지는 태아의 생명권에 대한 존중이나 사회의 재생산 보다는 여성의 평등권이 우선하다는 판단을 내렸다. 임신 3개월까지의 초반기에는 태아의 모습을 확인할 수 없기 때문에 태아의 생명권을 인정할 수 없다.[223] 또한 사회의 재생산을 위하여 여성의 자기결정권을 희생시킬 수는 없다. 따라서 3종류의 정치적 가치 중에서 임신 3개월까지는 여성의 평등권이 우선시됨으로 낙태는 인정되어야 한다. 이처럼 공적이성을 발휘할 도덕적 의무가 있는 시민들은 다양한 정치적 가치 사이의 합리적 우선순위를 확정하여 난해한 정치적 문제를 해결하여야 한다. 만약 여성의 평등한 권리를 인정하지 않는 종교적, 철학적 주장을 견지한 시민들이 그들의 포괄적 주장에 의거하여 낙태를 반대하였다면 이는 공적이성에 의거하여 논의를 전개

223 미국 연방대법원의 판결에 의하면 임신 후 3개월까지는 태아가 보이지 않음으로 그때까지는 낙태를 통하여 태아의 이익을 보호할 수 없다고 판단하였다. 이에 대하여는 다음을 참조하시오. *Roe v. Wade*, 410 U.S. 113(1973).

하였다고 할 수 없다. 낙태반대론자들이 신은 태아에게 생명을 불어 넣어 주었기 때문에 낙태는 신의 뜻에 어긋난다고 주장한다면 이는 여성의 자기 결정권을 인정하지 않는 주장이다.[224] 이러한 주장은 토론의 상대방에게 수용될 수 없는 비정치적 가치를 원용한 주장임으로 비합리적이며 이는 상호성의 원칙에도 위배된다. 설령 그들의 주장이 채택되어 입법화되었어도 이는 정통성을 결여한 결정이다.

물론 정치적 가치들에 대한 우선순위를 결정하는 과정에서 모든 시민들이 동일한 결론에 도달하리라는 보장은 없다. 위에서 기술한 시민 롤즈의 주장이 가장 합리적이라는 보장은 없다. 타인들은 또 다른 합리적 측면에서 상이한 우선순위를 제시할 수도 있다. 이러한 경우 낙태문제는 상이한 주장이 대립되어 결론을 유도할 수 없는 교착상태(stand-off)에 빠질 수도 있다. 그러나 롤즈가 공적이성을 통한 낙태문제의 해결과정에서 강조하는 바는 정치적 가치들은 모든 시민들이 용인하는 개념이고 이에 근거하여 논의가 진행되어야하며 이러한 가치들을 부정하는 주장은 비합리적임으로 논의에서 배격되어야 한다는 점이다. 즉 모든 시민들이 수용할 수 있는 개념에 근거한 토의과정을 거치고 나서 투표에 의해 결정된 결론이 가장 합리적이고 정통성이 확보된 구속력을 지닌다는 것이다.[225] 와이스만(Weithman)의 해석에 의하면 롤즈는 공적이성이라는 개념을 사용하여 그의 정의관이 안정성을 확보하는 과정을 보여주었다. 다양한 포괄적 주장들이 병존하는 민주사회 속에서 시민들이 롤즈의 정의관에 중첩적 합의

---

224 이러한 예는 롤즈가 인용한 것이 아니고 돔브로스키(Dombrowski)가 롤즈 이론을 설명하기 위해 인용한 예이지만 공적이성을 이해하는데 적절한 주장이다. 이에 대하여는 다음을 참조하시오. Daniel Dombrowski, *Rawls and Religion*(Albany: State University of New York Press, 2001), 127-128쪽.

225 이점에 대하여는 다음을 참조하시오. Rawls, 'The Idea of Public Reason Revisited,' 798쪽; Rawls, *Political Liberalism*, expanded ed., liii-liv쪽.

를 이루었고 그 결과 정의감을 형성하였다면, 그들은 자신이 견지하고 있는 포괄적 주장의 견지에서 정의문제를 고찰하지만 그들의 주장은 롤즈의 정치적 정의관이 표방하는 가치와 이상을 수용하는 편으로 기울어져야만 하고 모든 시민들이 그러하다면 롤즈의 정의관은 안정성을 확보하게 된다.[226] 롤즈의 주장에 의하면 자유롭고 평등한 시민들은 본인의 합리적, 포괄적 주장뿐 아니라 정치적 개념도 동시에 견지하고 있는데 중첩적 합의를 이루었다면 두 종류의 주장은 상호 배타적이지 않다. 포괄적 주장을 견지하고 있는 시민들은 정치적 개념인 자유주의 정의관을 참되고 올바른 것으로 수용하여야만 한다. '물론 그가 견지하고 있는 포괄적 주장을 수정, 변경, 재확인하는 것은 시민들에게 달려있다.'[227] 이러한 면에서 공적이성의 작동은 필자가 본서의 제2장 제13절에서 설명한 급진적 반성적 평형상태를 통한 사회 안정화 과정이다.

롤즈는 대법원은 공적 이성의 대표적 예이라고 주장하고 있다. 즉 공적 이성은 위헌 심사권을 갖은 대법원에게 헌법 해석의 기초를 제공한다. 대법관은 그들의 개인적인 윤리관이나 그 사회의 종교적, 철학적 주장에 의거하여 판결할 수 없다. 그들은 합리적이고 이성적인 시민들 모두가 수용할 수 있는 정치적 가치에 의거하여 판결하여야 한다. 대법관들은 헌법이 요구하는 바와 판례에 따라서 최선의 헌법적 해석을 하여야 한다. 이러한 과정에서 대법관은 헌법이 표방하는 정치적 가치들을 원용하여야 한다. 즉, 공적 이성을 원용하여야 한다. 물론 모든 대법관이 구체적인 헌법 해석에서 만장일치를 이루는 것은 아니다. 다만 대법관은 그들의 관점에서

226 이에 대하여는 다음을 참조하시오. Paul Weithman, *Why Political Liberalism?*(Oxford: Oxford Univ. Press, 2010), 327-343쪽.

227 Rawls, 'The Idea of Public Reason Revisited,' 801쪽.

적절한 정치적 가치에 의거하여 헌법을 해석하는 것인데 그들의 시각은 어느 정도 기본권의 핵심 요소(central range)에 대하여 일체감을 형성한다. 따라서 정치적 문제에 대한 해답을 찾을 가능성이 높다.[228] 이처럼 공적 이성을 적용함으로써 위헌 심사권을 갖은 대법원은 법률이 다수당의 횡포로 타락하는 것을 방지할 수 있다. 대법원이 이러한 역할을 성실히 수행한다면 이는 민주주의에 부합하는 것이다.

228 이에 대하여는 Rawls, *Political Liberalism*, 236–237쪽을 참조하시오. 번역에 있어서 롤즈의 전체적인 주장에 입각하여 필자가 약간의 의역을 하였다.

제3장

•

자유주의의 특징

이상에서 롤즈의 정치적 자유주의에 대하여 고찰하였다. 자유주의(liberalism)는 서구 정치사상사에서 오랜 전통을 지닌 사상적 경향이며 또한 정치적 제도이다. 17세기 유럽의 정치사에서부터 본격적으로 출발한 자유주의 사상은 현대 서양정치사상의 주류를 이루고 있다. 고전적 자유주의 사상가로는 스피노자(Spinoza), 록크(Locke), 몽테스퀘(Montesquieu), 흄(Hume), 스미스(Smith), 칸트(Kant) 밀(J.S Mill)등을 들 수 있는데 이들의 사상은 현재 자유주의 사상에 심대한 영향을 미쳤다. 그러나 고전적인 자유주의와 현대의 자유주의 사상 사이에는 심각한 차이도 존재한다.[1] 또한

---

1 고전적 자유주의와 현대자유주의와의 차이점과 그 역사적 전개과정에 대하여서는 다음을 참조하시오. Michael Zuckert, 'On Constitutional Welfare Liberalism,' *Social Philosophy & Policy* Vol.24, No.1(January 2007), 266-288쪽. 고전적 자유주의자들은 국가의 시장개입에 반대하였으나 현대 자유주의자들은 복지정책의 확충과 같은 국가기능의 확대를 주장하였다. 이에 대하여는 다음을 참조하시오. Gary Taylor, 조성숙(역), 「이데올로기와 복지」(서울: 신정, 2008), 37-51쪽. 현대 자유주의 사상의 다양성에 대하여서는 다음을 참조하시오. 테

현대 자유주의 사상 내에서도 다양한 이견이 존재한다. 그러나 이러한 차이점에도 불구하고 현대 자유주의 사상을 하나의 정치사조로 묶을 수 있는 공통점을 발견할 수 있다. 따라서 이번 장에서는 현대 자유주의 사상의 특징을 고찰하겠다. 이러한 분석을 통해 롤즈 사상의 특징을 더욱 명확히 밝히고자 한다.

현대 자유주의의 첫 번째 특징은 정치사회의 시민들은 자유롭고 평등하다는 믿음이다.[2] 인간은 자유로운 존재라는 믿음은 인간은 자신의 가치관에 의거한 자신의 이익(self-interest)을 추구한다는 것을 의미한다. 자신의 이익을 추구하는 것은 부끄러운 현상이 아니다. 이러한 믿음은 서구 사상사에 커다란 전환점을 마련하였다. 19세기 이전의 서양 전통은 스토익 철학, 아리스토텔레스 철학, 어거스틴(Augustin) 신학에 근거하였다. 대부분 시민들의 행동은 관습, 감정, 충동에 근거하였다. 이데올로기적인 믿음, 동일문화집단이나 카리스마적 지도자와의 심리적 일체감, 기사도와 같은 행동 양식 때문에 개인들은 그들의 이익이나 생명을 희생하였다. 이처럼 비이성적인 감정은 사회의 파멸을 초래한다. 이러한 상황에서 홉스(Thomas Hobbes)는 냉정한 자기 이익의 추구는 사회의 파멸을 방지할 수 있다고

렌스 볼 & 리처드 대거, 정승현(역), 「현대 정치사상의 파노라마」(서울: 아카넷, 2006), 139-146쪽.

2 자유주의의 특징에 대하여는 다음을 참조하시오. Jean Hampton, 'The Common Faith of Liberalism,' *Pacific Philosophical Quarterly* Vol.75, Nos. 3 & 4(Sep/Dec. 1994), 186-216쪽; Stephen Holmes, *Passions and Constraint*(Chicago: Univ. of Chicago Press, 1995), 13-41쪽; David Conway, 'Liberalism,' in Ruth Chadwick, ed. *Encyclopedia of Applied Ethics* Vol.3(San diego: Academic Press, 1998), 71-81쪽; Paul Kelly, *Liberalism*(Cambridge: Polity, 2005); Christopher Wolfe, *Natural Law Liberalism*(Cambridge: Cambridge Univ. Press, 2006), 131-151쪽; John Lawrence Hill, *The Political Centrist*(Nashville: Vanderbilt Univ. Press, 2009), 11-28쪽; John Tomasi, *Free Market Fairness*(Princeton: Princeton Univ. Press, 2012), 27-57쪽; Robert B. Talisse. *Engaging Political Philosophy*(New York: Routledge, 2016), 21-30쪽.

주장하였다. 만약 시민들이 자기 보존(self-preservation)이라는 이익을 추구한다면 귀족주의적인 영광이나 구원과 같은 비이성적인 동기 때문에 희생을 하지 않을 것이다. 따라서 사회의 파멸을 방지할 수 있다. 또한 자유로운 인간은 시장 경제(market economy)속에서 그 이상을 충분히 구현할 수 있다. 록크(John Locke)의 전통을 이어 받은 자유주의자들은 시장은 자유를 가장 잘 보장한다고 주장한다.

모든 인간은 자신의 가치관에 근거한 이익을 추구한다는 사실은 모든 시민들은 평등하다는 것을 의미한다. 개인들은 그 자신의 이해관계를 견지하고 있음으로 한 개인의 이해관계는 타인의 그것과 같이 중요한 것이다. 어떠한 개인도 타인 보다 도덕적으로 우월한 동기를 갖고 있지 않다. 지배자의 권리는 지배자의 자연적인 우월성에 근거하는 것이 아니다. 지배자도 피지배자와 마찬가지로 그들의 개인이익을 추구한다. 이처럼 자신의 이익을 추구한다는 것은 보편적이고 평등주의적인 규범을 반영한다. 그러나 자신의 이익을 추구하는 개인은 편향성(partiality)을 띄는 경향이 있다. 예를 들어 타인들은 법과 질서를 지킬 것을 바라면서 본인은 법을 위반함으로써 이득을 취하고저 한다. 타인들은 법이 정하는 세금을 성실히 납부할 것을 바라면서 본인은 탈세를 하여 이득을 취한다면 그는 무임승차자(free-rider)이다. 이는 자유주의의 원칙인 평등의 이념과 배치되는 것이다. 본인은 예외이기를 바란다면 이는 공정성(fairness)을 해치는 것이다. 따라서 법 앞의 평등은 자유주의의 특징이다.

개인의 가치관에 근거한 개인이익 추구의 자유는 국가가 보장하여야 할 중요한 가치이다. 따라서 국가는 특정한 가치관을 가장 완벽한 것으로 간주하고 이를 추구하는 정책을 시행하여서는 안 된다. 즉 국가는 정치적 중립(political neutrality)을 지켜야 한다. 예를 들어 오페라 공연을 즐기는 삶이 프로레슬링 경기를 즐기는 삶보다 더욱 가치가 있음으로 국가가 정책적으로 오페라 공연에 감세혜택을 주고 레슬링 경기의 입장권에는 중과세를 하여 레슬링 경기장에 가는 빈도수가 줄었다고 가정하자. 이러한 정책은 레슬링경기를 즐기는 개인들의 자유를 침해하는 것이다. 레슬링 경기를 즐기는 삶이 오페라 공연을 즐기는 삶보다 우월하다는 보장은 없다. 또한 이러한 정책은 레슬링을 즐기는 집단들을 불평등하게 취급하는 것이다. 환언하면 특정한 가치관과 이익을 추구하는 자들이(예를 들어 레슬링경기를 즐기는 집단) 타인의 권리를 침해하지 않는 한, 이들의 가치관과 이해관계는 보장되어야 한다.

자유주의의 특징인 정치적 중립은 서구에서 근대 자유주의 사상의 등장 배경과 깊은 관련이 있다. 고대와 중세 시대를 지나 근세에 접어들면서 근대 시민들은 고대 사상가인 아리스토텔레스의 주장과 중세 기독교의 주장에 의문을 제기하였다. 아리스토텔레스의 형이상학적 주장의 핵심은 인간을 포함한 모든 사물은 본성적으로 특정한 목적을 추구하는 경향이 있다는 목적론(teleology)이다. "자유주의사상은 이러한 아리스토텔레스의 형이상학적 목적론을 타파하려는 지적인 혁명과정에서 탄생하였다."[3] 즉 자유주의자들은 아리스토텔레스의 주장처럼 사고하는 삶(life of speculation)이 최선의 삶이라는 주장과 중세의 기독교적인 삶의 우월성에 의문을 제기하였다. 이상적인 삶(ideal form of life)에 대한 질문은 개인의 가치판단에 따라서 다양하게 결정됨으로 결국 하나의 이상적인 삶이란 찾을 수가 없다. 예를 들어, 맑스의 주장처럼 협력적인 노동(cooperative labor)이 인간이 추구하여야 할 삶이라는 근거는 없다. 따라서 가치의 다원주의(value pluralism)는 자유주의의 당연한 귀결이다. 이러한 상황에서 근대국가는 정치적 중립성을 견지하여야 한다. 자유주의 사상의 두 번째 특징

3 Andrew Altman, *Critical Legal Studies*(Princeton: Princeton Univ. Press, 1990), 68쪽.

은 국가는 개인이나 집단의 자유와 평등을 보장해주는 역할을 담당하여야 하고, 이를 위하여서 국가는 다양한 권리(rights)를 규정하고 유지, 보호하여야 한다. 개인이나 집단의 자유와 평등을 보장해주는 국가의 역할을 위한 구체적 방안에 대하여서는 자유주의자들 사이에 이견이 존재한다. 일군의 자유주의자들은 최소한의 정부(minimal state)를 주장하는 반면, 정부의 광범위한 역할을 강조하는 자유주의자들도 존재한다.[4] 이러한 차이점에도 불구하고 자유주의자들은 개인이나 집단의 자유와 평등을 보장하기 위하여 국가는 이들을 위한 권리를 규정하고 이를 보호, 유지하여야 한다는 점에 동의한다. 이러한 권리는 개인이나 집단의 자유와 평등을 더욱 공고히 보장하기 위한 방편이다. 필자는 자유로운 인간임으로 본인이 원하는 직업을 선택할 수 있고, 본인이 원하는 종교를 믿을 수 있다. 이러한 자유가 타인으로부터 침해되는 것을 방지하고 또한 침해되었을 경우에는 그 구제를 위하여 국가는 재산권, 종교의 자유, 공정한 재판을 받을 권리 등을 규정하고 보호하여야 한다. 또한 부패한 독재국가가 개인의 자유와 평등을 탄압하는 것을 방지하기 위하여 정치적 자유를 기본권으로써 보장하고 있다.

자유주의는 개인의 자유를 국가가 침해하는 것을 방지하기 위하여 국가의 권력 남용에 대한 대응책을 강조하고 있다. 사회주의는 국가권력의 남용 문제에 대하여 주의를 기울이지 않고 있다는 점에서 자유주의의 사회주의에 대한 우월성이 있다.[5] 자유주의는 개인의 권리 뿐 아니라 특정한 집단의 자유와 평등을 보장하기 위한 권리를 규정하고 있다. 예를 들어 언

4 이에 대한 자유주의의 역사적 발전과정에 대하여는 다음을 참조하시오. Conway, "Liberalism," in *Encyclopedia of Applied Ethics*, Vol.3(San Diego: Academic Press, 1998), 71-81쪽.

5 이에 대하여는 Holmes, *Passion and Constraint*, 18-23쪽을 참조하시오.

론 집단의 자유로운 의사 표시를 위하여 국가는 언론, 출판의 자유를 기본권으로써 보장하고 있다. 노동자들이나 종교집단의 자유와 평등을 위하여 집회와 결사의 자유를 권리로써 보장하고 있다. 이러한 권리의 보장은 다수자의 소수자에 대한 횡포를 방지하는 역할을 한다. 모든 인간의 권리를 보장함으로써 다수자가 수적인 우위를 내세워 소수자의 자유와 평등을 침해하는 것을 방지할 수 있다. 이처럼 권리가 규정되면 타인이나 국가는 이를 침해하지 말아야하는 의무(duty)를 지게 된다. 결국 개인이나 집단의 자유와 평등은 더욱 공공히 보장된다. 이를 위한 정치체제로써 민주주의는 가장 적합한 제도이다.

자유주의 사상의 세 번째 특징은 국가는 개인의 최소한도의 심리적 안전(psychological security)을 위하여 소득재분배를 통한 복지정책을 추구하고 그 외에도 다양한 평등정책을 시행한다는 점이다. 위에서 설명한 바와 같이, 인간은 시장 경제에서 활동함으로써 자유를 충분히 실현할 수 있다. 또한 사유재산이 보장된 시장 경제에서의 경제적 활동은 가장 효율적이다. 그러나 시장 경제는 부정적인 결과를 초래할 수도 있다. 예를 들어, 과도한 부의 불균형, 실업 등을 초래할 수도 있다. 이는 시장의 실패(market failure)이다. 그리고 시장경제에 참여하는 시민들은 어느 정도의 물석 자본과 인적자본을 겸비하여야 한다. 이를 위하여 국가는 사회 안전망(social safety net)을 구축하여 모든 개인들에게 최소한도의 자원(minimum level of resources)을 보장하여야 한다. 실업수당, 건강보험, 극빈자 보조금 등의 사회보장정책이 그 예이다. 또한 무상교육정책을 통한 공정한 기회균등을 보장하여 인적자본을 개발할 수 있어서 모든 시민이 평등하게 시장경제에 참여할 수 있는 상황을 추구한다. 자유시장이 초래하는 부정적인 문제점이 있지만 자유주의는 시장경제 자체를 부정하는 것은 아니다. 오히려 여러 복지정책을 위한 자원을 마련하기 위하여서는 더욱 활성화된 시장 경제가 필요하다. 자유주의자들은 시장경제 체제를 사회주의적인 계획경제 체제로 완전히 대체하는 것을 반대한다. 자유주의자들은 개인의 자유로운 활동영역인 시장경제의 장점을 인정하고 있지만 시장경제가 충족시키지 못하는 공익(public interest)을 위하여 정부의 역할과 능력(state competency)을 강조하고 있다.[6]

자유주의 국가의 두 번째 특징에 의하면 개인이나 집단의 자유와 평등이 침해되는 것을 방지하기 위하여 그들의 권리를 보장하고 있다. 예를 들어 소수의 종교집단이 다수의 종교집단으로부터 신체적 위해를 당하는 것을 방지하기 위하여 종교의 자유를 기본권으로써 보장하고 있다. 따라서 소수의 종교집단은 심리적 안정감(psychological security)을 향유할 수 있다. 그러나 자유주의가 보장하는 심리적 안정감이 이보다 더욱 확대되어서 무상교육, 실업수당과 같은 사회보장정책 까지를 포함하게 되었다. 소득재분배를 통한 복지정책의 결과로 사회의 극빈자에게 최소한도의 인간다운 삶을 보장하여 줌으로써 그들에게 신체적인 안정감과 심리적인 안정감을 확보하여 주는 것이다. 사회보장 정책을 통하여 빈곤을 퇴치함으로써 극빈자들의 자율성(autonomy)을 확보하고 자립(self-reliance)의 기회를 제공하여 그들이 실질적인 자유를 누릴 수 있게 하는 것이 자유주의 국가의 기능이다. 또한 교육의 기회균등을 보장하여 장기적으로 평등을 보장하는 것이다.[7]

---

6 이에 대하여서는 다음을 참조하시오. Gerald Gaus, 'Public and Private Interests in Liberal Political Economy,' in S.I.Benn & G.F.Gaus, eds. *Public and Private in Social Life*(New York: St. Martin's, 1983), 203쪽; Howard Jacob Karger & David Stoesz, *American Social Welfare Policy*, 6th ed.(Boston: Allyn & Bacon, 2010), 13쪽.

7 그러나 자유지상주의자인 하이에크(Hayek)는 민주주의국가에서는 최수수혜자들에게 복지혜택을 지원하는 것에 한정하지 않고 보다 광범위한 복지를 요구할 것이라고 비판하였다. 이에 대하여서는 다음을 참조하시오. 프리디르히 A 하이에크, 민경국(역) 「법, 입법 그리고 자

이러한 특징을 지닌 자유주의 국가의 정통성(legitimacy)은 어떻게 확보될 수 있는가에 대한 대답은 그 자체가 자유주의의 또 다른 하나의 특징을 구성하기도 한다. 위에서 언급한 자유주의적 사회 구조(social arrangements)를 시민들이 수용하고 따라서 자유주의 국가의 법을 준수하고 국가 정책을 지지해야 하는 정치적 책무(political obligation)를 지는 이론적 근거는 무엇인가? 자유주의 국가는 법과 제도를 통하여 시민들에게 특정한 행위를 할 것과 특정행동은 하지 말 것을 강요한다. 시민들은 법률의 규정에 의하여 세금을 납부하여야 하고 법에서 금지된 특정행동을 하면 처벌을 감수하여야 한다. 시민들이 국가의 정책과 법을 준수하여야하는 근거는 무엇인가? 자유주의는 국가의 법과 정책을 준수할 것을 시민들에게 단순히 명령하는 것이 아니라 그 논리적 이유를 제시하여 정당화한다. 자유주의 국가의 정통성에 대한 이론적 근거로서 대부분의 자유주의자들은 사회계약론적 설명에 공감하고 있다.[8] 즉, 계약의 당사자인 시민들은 그들이 자의적으로 사용할 수 있는 자연권을 포기하고 국가의 권위에 복종하는 사회계약에 동의함으로써 시민사회 내에서 법적, 경제적 안정을 누릴 수 있다. 국가의 공법 체제가 없는 자연 상태에서 모두가 자의적인 판단에 의해서 자유를 행사한다면 이해관계의 출동과 혼란을 초래할 것이

유 II–사회적 정의의 환상」(서울: 자유기업센터, 1997), 283쪽.

8 이에 대하여서는 다음을 참조하시오. Jeremy Waldron, 'Theoretical Foundations of Liberalism,' *Philosophical Quarterly* Vol.37, No.147(April 1987), 127–150쪽. Susan Dimock, 'Two Virtues of Contractarianism,' *Journal of Value Inquiry* Vol.37, No.3(September 2003), 385–414쪽. David Gauthier, 'Social Contract as Ideology,' in David Gauthier, *Moral Dealing*(Ithaca: Cornell Univ. Press, 1990), 325–354쪽. Paul Kelly, *Liberalism*(Cambridge: Polity, 2005), 34–49쪽. Jean Hampton, 'The Contractarian Explanation of the State,' in Jean Hampton, *The Intrinsic Worth of Persons*(Cambridge: Cambridge Univ. Press, 2007), 185–218쪽. Gerald Gaus, 'Justification, Choice and Promise.' *Critical Review of International Social and Political Philosophy* Vol.15, No.2(March 2012), 109–127쪽.

다. 따라서 시민들은 특정한 국가를 수립하여 그 국가의 법과 명령을 통하여 자의적 자유의 행사를 제한할 것에 상호 동의한다. 이러한 사회 계약과정은 모든 시민들이 이성적 판단과 선택을 통하여 특정한 사회구조를 수용하는 것을 의미한다. 사회계약에 참여한 시민들은 현재 그들이 살고 있는 사회체제에서 한 발짝 물러서서 정의로운 사회체제에 대한 숙고의 결과 특정한 사회체제를 선택하는 것이다. 공정한 계약상황 하에서 시민들은 자유주의 사회구조가 정의로운 체제라는 점에 동의함으로써 국가가 행사하는 권력을 개인 자유에 대한 침해로 간주하지 않고 이를 수용하며 여타 다른 시민들도 똑같이 행동할 수 있는 실질적 근거를 제시한다. 사회계약 이론은 근대 정치사상가인 홉스, 록크, 룻소, 칸트로 이어지는 오랜 전통을 갖고 있다. 현대 자유주의자인 롤즈, 고티에(David Gauthier), 스켄런(Thomas Scanlon) 등도 사회계약론의 전통을 견지하고 있다.[9] 그러나 18세기 공리주의자인 데비드 흄(David Hume)은 사회계약사상의 허구성을 비판하고 있다. 흄은 록크의 사회계약론을 비판하면서 새로운 국가의 기원은 사회계약이 아니라 정복과 몰수와 같은 힘의 논리에 의한 것이라고 주장하였다. 비록 국가건설 초기의 사회계약이 성립할 수 있다고 하여도 몇 세대를 거쳐 그 후세대들이 이러한 계약에 구속된다는 것은 역사적 경험에 비추어 정당화될 수 없다고 주장하였다.[10] 흄의 주장에 의하면 정

---

9 고티에와 스켄런의 경우 다음을 참조하시오. David Gauthier, *Morals By Agreement*,(Oxford: Oxford University Press, 1986); T.M. Scanlon, *What We Owe to Each Other*(Cambridge: Harvard University Press, 1998). 현대 사회계약론자들에 대한 비판으로는 다음을 참조하시오. Jody S. Kraus, *The Limits of Hobbesian Contractarianism*,(Cambridge: Cambridge University Press, 1993); David Boucher & Paul Kelly eds. *The Social Contract from Hobbes to Rawls*(London: Routledge, 1994).

10 이에 대하여는 다음을 참조하시오. David Hume, 'Of the Original Contract,' *Selected Essays*, eds. Stephen Copley and Andrew Edgar(Oxford: Oxford University Press, 1993), 274-291쪽.

치적 책무의 근거를 규명하기 위하여 사회계약론적인 설명에 의존할 필요가 없고 국가사회의 평화와 공공질서유지로 충분히 설명될 수 있다. 즉 국가사회의 법적 보호 하에서 상업적 이익과 인간관계를 규율하는 공공질서라는 일반이익(general interest)을 위하여 시민들은 국가권위에 복종하여야 한다. 흄의 공리주의적 논리에 근거한 비판에 대하여 사회계약론자들은 흄의 주장은 잘못된 이해에서 기인한다고 반격하였다. 현대 사상가인 왈드론(Waldron)과 롤즈의 주장에 의하면 사회계약론은 가상적인 동의(hypothetical consent) 이론이지 실질적인 동의 여부에 근거한 것이 아니다.[11] 그 사회에 사는 시민들이 실질적으로 특정한 정치체제를 수용하기로 동의하였는지 여부가 정치적 책무의 근거가 아니다. 반면 사회계약론의 핵심은 공정한 계약 상태에 있는 시민들이 합리적인 판단과 선택을 한다는 가정 하에서 특정한 정치체제와 그 구성원리가 수용되는 근거를 밝힘으로써 정치적 책무가 생성되는 것이다. 모든 계약 당사자가 동등한 입장에 있는 계약 상태에서 상이한 정치체제와 그 구성 원리들이 수용되거나 거부되는 합당한 이유를 제시하는 가상적인 동의과정을 거친 결과로서 특정한 사회구조가 수용된다면 그 체제는 정당성을 확보하게 된다. 비록 특정한 정치체제가 실제로는 폭력이나 다양한 변화과정을 거쳐 오늘의 형태를 취하더라도, 당시대의 시민들이 합리적인 숙의과정을 거쳐 특정한 정치체제를 수용할 수 있는 논리적 근거를 제시하는 것이 사회계약론의 특징이다. 자유주의는 이러한 사회계약론적 방법을 통하여 특정한 정치체제의 정통성과 정치적 책무의 이론적 근거를 탐구한다. 즉 자유주의자들은 국

11 이에 대하여는 Rawls, *Lectures on the History of Political Philosophy*, 159–173쪽; Waldron, 'Theoretical Foundation of Liberalism.'; Dudley Knowles, *Political Obligation*(London: Routledge, 2010), 120 125쪽을 참고하시오.

을 정당화하는 다양한 논리를 소개하여 롤즈의 주장에 대한 인식론적 비판을 시도하겠다.

인간은 다양한 권리를 향유하고 있다는 인권 개념은 유럽의 계몽주의 시대 때 절정을 이루어 절대왕권을 붕괴시키는 이론적 기초를 제공하였다. 현대 자유주의자들은 인권 개념에 근거하여 히틀러 정권의 유태인 학살 만행을 규탄하였다. 1948년 국제연합은 세계인권선언을 채택하여 국제적 인권보호를 천명하였다. 자유 민주주의 국가들은 그들의 헌법에 다양한 기본권을 명시적으로 규정하고 있다. 이처럼 인권은 오래된 역사적 전통을 갖고 있다. 인권 개념의 역사적 발전에 따라 다양한 근거가 제시되고 인권의 중요성에 대한 찬, 반 양론이 대두되었다. 역사적으로 인권의 개념은 중세 신학자 아퀴나스(Thomas Aquinas)의 자연법(natural law) 이론과 이를 이어 받은 근대 사회 계약론자들의 자연권(natural right)개념에서 유래한다. 아퀴나스의 주장에 의하면 법이란 공익(common good)을 위한 이성의 명령이다. 가장 광범위한 법은 신의 명령인 영원법(eternal law)이다. 인간의 이성을 통하여 영원법에 참여한 것이 자연법이다. 즉 인간의 이성을 통하여 선과 악을 구별할 수 있고 이것이 자연법의 역할이다. 자연법을 실제 적용하여 형성된 인간의 실천적 이성(practical reason)에 의하면 인간은 선을 추구하고 악을 방지하여야 한다. 따라서 자연법의 제1명령에 의하면 인간은 자기 보전을 추구하여야 한다. 또한 신에 대한 믿음과 인간사회에서의 삶과 관련된 모든 것은 자연법에 속한다. 자연법의 일반원칙은 모든 인간에게 적용되고 모든 인간들이 알 수 있다. 국가사회의 법은 이러한 자연법에 의거하여 제정되어야 한다. 이러한 과정을 거쳐 제정된 법은 인간의 법(human law)이고 자연법에 근거하지 않은 법은 법이 아니다. 아퀴나스의 자연법 개념은 근대 사상가에 의하여 계승 발전하였다. 특히 사회계약론자들은 더욱 자연법의 개념을 구체화하였다. 신의 명령인 자연법은 인간이 국가사회를 이룩하기 이전부터 존재한다. 자연법에 의하면 인간은 자신의 생명, 소유물, 자유를 보전하기 위하여 무엇이든지 할 수 있는 자연권(natural rights)을 향유하고 있다. 따라서 국가는 국민의 자연권을 침해하지 말아야 한다. 프랑스 혁명당시 절대왕정의 전횡을 규탄하는 근거는 왕의 자의적 권력 남용에 의하여 국민의 자연권을 침해하였기 때문이라는 주장이다.[3] 자연권은 현대사상의 인권 개념으로 발전하였다. 이러한 신의 명령은 인간의 이성에 의하여 발견한 법이다. 즉 인간의 이성을 발휘하여 우리는 자연법의 구체적 내용을 알 수 있다. 그러나 자연법에 근거한 인권 개념의 정당화는 그 한계를 노정하고 있다. 만약 자연권이 신의 명령인 자연법에 의하여 주어진 것이라면 우리는 자연법의 내용이 무엇이고 신이 자연권을 부여한 이유가 무엇인지를 규명하여야 할 필요를 느끼게 된다. 즉 인권의 정당화는 우리 인간의 몫으로 남게 된다.[4] 이하에서는 인권개념을

---

3 그러나 법실증주의자인 벤덤은 자연권은 국가의 실정법(positive law)에 의하여 담보되지 않는다면 국왕의 전횡을 막을 수 없고 오히려 반란의 구실을 제공하여 사회혼란을 야기한다고 비판하였다. 이에 대하여는 다음을 참조하시오. Jeremy Bentham, 'Anarchical Fallacies,' in *The Works of Jeremy Bentham*, Vol.2, ed. John Bowring(Edinburgh: William Tait, 1843).

4 인권의 정당화 과정에 대하여는 다음을 참조하시오. Peter Jones, *Rights*(N.Y.: St. Martin's Press, 1994), Jerome Shestack, 'The Philosophic Foundations of Human Rights,' *Human Rights Quarterly* Vol.20, No.2(1998), 201–234쪽; Morton Winston, 'Human Rights as Moral Rebellion and Social Construction,' *Journal of Human Rights* Vol.6, No.3(2007), 279–304쪽; Amitai Etzioni, 'The Normativity of Human Rights Is Self-Evident,' *Human Rights Quarterly* Vol.32, No.1(Feb. 2010), 187–197쪽; Rainer Forst, 'The Basic Right to Justification,' *Constellation* Vol.6, No.1(March 1999), 35–60쪽; Alan Gewirth, *Human Rights*(Chicago: Univ. of Chicago Press,1982); Alan Gewirth, 'The Epistemology of Human Rights,' *Social Philosophy & Policy* Vol.1, No.2(Spring 1984), 1–24쪽; Alan Gewirth, *Reason and Morality*(Chicago: Univ of Chicago Press, 1978); Ronald Dworkin, *Taking Rights Seriously*(Cambridge: Harvard Univ. Press, 1978); Jack Donnelly, *Universal Human Rights in Theory and Practice* 2nd ed.(Ithaca: Cornell Univ. Press, 2003); Norman Bowie & Robert Simon, *The Individual and the Political Order* 4th ed.(Lanham: Rowman & Littlefield, 2008); James Nickel, *Making Sense of Human Rights*(Berkeley: Univ. of California Press, 1987).

정당화하기 위한 다양한 현대 이론들을 소개하겠다.

에치오니(Etzioni)의 주장에 의하면 자유민주주의 사회의 시민들은 다양한 권리들을 향유하고 있고 이는 윤리적으로 자명한 것으로서 논리적이고 실증적인 정당화 과정이 필요 없다.[5] 예를 들어 우리는 타인의 자식들보다는 자신의 자식들에게 보다 많은 의무감을 지고 있다는 주장은 자명한 윤리적 주장이다. 이러한 주장을 정당화하기 위하여 노력할 이유가 없다. 우리는 이러한 주장이 초래할 결과에 대한 고려를 하거나 나의 자식과 타인의 자식들이 겪을 고통을 비교하여 이 주장을 정당화할 필요가 없다. 또는 모든 인간이 이 주장에 동의하기 때문에 그 윤리적 정당성을 갖는다고 설명할 필요가 없다. 인권의 개념도 이처럼 자명한 것으로서 더 이상 다른 명제를 이용하여 설명할 수 없는 근본적인 믿음이다. 필자가 본서 제2장의 2절에서 토대론과 정합론적 인식론을 구분하여 설명하였듯이, 토대론적 인식론에 의하면 모든 지식은 더 이상 추론이 불가능한 궁극적 믿음에 근거하고 있다. 인권은 이러한 궁극적 믿음이다. 그러나 인권이 자명한 윤리적 주장이라는 것은 모든 국가가 실제 인권을 보장하고 있고 이를 실천하고 있다는 것을 의미하지는 않는다. 다만 인권은 모든 국가가 당면하는 문제인 것이다.[6]

그러나 에치오니의 주장에도 불구하고 인권개념을 정당화하기 위한 다양한 논거가 제시되었다. 칸트(Kant)의 주장으로부터 유래하는 인간존중사상에 의하면 인간은 그 자체로서 가치가 있는 존재임(human worth)으로 인간은 자유와 복지를 누리고 살아야 한다. 따라서 인간은 자유와 복

---

5 Etzioni, 'The Normativity of Human Rights Is Self-evident,' 190쪽.

6 그러나 존스(Jones)의 비판에 의하면 자명한 것에 대하여 모든 사람이 동의하고 있지 않기 때문에 이러한 논거는 권리개념을 정당화할 수 없다고 지적하였다. 이에 대하여는 Jones, *Rights*, 97쪽을 참조하시오.

지(well-being)에 대한 권리를 갖고 있고 이로부터 우리는 다양하고 세부적인 권리 개념을 형성할 수 있다. 인간은 지능, 용기, 특기와 같은 장점(merit)면에서 많은 차이를 보이고 있지만 인간이라는 존재 가치(worth)면에서는 동일한 존재이다. 따라서 인간은 평등한 권리를 향유하여야 한다. 이러한 주장은 인권개념의 정당화 이론으로 널리 받아들여지고 있는 유력한 논거이다.

한편 거워스(Gewirth)는 인간의 존재 가치와 인권 개념은 동일한 표현일 뿐이라고 비판하고 보다 정교하게 권리 개념의 정당화를 시도하였다.[7] 거워스의 주장에 의하면 개인이 자발적으로 어떠한 행동을 할 때에는 그가 좋은 목적을 달성하기 위하여서이다. 만약 그 목적이 좋은 것이라면 그 목적을 달성하기 위하여 필요한 조건(necessary conditions)은 좋은 것이다. 이처럼 필요한 조건에는 인간행동의 자유와 인간의 복지(well-being)를 포함한다. 예를 들어 개인이 자신의 자발적인 행동을 할 수 없게 방해받는다면 그는 더 이상 행동을 하고 있는 것이 아니다. 또한 개인이 생명, 신체적 건강, 자존감, 교육 등과 같은 복지를 누리지 못한다면 그는 목적을 달성할 수 없을 것이다. 따라서 개인은 그가 향유할 수 있는 자유와 복지를 행동의 필요한 조건으로 간주한다. 이러한 자기 필요적(conative) 관점으로부터 그는 자유와 복지에 대한 권리를 향유하여야 한다는 합리적 믿음을 형성한다. 또한 타인들과 국가는 개인의 권리를 침해하지 말고 개인들이 권리를 향유할 수 있도록 도와주어야 한다. 그런데 개인행동을 위해 필요한 조건은 논리적으로 모든 개인들이 자발적으로 행동을 하기 위하여서는 필수적인 것이다. 개인들이 자발적인 존재라면 모든 개인들은 필수적인 조

7 인간의 존재가치는 인권개념의 반복에 불과하여 이러한 정당화과정은 순환모순이다. 이에 대하여는 Gewirth, *Human Rights*, 29쪽을 참조하시오.

건을 좋은 것으로 간주할 것이다. 결론적으로 모든 인간은 자유와 복지에 대한 권리를 향유하여야 한다.[8]

한편 자유지상주의자들은 권리의 개념을 자기 소유(self-ownership) 개념으로부터 정립하였다. 개인은 자신의 육체와 정신의 소유자이다. 따라서 개인은 자신의 육체와 정신을 마음대로 처분할 수 있고 자신의 육체와 정신노동의 결과물에 대한 소유권을 향유한다.[9] 이러한 자기 소유개념으로부터 개인은 다양한 권리를 향유한다. 만약 타인이 나의 신체에 위해를 가하거나 구속을 한다면 이는 나의 소유인 육체에 고통을 가하는 것이다. 따라서 개인은 자신의 육체에 가해지는 위해를 거부할 수 있는 권리(veto rights)를 소유하게 된다.[10] 즉 개인은 생명권을 향유하게 된다. 그러나 개인은 자발적 의사에 의하여 자신의 육체에 위해를 가할 수 있지만 이러한 경우는 그로부터 발생하는 이득이 상당하다는 조건에서만 가능하다. 예를 들어 절대적 빈곤의 고통에서 벗어나기 위하여 자신의 장기를 매매할 수 있고 매춘 업을 선택할 수 있다. 또한 개인은 자신의 육체적, 정신적 노동의 결과물에 대한 소유권을 향유한다. 인간은 개인의 정신적, 육체적 노동 에너지를 외부 환경에 투입하여 외부환경을 변화시킨다. 따라서 노동의 결과물에 대한 재산권을 향유하게 된다.[11] 이러한 재산권의 개념에는 물질적인 산물에 대한 재산권뿐 아니라 지적 재산권을 포함한다. 만약 국가가 복지정책을 통한 소득 재분배 효과를 위하여 국민에게 과도한 세금을 부

---

8 이에 대하여는 Gewirth, *Human Rights*, 48쪽을 참조하시오.

9 자기소유권에 대하여서는 다음을 참조하시오. Hillel Steiner, *An Essay on Rights*(Oxford: Blackwell, 1994); Judith Jarvis Thomson, *The Realm of Rights*(Cambridge: Harvard Univ. Press, 1990); Brian McElwee, 'The Appeal of Self-Ownership,' *Social Theory and Practice* Vol.36, No.2(April 2010), 213-232쪽.

10 이에 대하여는 McElwee, 'The Appeal of Self-Ownership,' 223쪽을 참조하시오.

11 이에 대하여는 Steiner, *An Essay on Rights*, 233쪽을 참조하시오.

과한다면 이는 납세자 개인 재산권에 대한 침해이다. 과도한 세금 때문에 납세자들은 더 많은 노동을 강요받게 되는 것이다. 이것은 개인의 육체를 마음대로 처분할 수 있는 자기 소유개념에 반하는 것이다. 자기 소유개념으로부터 발생하는 권리개념은 이에 상응하여 타인들에게 개인의 소유권을 존중해 주어야할 의무를 부과한다. 그러나 이러한 의무감은 소극적 개념이다. 즉 타인의 재산과 자유를 침해하지 말라는 것이지 타인의 복지를 증진시키기 위하여 도움을 주어야하는 적극적 의무 개념은 배재된다.

구성주의적 인권개념(constructivist theory of human rights)을 제시한 도널리(Jack Donnelly)에 의하면, 인권의 개념은 인간의 가능성(human possibilities)을 상정하고 이를 구현하기 위하여 인간이 선택한 행동의 결과로 구축된 것이라고 주장한다. 사회는 바람직한 인간의 가능성을 결정하는 중요한 역할을 한다. 인권을 보장하는 사회는 바람직한 인간본성(human nature)을 제시하고 이를 구현하는 사회이다. 인간의 가능성이란 우리가 그 이하로 전락하는 것을 도저히 용납할 수 없는 최소한의 도덕적 인격(moral personality)이다. 인권은 이를 구현하기 위한 필요조건을 제시한다. 따라서 인권은 유토피아적 이상이면서 동시에 이를 실현하기 위한 현실적 실천과정이다.[12] 그러나 이상적인 삶의 존재를 부정하는 자유주의자들의 정치적 중립(political neutrality)개념에 의하면 도널리의 권리개념의 정당화를 수용할 수 없다. 즉 인간의 가능성을 구현한 도덕적 인격체라는 개념은 개인에 따라 다른 형태를 보일 것이다. 만약 국가가 도덕적 인격체를 구현하기 위하여 특별한 인권을 강요한다면 이에 동의하지 않은 국민은 국가의 권위주의적이고 독단적인 이데올로기의 지배하에 놓이게 될 것

12 도널리의 구성주의적 인권 개념에 대하여는 다음을 참조하시오. Jack Donnelly, *The Concept of Human Rights*(New York: St Martin's, 1985), 27-44쪽.

은 제한을 가해야 한다. 실제 국가 공무원들이 정책을 수립할 때, 비용편익 분석 상으로 가장 효율적인 사회적 목표를 추구하여야 하지만 만약 이 정책이 인권 침해 소지가 있다면 그러한 정책은 포기하고 다른 대안적 목표를 수립하여야 한다. 즉 결과주의 원칙에 의하면 효율적인 최종상태와 인권을 동시에 추구할 수 있다. 이러한 제한을 받는 하에서의 목표 설정이 장기적으로는 더욱 효율적인 최종상태이다.[16]

이상에서 설명한 바와 같이 인권의 개념은 다양한 철학적, 종교적 논의에 근거하고 있다. 이그나티에프(Ignatieff)의 주장에 의하면 이러한 다양한 논거는 인간의 토론이나 타협에 의하여 해결될 문제가 아니다. 따라서 권리 개념을 정당화하기 위한 근거(foundation)를 탐구하는 노력을 포기하고 인권이 실제 인간을 위하여 어떠한 도움을 주는가를 논해야 한다고 주장하였다. 인간은 권리개념을 정당화하기 위한 철학적, 종교적 논거에 대하여 합의를 보지 못할 수도 있다. 그러나 인권 보장에 대한 믿음은 쉽게 견지할 수 있다. 이그나티에프는 역사적 경험에 비추어 만약 인권 개념이 없었다면 인간은 그들의 생명을 위협받았을 것이라고 주장한다.[17] 인간은 고문, 강간, 구타, 대량학살 등과 같은 만행에 대항하여 생명을 지키고자 하는 점에는 모두 동의한다. 이러한 점은 인간이 어떠한 문화권에 속하든지, 어떠한 삶의 전망을 추구하든지 논쟁의 여지가 없는 것이다. 이처럼

---

16 그러나 존스의 비판에 의하면 결과주의자들이 추구하는 전체적 최종상태가 인권을 포함할 수도 있겠지만 이는 우연한 경우이다. 최종상태와 관계없이 인권은 그 자체로서 보장받아야 한다. 이에 대하여는 Jones, *Rights*, 116쪽을 참조하시오.

17 이에 대하여는 Michael Ignatieff, *Human Rights as Politics and Idolatry*(Princeton: Princeton Univ. Press, 2001)를 참조하시오. 이그나티에프 주장에 대한 비판은 다음을 참조하시오. Joshua Cohen, 'Minimalism about Human Rights,' *Journal of Political Philosophy* Vol.12, No.2(June 2004), 190-213쪽; Brian Schaefer, 'Human Rights,' *Social Theory and Practice* Vol.31, No. 1(Jan. 2005), 27-50쪽.

인간의 육체적 안전을 지키기 위하여 인권의 개념이 필요하다는 주장은 최소주의적 정당화 과정(minimalist justification)이다. 인권의 정당화를 위하여 특정한 인간성이나 인간의 선(human good) 개념은 필요하지 않고 단지 육체적 안전이라는 최소한의 조건이면 충분하다.

이상의 논의에서 알 수 있듯이 권리개념의 정당화과정은 다양하다. 롤즈의 주장은 그 중의 하나일 뿐이다. 자유로운 시민들이 그들의 가치관을 형성, 변경, 추구하기 위하여 정의의 제1원칙이 보장하는 권리개념이 필요하다는 롤즈의 주장을 고전적 자유주의자인 밀(J.S. Mill)의 사상과 비교하는 것이 보다 적절한 설명을 제시할 것이다. 두 사상가를 비교함으로써 권리개념의 정당화 과정이 다양하다는 점을 부각하고자 한다. 고전적 자유주의자인 밀은 양심의 자유(liberty of conscience)와 사상과 토론의 자유(liberty of thought and discussion)를 보장하는 사회가 보다 역동적인 사회라고 주장하였다. 그러나 밀은 롤즈의 정당화과정과는 다른 공리주의적인 주장을 제시하였다. 우선 롤즈의 주장에 의하면 양심의 자유, 사상과 토론의 자유는 민주시민들이 향유하는 기본적 권리이다. 롤즈는 이러한 권리 개념이 필요한 이유는 시민들의 가치관 형성, 변경, 추구를 위함이라고 주장하였다. 필자가 본서 제2장 제8절의 a, '정의의 제1원칙의 선택근거'에서 설명하였듯이 양심의 자유와 사상의 자유가 보장된 사회에서 시민들은 그의 인생계획이 그에게 적합하고 바람직스러운지, 그 이유는 무엇인지에 대하여 심사숙고하여 가치관을 형성한다. 이러한 과정을 거쳐 형성된 가치관은 진실로 그 자신(our own)의 인생계획이다.[18] 이처럼 롤즈의 사상체제에서는 양심의 자유, 사상과 토론의 권리를 보장하는 이유는 시

18 이에 대하여는 Rawls, *Political Liberalism*, 313쪽을 참조하시오.

정부가 준수하여야 할 정당한 절차(due process)를 규정하고 있다. 이에는 일사부재리의 원칙, 과잉처벌 금지원칙, 공정한 재판을 받을 권리 등이 포함된다. 이러한 권리도 국가권력의 남용에 의하여 정적에 보복을 가하는 것을 방지하기 위함이다. 수정 10조에는 헌법이 중앙정부에 부여하는 국가권력 외의 권력은 주정부나 국민들에 귀속된다고 규정함으로서 연방제에서 권력 분산을 규정하여 중앙정부의 권력제한 원칙을 천명하고 있다. 이처럼 미국 헌법의 인권조항은 과도한 국가권력의 남용을 방지하기 위한 민주정치체제 구축의 노력이다. 즉 롤즈의 인권개념의 정당화 주장은 역사적 사실에 부합하지 않는다.

제2절 롤즈의 인간관에 대한 비판

또한 롤즈가 상정한 인간관인 자유로운(자율적인) 인간이라는 개념은 정치사상에서 다양한 해석이 가능하다. 필자가 본서 제2장 5절에서 설명하였듯이 롤즈의 인간관은 민주사회의 정치문화에 내재하고 있는 정치적 개념임으로 정의의 원칙을 구성하는데 기본적인 요소이다. 이하에서는 롤즈가 상정한 인간관에 대한 분석을 통하여 그 정당화과정의 문제점을 지적하겠다.

정치철학의 중요개념인 자유는 다양한 요소를 포함하고 있다. 롤즈의 자유의 개념은 이러한 요소들을 부분적으로 포함하고 있지만 모든 요소들을 총괄하지는 못하고 있다. 환언하면 롤즈의 자유 개념이 민주사회의 시민들이 공유하고 있는 정치문화를 형성하지는 못한다. 우선 자유의 개념에 대한 기존의 다양한 이론을 소개하고 이에 근거하여 롤즈의 자유 개념을 평가하겠다. 첫째, 자유를 어떠한 구속이나 방해가 없는 상태(absence of impediments)로 정의하는 것이다.[21] 이는 홉스(Hobbes)가 주장하는 개념이며 현대사상가인 벌린(Berlin)에 의하여 제기된 소극적 자유(negative liberty)이다.[22] 법에서 규정하는 금지사항이나 목숨을 위협하며 돈을 요구하는 강도의 위협에 직면한 사람은 그만큼 부자유스러운 상황에 처하게 된다. 법에서 특별한 행동을 규제하기 전에는 그는 아무런 제재 없이 그 행동을 행할 수 있었으나 특별한 행동을 금하는 법이 제정된 이후 에는 그는 더 이상 자유스러운 인간이 아니다. 법의 처벌을 감수하면서 그 행동을 감행할 수 없기 때문이다. 목숨을 위협하며 돈을 요구하는 강도의 위협에 직면한 사람은 그만큼 부자유스러운 상황이다. 목숨을 잃을 것을 각오하지 않고는 그의 돈을 지킬 수 없기 때문이다. 이러한 소극적 자유 개념의 적실성을 분석하는 과정에서 많은 논란이 제기되었는데 이는 새로운 자유 개념을 제시하는 계기가 되었다.[23] 두 번째 자유의 개념에 의하면 개인이 선택할 수 있는 여러 대안들(alternatives)이 있다면 그는 자유로운

---

21 자유에 대한 다양한 개념에 대하여는 다음을 참조하시오. Tim Gray, *Freedom*(Atlantic Highlands: Humanities Press International, 1991), 17–83쪽; Robert Kane, *Free Will*(Oxford: Oxford Univ. Press, 2005), 163–174쪽; Christine Swanton, *Freedom*(Indianapolis: Hackett, 1992), 61–75쪽. Alexandros Kioupkiolis, 'Three Paradigms of Modern Freedom,' *European Journal of Political Theory* Vol.8, No.4(October 2009), 473–491쪽.

22 소극적 자유개념에 대하여는 다음을 참조하시오. Isaiah Berlin, *Four Essays on Liberty*(Oxford: Oxford Univ. Press, 1969).

23 소극적 자유 개념에 의문을 제기한 공화주의자들은 굴종이 없는 상태(non–domination)로서의 자유개념을 제시하였다. 비록 정부나 타인의 구속이나 간섭이 없는 경우에도 굴종(domination)상태에 있는 자들은 자유롭지 못하다는 주장이다. 해직을 당하지 않기 위하여 상사의 눈치를 살피는 노동자, 대기업의 사업전략에 따라 생존을 위협받는 중소기업, 복지담당 공무원의 재량에 따라 수혜 여부가 결정되는 복지수혜자들, 젊은이들이 지배하는 문화적 구조에 익숙지 않은 구세대들은 굴종의 상태에 있기 때문에 스스로 지배적 위치에 있는 자가 원치 않는 것을 하지 않는(self–inhibition) 부자유스러운 자들이다. 그러나 공화주의자들의 자유개념은 실현능력으로서의 자유개념이나 다수 대안의 존재라는 개념을 포함하기 때문에 본서에서는 별도로 취급하지 않았다. 공화주의자들의 자유 개념은 다음을 참조하시오. Philip Pettit, *A Theory of Freedom*(Oxford: Oxford Univ. Press, 2001), 125–151쪽.

인간이며, 만약 선택할 수 있는 대안들이 많으면 많을수록 더욱 자유로운 인간이다. 예를 들어 정보를 독점하여 조작된 거짓정보를 제공하는 독재국가에 살고 있는 국민들에게는 선택의 대안이 협소해질 것이다. 반면 진리에 접근하는 것이 보장된 자유세계의 국민들은 보다 자유롭다. 세 번째 자유의 개념은 효율적인 실현 능력(effective power)이다. 자유는 단순히 형식적인 것이 아니라 개인들에게 의미 있는 실현의 문제이다. 자유는 여러 대안들이 존재하여야 한다는 사실 뿐 아니라 개인이 선택한 대안이 실제로 구현될 수 있는 상황의 문제이다. 이러한 점에서 저소득자, 불구자, 저학력자들은 그들이 선택한 대안을 실현할 수 있는 능력이 부족한 상황이다. 효율적 실현 능력은 자유가 개인에게 소중하고 의미 있는 것이 되게끔 하는데 필수적인 요소이다. 롤즈의 주장처럼 자유의 가치(value of liberty)를 실현하기 위한 정의의 제2원칙의 역할은 이러한 범주에 속하는 개념이다. 네 번째 자유의 개념은 시민(citizen)이라는 지위를 차지하는 사람들이 갖추어야하는 자질이나 덕목(virtue)을 의미한다. 노예와 달리 시민의 지위를 향유한다는 의미의 자유 개념은 고대 그리스 시대부터 유래한 전통적 개념이다. 예를 들어 자유 시민은 정치의 영역에 적극적으로 참여하여 사회의 질서를 유지하고 사회가 전체주의로 타락하는 것을 예방하는 역할을 수행하여야 한다.[24] 즉 자유 시민에게는 정치적 참여라는 덕목이 필요하다. 현대 도덕적 자유주의자(virtue liberals)들 사이에서 자유인이 견지하여야할 덕목에 대하여는 이견이 분분하다. 그러나 이에는 자애심, 공정함,

24 이는 다음을 참조하시오. Bernard Crick, 'Freedom as Politics,' in Peter Laslett and W.G. Runciman eds., *Philosophy, Politics and Society* 3rd series(Oxford: Blackwell, 1967), 194–214쪽; Peter Berkowitz, *Virtue and the Making of Modern Liberalism*(Princeton: Princeton Univ. Press, 1999); Peter Berkowitz ed. *Never a Matter of Indifference*(Stanford: Hoover Institution Press, 2003).

근로의욕, 관용, 준법정신, 독립심, 사익보다는 공익을 추구하는 성정, 자기결정을 타인에게 설득할 수 있는 합리성, 선동정치에 빠지지 않는 능력 등이 포함된다.[25] 도덕적 자유주의자들은 이러한 시민의 덕목을 고양하기 위한 교육의 중요성을 강조하고 있다. 다섯 번째 개념은 자기 결정(self-determination)으로서의 자유 개념이다. 인간은 자유 의지(free will)의 소유자임으로 그의 성품, 결정, 행동은 그 자신에 의하여 기인하는 것이고 이러한 점에서 인간은 자유로운 존재이다. 따라서 그는 그의 결정과 행동에 대하여 책임을 져야 한다. 한편 결정론자(determinism)들은 이러한 자유의 개념을 배격한다. 결정론자의 주장에 의하면 인간의 결정과 행동은 그의 과거 경력과 사회 환경과 같이 그가 바꿀 수 없는 요소들에 의해 필연적으로 결정된다. 예를 들어 부패가 만연한 빈곤 국가에서 성장하고 활동하는 가난한 공무원이 본인 가족의 안락함을 위하여 부패한 동료 공무원들이 그러하듯이 부정의 유혹을 뿌리치지 못하고 뇌물을 받았다면 이는 그의 책임이 아니다. 이러한 결정론자의 비판에 대하여 자유 의지의 신봉자들은 환경의 영향력을 인정하지만 자유 의지의 노력(effort of will)에 의하여 유혹을 물리치고 다른 선택을 할 수 있다고 주장한다.[26] 결정론자들과 자유 의지의 주창자들 사이의 논쟁은 오래된 것이고 지금도 진행되고 있다. 여섯 번째 자유 개념에 의하면 본인이 원하는 바를 하는 것(do-

---

25 이는 다음을 참조하시오. Thomas Spragens, Jr. *Civic Liberalism*(Lanham: Rowman & Littlefield, 1999); Richard Dagger, *Civic Virtues*(Oxford: Oxford Univ. Press, 1997); Ludvig Beckman, *The Liberal State and the Politics of Virtue*(Stockholm: City Univ. Press, 2000); William Galston, *Liberal Purpose.*(Cambridge: Cambridge Univ. Press, 1991); John Milbank and Adrian Pabst, *The Politics of Virtue*(New York: Lowman & Littlefield, 2016).

26 자유의지의 노력에 대하여는 다음을 참조하시오. C.A. Campbell, 'The Psychology of Effort of Will,' in Bernard Berofsky ed. *Free Will and Determinism*(New York: Harper & Row, 1966), 345-364쪽.

ing what one wants)을 자유로 규정하고 있다. 이는 지극히 당연한 개념으로 간주되고 이전의 5가지 개념 모두의 전제가 되는 점에서 별로 특이한 개념 정의가 아닌 것으로 보일 수 있다. 그러나 이전의 개념들과 달리 개인의 욕구(wants)를 강조하는 점에서 유의미한 정의이다. 예를 들어 구속이나 방해가 없는 상태라든지 더 많은 대안들을 자유의 개념으로 규정할 경우를 상정해 보자. 이러한 정의는 인간이 욕망하는 것과는 직접적인 관련이 없는 개념규정이다. 만약 내 앞에 벽이 가로막혀서 다른 쪽으로 진행할 수 없다면 나는 부자유스러운 상황이다. 그러나 내가 그 벽에다 그림을 그리기를 원한다면 나는 부자유스러운 상황이 아니다. 이는 나의 욕구의 내용에 달려있다. 만약 중년의 대기업 회장이 물질적 풍요를 누린다면 그는 많은 선택의 대안이 있을 것임으로 보다 자유스러울 것이다. 그러나 그가 젊은 층에 인기가 있는 대중음악 가수가 되고자 한다면 중년의 나이 때문에 이는 거의 불가능할 것이다－욕망의 충족이라는 관점에서는 부자유스러운 상황이다. 이처럼 욕구의 충족으로서의 자유 개념은 욕망 자체를 강조하는 점에서 유의미환 개념이다. 마지막으로 일곱 번째 자유 개념에 의하면 인간은 자신의 원하는 것을 할 수 있을 때 자유롭지만 자신이 행하고자 하는 욕망이 이성적인 자기 반성적 판단(reflective self-evaluation)에 의하여 정당하거나 가치 있는 것이어야 한다. 또한 비이성적인 욕망을 극복할 수 있는 반성적인 자제력(reflective self-control)이 있어야 한다. 예를 들어 마약 중독자들은 마약 복용이 그의 건강을 해치는 비이성적인 욕구라는 사실을 스스로 판단할 수 있어야 하고 마약의 욕구를 극복할 수 있는 자제력을 발휘할 때에만 자유로운 인간이 될 수 있다.

이상에서 설명한 바와 같이 자유는 다양한 개념을 포함하고 있다. 그레이(Gray)의 주장에 의하면 특정한 자유의 개념은 특별한 이유와 관련하여서 적합한 것이 되며 어떠한 자유의 개념을 선택할 것인가는 연구자의 사회학적, 심리학적 견해를 표명하는 것이다.[27] 롤즈의 자유개념은 개인의 가치관을 형성, 변경, 추구하는 것이다. 롤즈의 자유개념은 위에서 설명한 다양한 자유개념의 일부분을 포함하고 있다. 롤즈의 정의의 2원칙의 내용과 그 선택근거, 민주주의의 공적 정치문화, 가치관에 대한 정의 개념의 우선성을 설명하는 과정을 전반적으로 분석할 때, 롤즈의 자유개념에는 둘째, 셋째, 다섯째, 여섯째, 일곱 번째의 자유 개념을 포함하고 있다. 가치관을 형성하고 추구하기 위하여서는 시민들은 자기 결정능력을 발휘하여 본인이 원하는 바를 추구하고 또한 효율적으로 이를 실현할 수 있어야 한다. 가치관을 변경하기 위하여서는 시민들이 선택할 수 있는 다양한 인생계획의 대안들이 존재하여야 한다. 개인의 가치관은 정의의 원칙을 위배하여서는 안 된다. 이는 시민들의 가치관은 자기반성적 판단에 의하여 정당한 것이어야 한다는 신념의 표현이다. 이상의 설명과 같이 롤즈의 자유관은 다양한 자유개념의 일부를 포함하고 있지만 첫째와 넷째 개념을 포함하지는 안는다. 구속이나 방해가 없는 상태라는 소극적 자유는 정치사상사의 고전적 개념이다. 시민의 지위를 차지하기 위한 다양한 덕성들은 도덕적 자유주의(virtue liberalism)의 중요 개념이다. 만약 자유개념에 이상과 같은 요소가 포함된다면 롤즈의 사상체계는 전혀 다른 논의가 전개될 것이다. 반성적 평형상태의 한 축인 자유개념의 내용에 따라 상이한 정의관이 전개될 것이다. 롤즈는 본인이 제시한 자유개념이 민주사회의 공적 정치문화라고 주장하였다. 즉 롤즈의 자유개념은 모든 민주시민들이 묵시적으로 공유하고 있는 자산(shared fund)이다. 공적 정치문화는 민주주의 헌법이 규정하는 기본권에 대한 대법원의 해석, 민주주의 사상가들의 저서에 나타난 사상, 미국의 독립선언문의 정신 등이다. 이러한 전통 속에

---

27 이에 대하여는 Tim Gray, *Freedom*, 18–19쪽을 참조하시오.

민주시민들이 공유하는 개념으로서 자유개념을 제시한 것이다. 그러나 롤즈의 자유개념이 모든 민주시민들이 공유하는 전통이라는 보장이 없다. 다만 그 일부분만을 제시할 뿐이다. 만약 롤즈의 주장처럼 그의 자유관이 민주시민들이 공유한 전통이라면 이에 대한 역사적 분석이 선행되어야 한다. 그러나 롤즈는 그의 저서에서 이러한 노력을 시도하지 않았다. 따라서 롤즈의 자유개념은 인식론적 정당화 과정에서 그 한계를 노정하고 있다.

만약 첫 번째와 네 번째의 자유 개념이 민주사회의 공적 정치문화를 구성한다면 어떠한 정의관이 채택될 것인지 상정해 보면 롤즈 정의관의 한계가 밝혀질 것이다. 첫 번째 자유개념인 구속이나 방해가 없는 소극적 자유의 개념이 공적정치문화의 요소로 간주되고 이에 근거하여 롤즈의 구성주의 이론을 전개하였다면 정의의 제2원칙에 근거한 정부의 정책들은 과도한 시민 자유의 제한을 초래할 것임으로 거부되었을 것이다. 롤즈가 추구하였던 큰 정부보다는 노직(Nozick)이 추구하였던 시장(market economy) 기능에 입각한 작은 정부(minimal state)가 보다 정의로운 정부형태일 것이다. 롤즈의 기회균등의 원칙에 의하면 공립학교에서 무상교육을 실시하거나 빈촌에 위치한 학교에 보조금을 지급하는 등의 정책을 시행하여야 한다. 국가의 교육정책을 통하여 능력과 재능을 개발할 공평한 기회균등을 사회최하위 계층의 자녀에게 보장하여 그들의 사회적 이동성을 높여야 한다. 이러한 국가정책을 통하여 사회최하위 계층의 자유의 가치를 고양할 수 있다. 그리고 이러한 정책의 실현을 위한 재원마련을 위하여 교육세와 같은 증세와 교육에 대한 국가 개입이 필요할 것이다. 롤즈의 차등의 원칙을 구현하여 복지정책을 실현하기 위하여서도 이를 충당하기 위한 증세가 필요할 것이다. 정치적 자유를 위하여 선거공영제와 기부금의 제한을 시행한다면 이를 위하여 국가의 개입과 증세가 요구될 것이다. 그러나 이러한 증세는 납세자의 가처분 소득을 줄이고 이는 결국 그들의 자유의 축소를 야기할 것이다. 만약 납세자가 현재의 가처분 소득 수준을 유지하기 위하여서는 더욱 많은 근로를 하여 소득을 증가시켜야 할 것이다. 복지재원을 마련하기 위하여 증세를 한다면 납세자는 강제적으로 세금을 내거나, 면세점 수준의 최소 소득만큼 근로하여 세금을 피하는가의 선택 상황으로 내몰리게 된다. 물론 세금을 회피하기 위하여 최소소득만큼만 일하는 것보다 세금을 납부하는 것을 택할 것이다. 그러나 세금을 납부한 후에도 과거의 가처분 소득수준을 유지하기 위하여서는 여가(leisure)를 포기하는 대신 더욱 많은 노동을 하여 소득증대를 이루어야 한다. 세금은 납세자에게 복지수혜자의 편익을 위하여 일정 시간만큼 더 노동하게 만드는 것이다.[28] 이는 강요된 노동(forced labor)이고 개인의 자유에 대한 침해이다. 여가와 노동 사이의 선택은 개인의 선택사항인데 세금은 이러한 소극적 자유에 대한 침해이다. 일부 시민의 자유의 가치를 증진시키기 위하여 납세자의 소극적 자유를 침해한다면 이는 모든 시민들을 목적으로 대하라는 명제에 위배된다.[29]

또한 국가의 개입정책은 개인의 자유결정의 범위를 축소할 것이다. 롤즈의 기회균등의 원칙을 구현하기 위하여 국가의 지배하에 공교육 체제가 구축되었다고 가정하자. 관료화된 공교육 체제는 교과내용을 획일화하여 모든 학생들이 똑 같은 목적을 추구하게 만든다.[30] 관료화된 교육담당자들은 부모와 그 자녀들의 다양한 목적과 요구에 응하지 못하고 그들의

28 강요된 노동에 대하여는 다음을 참조하시오. Robert Nozick, *Anarchy, State, and Utopia*(New York: Basic Books, 1974), 169–170쪽.

29 이에 대하여는 다음을 참조하시오. Tara Smith, *Moral Rights and Political Freedom*(Lanham: Rowman & Littlefield, 1995), 168–171쪽.

30 이에 대하여서는 다음을 참조하시오. Friedrich A. Hayek, *The Constitution of Liberty*(Chicago: The Univ. of Chicago Press, 1960), 379–380쪽.

이익 실현을 위하여 학부모들의 교육 참여를 배제한다. 따라서 관료화된 국가주도의 교육체제는 교육의 수요자인 학부모와 학생들의 다양한 요구에 응할 수가 없고 우수한 학생들을 양성할 수 없고 무능한 교사만 양성한다. 국가주도의 공교육에 대응하여 정부의 규제에서 벗어나 특수한 교육목적을 수행하는 자율형 공립학교(charter school), 특수목적고, 대안학교의 설립이 추진되는 현실은 공교육의 획일화에 대한 반증이다.[31] 이처럼 롤즈의 기회균등 원칙의 실현은 학부모와 그 자녀들의 소극적 자유개념에 위배된다. 퓌시긴(Fishkin)의 주장에 의하면 기회균등의 원칙을 철저히 실현하자면 부유한 부모가 그의 자식들에게 좋은 교육여건을 마련해주려는 노력을 저지하여야 하고 이는 가정 내의 자유(autonomy of the family)를 침해하는 것이다. 즉 이는 최하위 계층의 기회균등을 위하여 부유층의 소극적 자유에 대한 침해이다. 반면 가정의 자율성을 보장해주면 기회균등을 철저히 실현할 수 없는 모순(dilemma)에 빠지게 된다. 따라서 기회균등

31 자율형 공립학교는 국가의 지원에 의하여 설립되지만 학교 운영은 개인에 의해 수행되는 체제이다. 미국의 자율형 고등학교는 증가추세에 있다. 일부 주에서는 자율형 공립학교가 비영리단체에 의해서 운영될 것을 규정하고 있지만, 자율형 학교는 영리추구 교육운영체와 계약을 맺어 운영될 수도 있다. 학교 운영은 학부모와 지역대표로 구성되는 사적이사회(private boards)의 지휘를 받는다. 정부의 규제에서 면제되어 이사회가 결정한 특수한 교육목적을 수행하는 무상 교육기관이다. 입학은 학부모의 선택 사항이며 지원자가 초과 시에는 추첨에 의한다. 이에 대하여는 다음을 참조하시오. Joel Spring, *American Education*, 15th ed.(New York: McGraw Hill, 2012), 195-206쪽; 이주호(외), 「평준화를 넘어 다양화로」(서울: 학지사, 2006). 한국의 경우 김영삼 대통령은 1995년 5.31 교육개혁안을 발표하여 교육공급자 중심에서 학습자 중심의 교육으로, 획일적 교육에서 다양하고 특성화된 교육으로, 규제와 통제 중심 교육운영에서 자율과 책무성 중심으로의 교육정책을 추구하였다. 실제 2010년부터 자율형 사립교가 설립되어 운영되고 있다. 보수주의자나 신자유주의자들은 시장의 경쟁논리를 교육시장에 적용하여 다양한 형태의 학교를 설립하여 이들 사이의 경쟁을 유도하고 학부모들이 학교를 선택하게 함으로 교육의 질적 저하를 방지할 수 있다고 주장한다. 학부모들에게 학교선택권을 보장하여야 한다는 주장에 대하여서는 다음을 참조하시오. Milton Friedman, *Free to Choose*.(San Diego: Harcourt Brace, 1990); 김진영, 박정혜, '공교육에 관한 이론적 고찰,' 「한국사회와 행정연 구」 제18권 제3호(11 2008), 123-148쪽; Alan R. Sadovnik et. al. *Exploring Education* 4th ed.(London: Routledge, 2013), 21-35쪽.

을 완벽하게 보장하기 위하여서는 국가가 가정 내부문제에 강압적이며 전면적으로 개입하는 정책을 수행하여야 하는데 사회주의 국가에서 수행하는 집단교육(colletivized child-rearing)이 이에 속할 것이다.[32] 이러한 정책은 가정 내의 자유에 대한 극단적인 침해이다. 물론 롤즈는 이러한 모순을 차등의 원칙으로 해결하려 하였다. 필자가 본서 제2장 7절 b에서 설명하였듯이 롤즈는 가족제도가 존재하는 한, 완벽한 교육의 기회균등을 성취할 수 없다는 점을 인식하고 있다. 따라서 롤즈는 차등의 원칙으로 시장의 실패를 보완한 민주적 평등체제를 제시하였다. 롤즈가 정의의 제2원칙으로서 실질적 기회균등의 원칙 뿐 아니라 차등의 원칙을 제시한 것은 가정 내의 교육적 영향력을 완전히 제거할 수 없고 집단교육과 같은 정책은 가정 내의 자율성을 침해함으로 자유주의 사회에서 용납될 수 없다는 점을 시사한다. 한편 롤즈는 공립학교에 대한 국가적 지원을 통한 기회균등 정책을 제시하였다. 그러나 사회의 기본구조가 롤즈의 정의의 제2원칙인 기회균등을 구현하기 위하여 조직된다면 국가는 시민들의 소극적 자유를 침해할 가능성이 열려있다. 실제 한국의 경우 정의사회의 기치를 들고 출범한 전두환 정권에서 사교육을 금지하였다. 공교육의 붕괴 상황에서 사교육을 이용할 수 있는 계층이 대학입시에서 누리는 이점을 제거하고 기회균등의 실현을 위하여 사교육을 금지한 것이다. 이는 가정 내에서 자녀들에게 좋은 교육여건을 제공하려는 자유를 침해한 것이다. 이러한 상황에서 은밀하게 사교육을 수행하는 가정이 등장하였다. 만약 기회균등의 원

32 물론 퓌시긴은 집단교육을 찬성한 것은 아니고 기회균등, 가정 내의 자율성, 능력주의라는 3개의 조건을 동시에 충족시킬 수 없는 3각 모순(trilemma)을 지적한 것이다. 이에 대하여는 다음을 참조하시오. Fishkin, *Justice, Equal Opportunity, and the Family*, 64-67쪽. 롤즈와 노직의 교육정책의 차이에 대하여는 다음을 참조하시오. James Coleman, *Individual Interests and Collective Action*(Cambridge: Cambridge Univ. Press, 1986).

칙을 철저히 시행한다면 이러한 가정은 국가의 개입에 의하여 제재를 받을 것이다. 이처럼 기회균등의 원칙의 추구는 시민들의 소극적 자유를 침해할 가능성을 증가시킨다. 따라서 롤즈의 정의의 원칙은 채택되지 않을 것이다. 실제 미국의 자유주의자들과 보수주의자들(또는 자유지상주의) 사이의 논쟁은 자유개념의 상이한 해석에 근거하고 있다.[33]

네 번째 자유 개념인 시민의 덕목은 민주국가 공적 정치문화의 중요한 전통이었다. 정치적 참여, 자애심, 공정함, 근로의욕, 관용, 준법정신, 독립심, 사익보다는 공익을 추구하는 성정, 자기결정을 타인에게 설득할 수 있는 합리성, 선동정치에 빠지지 않는 능력 등은 민주사회의 안정과 원활한 작동을 위하여 자유 시민과 지도자가 견지하여야 할 덕목이다. 만약 이러한 자유개념을 근간으로 롤즈의 구성주의 이론을 전개하였다면 상당히 다른 정의론이 전개되었을 것이다. 물론 롤즈도 이러한 덕목의 형성을 추구하였다. 필자가 본서 제2장의 6절에서 게임이론을 사용하여 롤즈의 원초적 입장을 재해석할 때 설명하였듯이 자애심, 공정함, 관용, 준법정신, 사익보다는 공익을 추구하는 성정 등은 무지의 장막을 드리워서 계약당사자들의 선택 동기를 모든 당사자의 이해관계를 동등하게 고려하는 합리적 당사자로 유도하는 과정에 포함되어 있다. 또한 준법정신, 선동정치에 빠지지 않는 능력, 자기결정을 타인에게 설득할 수 있는 합리성 등은 롤즈 사상체계에서 정의감의 형성과정, 공적이성 등에 구현되어 있다. 즉 롤즈의 공정으로서의 정의관은 정의로운 사회 속에서 민주시민의 덕성을 결과적

33 미국의 자유주의와 보수주의(자유지상주의) 사이의 논쟁에 대하여서는 다음을 참조하시오. Morgan Marietta, *A Citizens's Guide to American Ideology*(New York: Routledge, 2012); 칸트의 자유이론에 대한 자유주의자와 자유지상주의자들의 상이한 해석과 그에 따른 복지정책의 차이에 대하여는 다음을 참조하시오. James Sterba, *Introducing Ethics*(Boston: Pearson, 2013), 69-76쪽.

으로 초래한다. 그러나 단순히 무지의 장막을 상정함으로써 정의감이 충분히 형성되리라는 주장은 빈약한 논리이다. 무지의 장막이 드리워진 원초적 입장에서 계약당사자들의 선택 동기가 시민들의 가치관 추구에 적합한 정치, 사회적 환경을 조성하는 것이라면 민주시민으로서 필요한 덕목의 추구는 부차적인 결과일 뿐이다. 무지의 장막에 의해 구현된 정의 사회의 시민들이 차등의 원칙이 요구하는 동포애(fraternity)라는 덕목을 충분히 형성하리라는 보장은 없다.[34] 감성적이고 선의(good will)에 근거한 상호이해는 동포애의 근간인데 이를 위하여서 정치사회는 높은 선(higher goods)과 덕목을 찾아내는 노력을 경주하여야 한다. 롤즈는 시민들의 가치관 추구라는 이성적 목적을 합리적인 공정(fairness)개념과 결합하여 공익을 추구하는 정의감을 형성하려고 시도하였지만 결과적으로 형성될 동포애는 매우 비인격적이고 불완전한 개념이다. 만약 민주시민의 덕목을 함양하는 것을 직접적인 선택의 동기로 간주하였다면 롤즈의 이론구조는 전혀 다른 형태를 보일 것이다.

필자가 본서 제2장 11절 '안정된 사회'에서 설명하였듯이 롤즈의 정의사회인 조직화된 사회가 구축되면 그 사회의 성원들은 도덕 발전의 세 단계를 거쳐 정의감을 형성하여 정치적 책무를 다하게 된다. 그러나 롤즈가 상정하였던 이러한 과정은 너무 이상적 이론(ideal theory)이다.[35] 실제 시민들의 사회는 정의의 원칙이 구현되지도 않았고 따라서 그 사회의 가족제도, 정치제도, 시민사회는 정의감 형성을 책임지는 권위적 기관이 아니다. 코스타(Costa)의 주장에 의하면 롤즈의 정의감 형성과정은 너무 낙관적이

34 동포애는 롤즈가 사용한 개념인데 이는 자애심이라는 덕목에 해당된다.

35 물론 롤즈는 자신의 정의론은 이상적 이론(ideal theory)이며 이에 초점을 맞추는 이유는 현실의 정의롭지 못한 사회를 극복하고 지향하여야 할 이상향(utopia)을 제시하기 위함이라 주장한다. 이에 대하여는 다음을 참조하시오. Rawls, *Theory of Justice*, 8–9쪽과 244–246쪽.

저 이득 이상에 대하여는 관심이 없다. 셋째, 선택되지 않은 대안들은 용납할 수 없는 결과를 포함하고 있다는 점이다. 이러한 세 가지 특징에 대하여 많은 비판이 제기되고 있다. 경제학자인 로머(Roemer)는 이러한 특징은 비현실적이라고 주장하였다.[41] 로머의 주장에 의하면 롤즈는 무지의 장막을 짙게 드리워서 계약당사자들이 차이가 없는 하나의 시각을 견지하여 공정한 결정을 내리도록 유도하였지만 이는 사회계약론의 과정과 목적에 부합하지 않는다. 사회계약이 의도하는 바는 상이한 주장들 사이의 협상(bargaining)과 자기주장을 통하여 합의를 도출하는 것인데 롤즈의 무지의 장막은 모든 정보를 차단하여 이러한 계약과정을 불가능하게 만든다. 롤즈의 무지의 장막의 첫 번째 특징에 의하면 계약 당사자들은 그들이 대표하는 시민들이 부유한 가정에서 태어났는지 열악한 가정환경에 처해 있는지를 모르는 상황이다. 로머는 이러한 조건은 부적절한 것이라고 비판하였다. 계약당사자들은 실제 사회에서 이러한 환경에 대하여 인지하고 있어야 한다. 이러한 상황은 개인에 대한 정보가 아니라 사회전체의 특성에 관한 것이기 때문이다.

롤즈의 원초적 입장의 두 번째와 세 번째 특징은 계약당사자들이 극단적으로 위험회피(risk aversion) 성향의 소유자라는 점의 반영이다. 설명의 편의를 위하여 본서의 그림 17을 다시 인용하겠다. 본서에서 이미 설명하

	S_1	S_2	S_3
상위계층	3	11	8
중위계층	3	8	7
하위계층	3	4	6

〈그림 17〉 **맥시민 원칙**

41 이에 대하여는 다음을 참조하시오. John Roemer, 'Socialism Revised,' *Philosophy & Public Affairs* Vol.45, No.3(Summer 2017), 283-291쪽.

였듯이 계약 당사자들이 맥시민 원칙에 따라 선택함으로써 보장받을 수 있는 최저 이득은 **그림** 17의 S_3 사회가 제공하는 최저 분배 몫인 6이다. 롤즈의 두 번째 특징에 의하면 계약당사자들의 가치관에 의하면 6이상의 분배 몫에 대하여는 관심이 없다는 것이다. 로머는 이러한 극단적인 위험 회피 성향에 의문을 제기하고 있다. 예를 들어 두 가지 다른 인생계획이 존재한다고 가정하자. 하나의 인생계획은 노벨 물리학상을 받을 정도의 우수한 과학자가 되는 것이다. 이를 성취하기 위하여 영재교육이 필요하고 우수한 대학에서 박사학위를 취득하기까지 많은 교육적 자원의 투자가 필요하다. 만약 그가 훌륭한 과학자가 된 후에는 많은 보수를 받을 것이다. 또 하나의 다른 인생계획은 고등학교를 졸업하여 평범한 직장인이 되어 행복한 가정생활을 영위하는 것이다. 이러한 상황에서 우수한 과학자는 S_3 사회의 상위계층 분배 몫인 8보다는 S_2 사회의 상위계층 분배 몫인 11을 원할 것이다. 그는 노력의 대가로 11정도의 분배 몫을 요구한다고 가정하자. 우수한 과학자는 S_3 사회에는 그의 인생계획을 추구할 수 없을 것이다. 무지의 장막이 짙게 드리워진 원초적 입장에서 계약 당사자들은 그들이 대표하는 시민들의 가치관을 모르지만 11의 분배 몫을 받는 우수한 과학자의 인생계획을 원한다면 이는 비합리적 주장이 아니다. 계약 당사자들은 그들이 대표하는 시민들이 보다 많은 분배의 몫을 요구하는 인생계획을 추구할 가능성을 고려할 것이다. 이처럼 로머는 원초적 입장에서 계약 당사자들이 6이상의 분배 몫에 무관심하다는 롤즈의 극단적 위험회피 주장에 의문을 제기하고 있다.[42] 원초적 입장의 세 번째 특징에 의하면 S_1과 S_2의 최저 분배 몫인 3과 4는 계약 당사자들이 도저히 수용할

---

42 이에 대하여는 Roemer, 'Socialism Revised,' 286쪽을 참조하시오. 필자는 로머의 주장을 본서의 구성에 맞게 약간 의역하였다.

에 이를 열거하고 있다. 롤즈는 기본적 권리에는 사상과 양심의 자유, 정치적 자유와 결사의 자유, 개인의 자유와 보전에 관련된 자유(거주이전의 자유나 직업선택의 자유 등), 법의 지배가 규정하는 자유와 권리가 포함된다고 설명하였다. 이러한 기본적 인권이 보장된 정의사회의 시민들은 독재국가의 시민들보다 더욱 안전한 삶을 누릴 수 있고 인권이 보장된 사회는 보다 효율적이다. 히틀러, 스탈린, 모택동, 김정은이 통치한 독재국가에서는 언론의 자유가 보장되어 있지 않기 때문에 건전한 비판을 제기한 자는 독재자에 의해 처형되었다. 히틀러는 유태인 학살이라는 반인권적 만행을 자행하였다. 스탈린의 강제적인 농업집단화 정책과 모택동의 대약진 기간 동안 수만 명이 굶어 죽은 것으로 추정된다. 북한은 90년대 중반 이후 극심한 경제난 때문에 수만 명이 아사하였고 탈북자가 속출하였다. 사회주의자들이 주장하는 기본적 인권인 생존권마저도 누리지 못하는 상황이다. 언론의 자유가 보장되지 않은 독재국가의 이러한 비참한 실상이 그 국가의 언론기관에 의해 보도된 적은 없다. 독재국가의 언론기관은 정부에 대한 건전한 비판기능을 수행하지 못하고 정부정책의 홍보수단일 뿐이다. 표현의 자유가 보장되지 않은 독재국가의 언론기관은 국민을 세뇌시키기 위한 권력의 도구일 뿐이다. 설령 독재자가 국민의 복리를 증진시키고자 하여도 언론의 자유와 토론의 자유가 보장되지 않은 독재국가에서는 독재자에게 필요한 정보가 전달되지 않는다. 하위공직자들은 상급자가 듣고 싶어 하는 거짓 정보만을 전달할 뿐이다. 고장 난 기관차가 가득 찬 독재국가에서 기관차는 훌륭히 운행되고 있다는 정보만이 독재자에게 전달된다. 이처럼 모든 시민들에게 기본권이 보장되지 않은 독재국가는 독재자가 국민의 복리를 증진시키고자 하여도 객관적 정보가 형성되지 않는 비효율적인 사회이다. 학문의 자유가 보장되지 않은 스탈린 치하 소련에서 유전학자 리센코(Lysenko)는 과학적 근거가 없음에도 불구하고 멘델의 이론보다 라마르크의 이론을 주창하였다. 라마르크 이론은 획득형질이 유전될 수 있다고 주장하고 반대로 멘델이론은 획득형질의 유전가능성을 부인하였다. 리센코는 어떤 종에 속하는 식물이 다른 종에 속하는 식물의 씨앗을 생산할 수 있다는 논문을 발표하였다. 스탈린은 라마르크 이론은 점진적 생물학적 변화보다는 혁명적 생물학전 변화를 보여주는 것이고 이는 사회주의 혁명이론과 부합한다는 이념적 이유 때문에 리센코를 지지하였다. 리센코는 과학아카데미 유전학연구소 소장으로 임명되어 멘델의 유전학 이론을 옹호하는 과학자를 숙청하고 라마르크 이론을 소련 농업에 접목하였다. 리센코는 시베리아에서 겨울 밀을 자라게 하는 새로운 방법이 있다고 주장하며 이를 시행하였다. 결과는 참담한 실패였다. 이러한 실패는 상급기관에 보고되지도 않았고 스탈린의 사후에도 리센코는 20년 이상 소련 생물학과 농업분야에서 군림할 수 있었다.[1] 학문의 자유와 토론의 자유가 국민들에게 보장되지 않은 독재국가는 독재자의 의도와 상관없이 비효율적임을 보여주는 예이다.

탈북자들의 증언과 국제인권기구의 보고에 의하면 북한의 인권 상황은 열악한 형편이다. 북한은 한국전쟁 이후 주민성분조사를 시행하여 출신성분 구분 작업을 전개하였다. 이러한 성분을 근거로 주민들을 차별하여 평등권을 심각하게 침해하고 있다. 또한 형법과 형법부칙이라는 독특한 형태의 법을 통하여 사형 해당 범죄를 확대하여 적법한 법적절차(due process) 없이 주민들을 공개처형함으로써 공포감을 조성하여 체제유지를 도모하고 있다. 이는 생명권과 법적 보호를 받을 권리에 대한 심각한 위반이다. 2013년 12월 13일 북한의 조선중앙통신에 의하면 장성택 조선노동당 행

---

1 이에 대하여는 다음을 참조하시오. William Talbott, *Which Rights Should Be Universal?*(Oxford: Oxford Univ. Press), 120-121쪽.

of ideas)에서 특별한 견해를 배척하여 토론이 일방으로 치우쳐 진행될 위험성이 존재한다. 따라서 세인트 폴 시 조례는 수정헌법 제1조에 반하는 위헌이다.

필자의 견해에 의하면 연방대법원의 판결과 대법관들의 수정헌법 제1조에 대한 이해는 롤즈(Rawls) 식의 자유주의적인 해석이다. 개인이 특정한 주장, 견해를 견지하는 것은-비록 다수가 그 견해에 동의하지 않더라도-그의 가치관(conception of the good)을 반영한 것이다. 가치관을 형성, 변경, 추구하는 것은 롤즈가 상정하는 자유로운 인간이다. 백인 우월주의적 가치관을 형성하여 이를 추구하는 것은 자율적 인간의 발로이다. 물론 그는 가치관을 변경하여 인종사이의 평등주의적 견해를 견지할 수도 있다. 이는 자유로운 인간의 특징이다. 자유주의 국가는 개인이 자신의 가치관이 반영된 주장을 제약 없이 표명할 수 있도록 표현의 자유를 권리로서 보장해주어야 한다는 것이다.[10] 또한 표현의 자유가 보장됨으로써 다양한 주장들이 표출되고 상호평가를 받아 진리에 도달할 수 있다. 따라서 국가가 개인이 표출하는 주장의 내용을 평가하고 이에 근거하여 특정한 주장을 규제한다면 이는 차별적 정책이고 표현의 자유에 위배된다. 이는 미국 대법원 판결의 기본원칙인 내용 중립성(content neutral)이다.[11] 특정 가치

10 비슷한 맥락에서 베이커(Baker)는 인종혐오 발언은 개인의 세계관과 가치를 반영한 것이고 이를 제한하는 것은 그의 자율성(autonomy)을 침해하는 것이라고 주장하였다. 이에 대하여서는 다음을 참조하시오. C. Edwin Baker, 'Autonomy and Hate Speech,' in Ivan Hare & James Weinstein eds. *Extreme Speech and Democracy*(Oxford: Oxford Univ. Press, 2009), 142-143쪽.

11 이에 대하여는 다음을 참조하시오. Lee Epstein and Thomas Walker, *Constitutional Law for a Changing America*.(Washington D.C.: CQ Press, 1996), 460쪽; James Weinstein, 'Hate Speech, Viewpoint Neutrality, and the American Concept of Democracy,' in Thomas Hensley ed., *The Boundaries of Freedom of Expression & Order in American Democracy*(Kent: Kent State Univ. Press, 2001), 151-152쪽; Peter de Marneffe, 'The Possibility and Desirability of Neutrality,' in Roberto Merrill & Daniel Weinstock eds. *Political Neutrality*(New York:

관에 입각한 주장이나 견해가 옳은 것인지 여부에 대하여서는 국가는 중립적이어야 한다. 국가는 법률을 이용하여 특정사안에 대한 한쪽의 주장(인종 편견적 견해)을 억압하고 다른 쪽의 주장(인종 평등적 견해)을 권장하여서는 안 된다. 미국헌법에 의하여 정부는 시민들이 평화, 형제애, 정의를 위하여 발언하고 행진하는 것을 허용하듯이 정부는 시민들이 혐오감, 인종차별, 심지어 대량학살을 주장하는 것도 허용하여야 한다.[12] 이는 롤즈가 주장한 자유주의의 특징인 정치적 중립(political neutrality)의 사법적 해석이다. 또한 연방대법원 판결은 자유주의의 특징인 관용(toleration)의 정신을 반영한 것이다. 비록 다수의 미국인은 인종 평등적 견해를 견지하고 있지만 소수의 시민이 인종 편견적 견해를 표명하였다고 이를 범죄시하는 것은 불관용 정신의 발로이다. 즉 내용중립성 원칙은 관용의 정신의 구현이다.

그러나 공동체주의자들은 대법원의 해석은 개인의 자율성(autonomy)만을 보장하고 공동체의 통합을 저해하는 판결이라고 비판한다. 공동체주의자인 게일(Mary Ellen Gale)의 주장에 의하면 도발적 표현(혐오발언)은 특히 그 사회의 소수자나 약자에게 가해지는 차별적 언사인데 이를 허용하면 소수자나 약자는 공동체의 진정한 구성원에서 배제되는 해악을 초래한다. 세인트 폴 시 조례사건의 경우, 십자가 소각은 흑인들을 백인들의 공동체에서 배격한다는 메시지를 표현한다. 흑인들은 백인 공동체의 이웃이 아니고 흑인빈민가에 속한다는 의사표시이다. '세인트 폴 시에서 발생한 십자가 소각이나 그 외 유사한 위협행위는 미국 전역에서 흑인과 백인 사

Palgrave MacMillan, 2014), 50-51쪽.

12 이에 대하여는 다음을 참조하시오. Alexander Brown, *Hate Speech Law*(New York: Routledge, 2015), 269-271쪽.

이의 거주지역의 분리(residential segregation)를 초래하였고 소수자들을 그들의 인종적 울타리로 내몰렸는데 그 결과 그들은 국가와 시정책, 교육제도에서 현격히 정치적 열세에 놓이게 되었다.'[13] 즉 거주지역의 인종적 분리는 흑인학생과 백인학생 사이의 공립학교 취학의 분리로 이어지는데 흑인지역 공립학교의 불평등을 야기하였다. 이러한 분리는 소수인종에 속하는 흑인 학생이 미국 사회의 영원한 주변인으로부터 탈출할 수 있는 기회를 박탈하였다. 표현의 자유라는 미명하에 거주 지역 분리는 정의롭지 못한 불평등을 영구화하였다. 또한 연방대법관들은 수정헌법 1조를 부정확하게 해석하였다. 세인트 폴 시 조례의 경우, 십자가 소각이라는 도발적 표현은 정부 관료나 유명 정치인의 정책이나 정치적 주장에 대한 불만을 노출한 것이 아니다. 십자가 소각은 미국 사회의 소수자인 흑인에 대한 경멸을 표출한 것이다. 이러한 차별적 표현은 흑인과 백인 사이의 건전한 쌍방향 토론을 유도하지도 못하고 정부정책에 대한 건전한 비판을 위한 것이 아니었다. 미국 수정헌법 1조 표현의 자유가 목적한 것은 건전한 토론과정으로 진리에 도달하고 다양한 비판을 수용하여 정부 권력의 전횡을 방지하기 위함이다. 흑인을 경멸하는 불관용적 표현은 이러한 목적에 전혀 부합하지 않는다. 반대로 공동체의 통합을 저해할 뿐이다. 이처럼 표현의 자유가 보장하는 권리개념의 지나친 확대해석은 전체 공동체의 통합을 해치는 무책임한 주장을 양산할 가능성이 있다. 실제 유럽의 다수 국가들은 혐오발언을 처벌하고 있다.[14]

---

13 Mary Ellen Gale, 'Free Speech, Equal Rights, and Water Buffaloes,' in Etzioni ed. *Rights and the Common Good*, 98쪽.

14 일본에서는 재일 한국인들에게 대한 혐한시위가 문제시되고 있다. 2016년 일본에서는 혐오발언을 억제하기 위한 법률이 제정되었다. 일본 외의 지역에서 출생한자에 대한 차별적 언동을 용납하지 않는다는 내용이다. 독일에서는 형법에서 혐오발언을 처벌하고 있다. 유럽국가와 일본의 혐오발언 규제에 대하여는 다음을 참조하시오. 조규범, '혐오표현(Hate Speech)

공동체 주의자인 마이클 샌델(Michael Sandel)은 자유주의의 정치적 중립 개념을 비판하면서 권리개념을 보장하는 근거는 그 권리개념이 추구하는 목적의 윤리적 가치라고 주장하였다. 내용 중립성에 근거하여 표현의 자유를 보장한다면 십자가 소각을 통하여 백인우월적인 주장을 펼치는 것도 허용되어야 하고 흑인 인권운동가인 마틴 루터 킹(Marin Luther King) 목사처럼 가두행진을 통하여 흑인인권신장의 의사를 표현할 수 있다.[15] 그러나 두 행위사이의 차이점은 전자는 인종갈등을 증폭시키고 후자는 인종화합을 추구한다는 점이다. 전자는 공동체의 통합을 저해하고 후자는 공동체의 가치를 중시한다. 따라서 전자는 표현의 자유로서 보장할 수 없는 반면 후자는 보호받아야 한다. 이처럼 표현의 자유를 권리로서 보장하는 논리적 근거는 그 권리가 추구하는 목적의 윤리적 가치에 달려있는 것이다. 흑인 인권운동가인 킹 목사의 가두행진을 표현의 자유로써 보장하는 근거는 그가 주장하는 내용이 윤리적으로 올바르기 때문이다.[16] 킹 목사의 주장인 인종간의 화합과 평등은 소중한 인간의 선(human good)이다. 따라서 킹 목사의 가두행진은 권리로서 보장되어야 한다. 반면 혐오발언이 주장하는 백인 우월주의는 인간이 추구하여야 할 소중한 가치관(conception of the good)이 아니다. 따라서 십자가 소각행위는 표현의 자유라는 권리로서 보장할 수 없는 것이다. 이처럼 정의 또는 권리는 가치관

규제의 국제적 동향과 입법과제.'「국회입법조사처 현안보고서」Vol.306.(2017).

15 킹 목사(1929–1968)는 흑인 인권운동의 선구자이며 노벨 평화상 수상자이다. 비폭력, 불복종 운동을 전개하여 흑인 인권신장에 앞장섰다. 1965년 워싱턴 시가행진을 이끌며 '나에게 꿈이 있다'라는 명연설을 통하여 인종 평등을 역설하였다.

16 마이클 샌델의 주장에 대하여는 다음을 참조하시오. Michael Sandel, *Public Philosophy* (Cambridge: Harvard Univ. Press, 2005), 252–260쪽. 실제 샌델은 십자가 소각행위의 사례를 인용하지 않고 미국의 유태인 밀집 거주 지역에서 나치(Nazi) 휘장을 들고 행진하는 시위를 분석하였다. 필자는 본 저서의 전체내용을 고려하여 십자가 소각행위로 그의 주장을 각색하였다.

과 분리되어 별개로 전개될 수 없는 개념이다.

또한 공동체주의자인 글랜던(Mary Ann Glendon)은 연방대법원의 낙태 관련 판결에서 사생활권(privacy right)의 도입은 낙태문제를 여성의 자기 결정권과 태아의 생명권 논쟁으로 유도하였는데 이는 부적절한 논의라고 비난하였다.[17] 이하에서는 낙태문제에 대한 공동체주의자들의 비판을 소개하겠다. 1970년 20세의 식당 종업원 멕코비(McCorvey)는 텍사스(Texas) 주 달러스에 거주하는 저소득자의 미혼여성인데 임신을 하게 되었다. 달리 도움을 청할 수 없던 그녀는 낙태를 결심하였다. 그러나 텍사스 주법은 오직 산모의 목숨이 위태로울 경우 이외에 낙태를 금지하고 있다. 이에 그녀는 연방대법원에 위헌 소송을 제기하였다. 1973년 연방대법원 판시에서 헌법이 보장하는 사생활권은 광범위하여 여성이 그녀의 임신을 지속할지 여부도 이에 포함된다고 언급하였다.[18] 또한 임신 후 3개월(first trimester)까지는 태아가 보이지 않음으로 그때까지는 낙태를 통하여 태아의 이익을 보호할 수 없다고 판단하였다. 그러나 텍사스 주법은 임신 기간과 무관하게 모든 낙태를 금지하고 있음으로 이는 수정헌법 14조가 규정하는 적법절차에 반하여 위헌이라고 판시하였다.[19] 하지만 대법원은 여성의 권리는 절대적인 것이 아니고 임신 후 3개월이 지나 태아가 보이기 시작한다면 주 정부는 태아의 생명을 보호하기 위하여 낙태를 금지할 수 있다고 결정하였다. 임신 후 3개월이 지나면 태아가 산모의 자궁 밖에서 의미 있는 삶을 영위할 수 있기 때문이다.[20] 연방대법원이 인용한 사생활권 규정으로 여성

17 이에 대하여는 Glendon, *Rights Talk*, 48-66쪽을 참조하시오.

18 *Roe v. Wade*, 410 U.S. 113(1973), 153쪽.

19 미국 수정헌법 14조에 의하면 어떤 주도 적법절차(due process of law)없이 개인의 생명, 자유, 재산을 침해할 수 없다고 규정하고 있다.

20 *Roe v. Wade*, 163-164쪽.

은 임신을 지속할 것인지 여부를 스스로 결정할 수 있다. 이러한 해석은 매우 자유주의적이다. 예를 들어 여성은 본인의 가치관(conception of the good)에 따라 원치 않는 출산을 중지하고 그녀의 인생계획에 따라 직장생활에 매진할 수 있다. 또는 그녀의 가치관이 자식양육을 긍정적으로 평가한다면 임신을 지속하여 출산 후 가족생활을 영위하는 인생계획을 선택할 수도 있다. 이처럼 가치관의 형성, 변경, 추구할 수 있는 능력의 발현을 위해 국가는 그녀의 사생활에 관여하여서는 안된다. 이러한 연방대법원 논지는 자유주의 사상의 특징을 반영한 것이다. 대법원 판결 이후, 낙태문제는 찬반양론을 격화시켰고 낙태반대론자들은 낙태시술을 한 병원을 폭파하기에 이르렀다. 낙태반대론자들은 임신 후 3개월 이후 태아에게 인격(personhood)을 부여한 것은 자의적이라고 비판하였다. 착상이 된 순간부터 인격을 인정하여야 한다는 주장이 제기되듯이 이는 과학적 근거보다는 철학적 또는 정치적 선택의 문제라는 주장이다.[21] 이후 1980년대 사회적 논쟁에서 낙태문제를 여성의 자기결정권(right to self-determination)과 태아의 생명권(fetus' right to life) 사이의 충돌로 인식되었다. 그러나 공동체주의자인 글랜던은 이런 식으로 두 종류의 권리 사이의 충돌논의는 낙태문제를 해결할 수 없는 논의구조로 몰고 가고 있다고 비판하였다. 낙태를 여성의 신체를 본인 마음대로 결정할 수 있는 자기결정권으로 규정함으로 낙태는 여성 혼자만의 문제가 되었고 가족에 대한 책임감은 더 이상 고려의 대상이 아니다. 이제 낙태를 결정하여야 하는 임산부는 국가와 가족 공동체로부터 도움을 받을 수 없는 외로운 권리 소유자일 뿐이다. 한편 글랜던은 외국의 사례를 들어 낙태문제를 새롭게 접근하고 있다. 서독

21 이에 대하여는 다음을 참조하시오. Daniel P.L. Chong, *Debating Human Rights*(Boulder: Lynne Rienner, 2014), 151–152쪽.

은 1976년 제정된 주법으로 낙태를 원하는 여성에게 의무적으로 상담을 요구하고 있다. 이 상담을 통하여 여성은 임신의 지속을 용이하게 하는 다양한 사회혜택과 서비스에 대한 정보를 얻게 된다. 이러한 서비스에는 임신과 출산과정에서 받을 수 있는 의료혜택과 편모에게 주어지는 다양한 혜택이 포함된다. 이러한 상담 후에도 여성이 낙태를 원한다면 의사는 임신이 그녀의 건강에 위협적인지를 밝히는 소견서를 작성하여야 한다. 그러나 의사의 소견서가 그녀의 낙태 결정을 거부하는 것은 아니다. 이러한 절차는 보다 신중하고 책임감 있는 결정을 위한 조치이다. 이처럼 공동체주의자들은 권리개념의 남용 가능성에 경고를 가하고 있고 공동체에 대한 책임을 강조하고 있다.

이상에서 소개한 공동체주의자들의 주장에 대하여 홈즈(Stephen Holmes)와 선스타인(Cass Sunstein)은 권리개념을 옹호하였다. 홈즈와 선스타인의 반론에 의하면 공동체주의자들의 주장은 너무 과장된 일반화인 것이다.[22] 물론 권리개념이 잘못 해석된다면 시민들의 무책임한 행동을 유발할 수 있다. 그러나 권리와 책임감은 불가분의 관계이다. 미국 법은 공동체와 타인에 대한 책임감을 강조하는 방향으로 발전해 왔다. 예를 들어 공해를 유발하는 공장주에게 법적 규제를 가하여 기업가는 환경보호에 보다 책임감을 갖게 되었다. 담배회사의 광고를 금지하여 무책임하던 젊은 흡연자의 금연률이 증가하였다. 직업 안정법 제정에 의하여 고용주는 노동자를 마음대로 해고할 수 없고 쾌적한 작업환경을 마련하여야할 의무가 주어졌다. 이러한 책임감은 권리개념의 전제조건이기에 가능하였다. 즉 기업가의 환경보호 의무는 시민들이 쾌적한 환경을 누릴 수 있는 권리개념

22 이에 대하여는 다음을 참조하시오. Stephen Holmes and Cass Sunstein, *The Cost of Rights* (New York: W.W. Norton, 1999), 135-173쪽.

의 반영이었다. 담배광고를 금지할 의무를 지울 수 있었던 것은 비흡연자의 건강권을 보호하기 위함이었다. 고용주의 책임감은 피용자의 노동권을 충족시키기 위함이었다. 이처럼 다양한 권리개념의 발전은 보다 책임감 있는 시민과 정부를 형성하였다.

홈즈와 선스타인의 반박은 공동체주의자들의 주장에 대한 포괄적 대응이다. 그들은 위에서 예시한 세인트 폴 시 조례나 텍사스 주 낙태금지법에 대한 연방대법원의 판결을 직접 분석하지는 않았다. 또한 공동체주의자들의 비판을 롤즈의 사상체제에 직접 대입하여 분석하지도 않았다. 따라서 본서에서는 공동체주의자들의 비판을 롤즈의 자유주의 이론에 직접 대입하여 분석, 평가하겠다. 물론 롤즈도 세인트 폴 시 조례나 텍사스 주 낙태금지법에 대한 연방대법원 판결을 직접 분석하지는 않았다. 단지 정의의 제1원칙인 자유의 원칙을 설명하는 과정에서 표현의 자유를 제시하였다. 또한 본서의 제2장 제16절에서 소개하였듯이 롤즈는 공적이성을 주장하면서 낙태문제를 간략히 언급하였다. 본서의 제2장 제7절 a. 정의의 제1원칙에서 가치관에 대한 정의개념의 우선성을 설명할 때, 롤즈의 비합리적인 가치관에 대한 대응을 엿볼 수 있었다. 이러한 롤즈의 다양한 주장을 종합적으로 고려하여 공동체주의자들의 비판이 롤즈의 사상체제에 적용될 수 있는가를 추론할 것이다.

롤즈는 정의의 제1원칙인 자유의 원칙이 제헌국회단계에서 헌법에 구체화되고 헌법소원 등의 과정에서 기본권이 연방대법원에서 해석되는 과정을 분석하여 표현의 자유의 내용과 한계를 설명하였다. 특히 롤즈는 정치적 표현의 자유의 내용을 다음과 같이 설명하였다. 표현의 자유에 포함되는 확립된 요지는 공직자에 대한 명예훼손죄의 금지, 사전검열제도의 금지, 혁명적 주장을 표명할 수 있는 권리의 보장이다. 공직자의 정책이나 정치적 주장에 대하여 반박을 하였다고 이를 명예훼손죄로 치벌한다면 유권자들에게 정치적 정보를 전달하는 표현의 자유의 기능이 위축된다. 따라서 공직자에 대한 명예훼손죄는 용납될 수 없다. 사전검열제도는 특정 주장이 발표될 수 있는 기회를 사전에 차단하여 표현의 자유를 심각히 침해하는 행위이다. 사회주의 이론처럼 혁명을 선동하는 주장이라도 그들은 혁명의 이유를 제기하여 현실사회에 대한 불만을 노정하게 된다. 정의 사회는 이들이 표출한 불만을 고려하여 사회개선을 시도할 것이다. 이러한 혁명적 주장의 표현을 억압하는 것은 사회의 기본구조와 여러 정책을 평가하고자 하는 인간의 건전한 이성과 토론을 억압하는 것으로서 사상의 자유를 침해하는 것이다.[23] 다만 표현의 자유를 제한하는 경우는 심각히 민주주의 제도를 보호하기 곤란하거나 민주주의 제도 내에서 문제점을 개선하기 어려울 정도의 명백하고 현존하는 위험(clear and present danger)이 존재할 경우뿐이다. 롤즈는 미국의 민주정치 역사 속에서 표명된 선동적 주장이 미국의 민주정치를 심각하게 위협하는 명백하고 현존하는 위험이 된 경우는 없다고 평가하고 표현의 자유를 폭넓게 해석하고 있다.

롤즈는 이러한 정치적 표현의 자유가 실질적으로 가치(value of liberty)를 견지하여 유용하게 작동하기 위하여서는 다음의 3가지 조건이 충족되어야 한다고 주장하였다. 첫째, 표명되는 내용(content of speech)에 대한 규제가 없어야 한다. 즉 특정한 정치적 주의·주장이 다른 견해보다 유리한 위치를 차지하지 못하도록 제도적 장치를 마련하여야 한다.[24] 만약 사회주의 이론은 혁명을 선동하는 내용이기 때문에 그들의 표현의 자유를 제한한다면 다양한 사상과 주장이 상호 경쟁하는 토론의 장에서 그들을 몰아내는 것이다. '혁명적이거나 선동적 주장이 보호되는 한-보호되어야

23 이에 대하여는 Rawls, *Political Liberalism*, 340-348쪽을 참조하시오.

24 이에 대하여는 Rawls, *Political Liberalism*, 357쪽을 참조하시오.

만 하지만–정치적 표현의 내용에 대한 규제는 있을 수 없고 다만 표현의 방법, 시간과 장소에 대한 규제만이 있을 뿐이다'[25] 둘째, 제도적 규제는 모든 계층이나 정치적 집단에게 부당한 부담을 지우지 않도록 공평하여야 한다. 예를 들어 정치자금 면에서 열악한 집단에게 공공장소를 정치적 목적으로 사용하는 것을 금지하는 것은 정치자금에서 우세한 집단에게 유리한 편파적 규제이기 때문에 불합리한 제도이다. 셋째, 정치적 표현의 자유를 규제하는 제도적 장치는 가급적 최소한에 그쳐야 한다.

이상에서 설명한 롤즈의 주장은 정치적 표현의 자유에 관한 사항이다. 즉 표현의 대상이 국가 정책이나 특정 공직자와 관련된 것이다. 예를 들어 전쟁을 수행하기 위한 특별한 징병제도에 대한 정치적 견해 표명이나 특정 공직자의 행위에 대한 정치적 평가나 비판이다. 이러한 정치적 표현 과정에서 국기나 징집영장을 소각하는 과격행위나 특정 정치인에 대한 다소 부정확한 사실을 표명하는 것도 표현의 자유의 보호를 받는다. 국가 정책이나 공직자에 대한 정치적 비판을 허용하는 것은 미국 헌법의 창시자들이 염두에 둔 표현의 자유이다. 그러나 1970년 중반 이후 미국 사회에서는 새로운 표현의 형태가 논란거리로 등장하였다. 즉 타인의 성별, 인종, 종교관을 도발적 표현으로 비난하는 혐오발언(hate speech)이 빈번하게 등장하였다. 본서에서 소개한 R.A.V. 對 세인트 폴 시(City of St. Paul) 사건의 경우에 문제가 된 십자가 소각행위가 그 대표적 예이다. 이러한 혐오발언은 국가 정책이나 특정 공직자에 대한 정치적 비판이 아니라 특정 인종에 대한 반감의 표현이다. 이러한 상황에서 혐오발언도 표현의 자유에 포함되는지 여부가 사법적 논란이 되었다.[26] 공동체주의자들의 자유주의에 대한 비

25 Rawls, *Political Liberalism*, 336쪽.

26 이에 대하여는 다음을 참조하시오. Epstein & Walker, *Constitutional Law for a Changing*

판도 이 사안에 집중되고 있다. 세인트 폴 시 조례를 위헌 판결한 연방대법원 판결은 권리 개념의 지나친 확장이라는 공동체주의자들의 주장은 자유주의 이론의 핵심인 권리 개념과 중립국가에 대한 비판이다. 이에 대하여 자유주의자인 롤즈는 직접적인 대응을 하지 않았다. 롤즈는 정치적 표현의 자유를 분석하였지만 혐오발언 문제를 직접 취급하지는 않았다. 특히 롤즈가 주장한 내용(content of speech)에 대한 규제 금지라는 조건이 혐오발언에도 적용되는지 여부는 불분명하다. 그러나 롤즈의 여러 주장을 분석하여 이에 대하여 유추할 수는 있다.

필자가 본서의 제2장 제7절 a '정의의 제1원칙'을 설명하는 과정에서 언급하였듯이 롤즈는 비합리적인 가치관을 견지한 자들이 헌법질서를 심각히 위협하지 않는 한 이들을 규제하여서는 안 된다고 주장하였다. 예를 들어 기독교적 가치관에 의거하여 신의 뜻에 따라 국가정책을 수행하여야 한다는 주장은 일반시민들이 수용하지 못할 것이다. 그러나 우리는 그들을 탄압할 권리는 없다.[27] 그들의 주장이 헌법질서를 심각히 위협하지 않는다면 우리는 그들의 주장을 탄압하여서는 안 되며 관용의 정신을 베풀어야 한다. 롤즈의 예상에 의하면 비합리적인 가치관에 의거한 주장은 정의의 원칙들이 준수되는 조직화된 사회(well−ordered society)에서는 결국 소멸되거나 소수만이 수용할 것이다.[28] 조직화된 사회는 자유롭고 평등한 시민들 사이의 협력 사회를 추구하는데, 평등한 권리와 관용의 정신을 용납하지 않는 비합리적인 가치관은 시민들에게 수용되지 못할 것이다. 민주사회의 역사적 경험에 의하면 많은 가치관이 장기간에 걸쳐 시민들에게

America, 476쪽.

27 이에 대하여는 Rawls, *Theory of Justice*, 218쪽을 참조하시오.

28 이에 대하여는 Rawls, *Political Liberalism*, 196−199쪽을 참조하시오.

수용되는지 여부의 시험과정을 거쳤음을 보여준다.[29]

이상에서 설명한 롤즈의 주장을 종합적으로 고려하여 R.A.V. 對 세인트 폴 시(City of St. Paul) 사례의 경우에 예상되는 롤즈의 주장을 추론할 수 있다. 롤즈의 예상 답변에 의하면 십자가 소각행위는 인종차별적인 비합리적 가치관에 근거한 혐오발언이지만 헌법체제를 파괴할 만한 명백하고 현존하는 위험은 아니다. 또한 인종차별적 가치관은 정의의 두 원칙이 준수되는 조직화된 사회에서는 장기적으로 퇴출되어 이를 수용하는 시민은 소수일 것이다. 표현의 자유를 규제하는 경우에도 이는 최소한에 그쳐야 하는데, 세인트 폴 시 조례는 내용에 따른 규제로서 이는 과도한 입법이며 따라서 과잉범죄를 유발할 가능성이 있다. 결론적으로 롤즈는 세인트 폴 시 조례는 위헌이라고 주장할 것이다.

이상에서 분석한 필자의 예상이 적절하다면 공동체주의자들의 비판은 롤즈에게도 적용될 수 있다. 롤즈의 주장처럼 타인을 관용의 정신으로 수용하지 못하는 비합리적인 주장도 그들의 가치관의 반영이다. 백인우월주의 주장도 그들의 가치관의 반영인데 민주사회 시민들이 이러한 비합리적인 주장까지 관용을 베풀어 수용할 것인지는 관용의 딜레마(dilemma of

---

29 그러나 코헨 알마고(Cohen-Almagor)는 이에 대하여 비판을 가하고 있다. 첫째, 비합리적 가치관이 그 사회에서 우세하여 민주사회에 심각한 위협인가를 논하는 롤즈의 주장은 그들의 의도를 고려하지 않은 주장이다. 사회에 대한 위협의 심각성은 우연적인 요소이다. 비록 비합리적 주장이 민주사회를 심각히 위협하지 않을지라도 그러한 주장을 견지한 자의 확신과 의도가 강력하여 그들은 평등과 자유의 개념을 수용하지 않을 수도 있다. 따라서 그들은 비합리적 주장을 전파하려고 시도할 것이고 세력을 획득하기 위하여 투쟁할 것이다. 둘째, 롤즈는 민주사회의 시민이 비합리적 가치관에 대하여 관용을 베풀어야 하는 이유에 대한 철학적 논의를 회피하고 위협의 심각성이라는 실용적 논의만 전개하였다. 민주시민이 비합리적 주장에 대하여 폭력으로 이를 제지하지 않고 관용의 정신으로 수용하는 근거에 대한 논의는 윤리적 문제이다. 롤즈는 이러한 철학적 논의를 회피하고 사회에 대한 위협의 심각성이라는 우연적 요소만을 언급하였다. 이에 대하여는 다음을 참조하시오. Raphael Cohen-Almagor, *The Boundaries of Liberty and Tolerance*(Gainesville: University Press of Florida, 1994), 77-78쪽.

toleration)이다. 롤즈와 같은 자유주의자들의 주장에 의하면 국가는 비합리적인 주장에 대하여서도 중립을 유지하여 그들의 자율성(autonomy)을 담보해 주어야 한다. 그러나 중립국가에서 국가가 담보하는 가치관의 영역은 합리적이거나 최소한도로 용인된 주장이나 행동이다. 백인우월주의 사상은 최소한도로 용인된 영역 밖의 가치관이다. 십자가 소각행위는 용인될 수 없는 행동이다. 따라서 중립국가와 그 시민들이 이러한 비합리적 주장까지 관용적으로 포용할 이유가 없다.[30] 민주사회에서 관용의 정신을 강조하는 이유는 소수의 가치관을 물리적 강압으로 탄압한다면 이는 사회 분열과 혼란을 야기할 수 있기 때문이다. 또한 소수의 가치관에 의거한 주장을 수용함으로서 사회가 보다 건설적으로 진화할 수 있기 때문이다. 비록 현재는 소수의 주장이지만 이는 장차 사회를 건설적으로 변화시킬 수 있기 때문에 관용의 정신이 유용한 것이다. 그러나 백인우월주의 주장을 관용한다고 이러한 긍정적 효과가 초래할 것인지는 의문이다. 백인우월주의 혐오발언을 사법적으로 처벌한다면 이와 유사한 비합리적 주장들을 사법처리하여야 함으로 이는 사회적 비용을 초래할 수도 있다. 따라서 편의적이고 타협적 차원에서 혐오발언에 대하여 관용을 베풀 수 있다. 그러나 혐오발언을 허용함으로서 사회내의 반목과 편견을 고착시키거나 심화시킬 수 있다. 혐오발언을 하는 자들의 자율성만을 보호하여 이러한 십자가 소각행위가 언론에 보도되었다고 가정하자. 그럴 경우, 일부 시민들은 흑인들은 멸시받을 만한 자들이라는 믿음을 갖게 될 것이다. 따라서 이러한 혐오발언은 지속될 것이다. 인간은 합리적 판단에 의해 결정을 내리기

---

30 이에 대하여는 다음을 참조하시오. Robert Paul Churchill, 'Neutrality and the Virtue of Toleration,' in Dario Castiglione & Catriona Mckinnon eds. *Toleration, Neutrality and Democracy*(Boston: Kluwer Academic, 2003); Saladin Meckled-Garcia, 'Toleration and Neutrality,' in Dario Castiglione eds. *Toleration, Neutrality and Democracy.*

보다는 많이 노출된 주장을 감성적으로 흡수하는 경향이 있다. 인간이 완벽히 합리적이라면 토론을 통하여 다양한 주장들 사이의 장단점을 평가하고 최선의 선택을 하겠지만 이는 고도의 훈련을 받은 학자들에게나 가능한 것이다. 일반 시민들은 무비판적인 집단 동화 성향이 있다. 즉 특정 집단에 소속감을 느끼기 위하여 합리적 사고보다는 감정적 동화에 의거하여 판단을 하게 된다. 가우스(Gaus)의 주장에 의하면 인간은 쉽게 접할 수 있고 부정확하지만 독특한 정보에 의존하게 되는데 따라서 보다 정확한 정보를 받아들이지 않는다. 열등한 흑인이라는 스테레오타입(stereotype)식의 잘못된 이미지가 지속되어 실제상황에서 일반시민들은 정확한 정보에 근거한 합리적 결정을 하지 못한다.[31] 독일 나치 정권시절의 유태인 학살이나 르완다의 인종 학살 사례는 실증적으로 이를 증명하고 있다. 흑인에 대한 혐오발언이 법적 처벌을 받지 않고 지속적으로 언론에 보도되면 많은 백인들은 감정적으로 이에 동화되고 열등한 흑인이라는 스테레오타입식의 잘못된 정보는 더욱 강화될 것이다. 인종차별 성향은 더욱 심화되며 관용의 정신은 실종될 것이다. 따라서 전체 사회는 분열과 편견에 찬 비합리적 사회로 퇴보할 것이다. 비록 혐오발언이 단기적으로 민주사회를 위협할만한 명백하고 긴박한 위협은 아니더라도 장기적으로 비합리적 사회로 유도할 가능성이 있다. 인종차별적 가치관은 정의의 두 원칙이 준수되는 조직화된 사회에서는 장기적으로 퇴출되어 이를 수용하는 시민은 소수일 것이라는 롤즈의 예상은 이상적인 조직화된 사회에서는 가능하겠지만 아직 이상사회를 구현하지 못한 현실세계에서는 공동체의 분열을 초래할 것이다.

---

31 이에 대하여는 다음을 참조하시오. Gerald F. Gaus, 'Reason, Justification, and Consensus,' in James Bohman and William Rehg eds. *Deliberative Democracy*(Cambridge: MIT Press, 1997), 210-211쪽.

이러한 면에서 공동체주의자들의 비판은 적절한 주장이다.

또한 백인우월주의적 주장을 견지하고 있는 자들은 롤즈의 정의의 원칙들과 민주주의적 정치문화를 수용하지 않을 것이다. 예를 들어 롤즈의 정의의 제2원칙에 근거한 복지정책의 수혜가 흑인들에게 돌아가는 것은 자원의 낭비라고 비난할 것이다. 그들은 자유와 평등이라는 민주주의 정치문화를 수용하지 않을 것이다. 즉 중첩적 합의를 이루지 못할 것이며 따라서 사회 안정을 담보할 수 없다. 혐오발언도 표현의 자유의 보호를 받는다는 주장은 권리개념의 남용이라는 공동체주의자들의 주장은 사회 안정을 위하여 적절한 비판이다.

낙태문제에 있어서 공동체주의자인 글랜던은 자유주의적 해석을 비판하였다. 미국연방 대법원의 판결과 이 후의 논의에서 전개된 바와 같이 여성의 사생활권 또는 자기 결정권과 태아의 생명권 사이의 대립으로 이 문제를 해결할 수 없다는 주장이다.[32] 경제적 곤경 때문에 낙태를 감행하는 여성들에게 전체 공동체가 양육에 관한 정보를 제공하여 책임감 있는 결정을 유도하여야 한다는 대안을 제시하였다. 낙태문제를 사생활의 권리개념으로 정당화하는 것은 권리개념의 지나친 확대해석이라는 주장이다. 공동체주의자인 글랜던의 주장에 대하여 자유주의자인 롤즈는 직접적인 대응을 하지는 않았다. 그러나 롤즈는 그의 공적이성 개념을 전개하면서 낙태문제를 분석하였다. 이하에서는 롤즈의 공적이성 개념에 나타난 낙태문제를 중심으로 공동체주의자인 글랜던의 비판의 적실성을 평가하겠다.

---

32 낙태문제를 여성의 자기결정권의 개념으로 정당화한 주장에 대하여는 다음을 참조하시오. Richard Flathman, *Toward a Liberalism*(Ithaca: Cornell Univ. Press, 1989), 168–205쪽. 낙태 문제를 사생활권으로 규정한 연방대법원 판결에 대한 비판으로는 다음을 참조하시오. Andrei Marmor, 'What Is the Right to Privacy?' *Philosophy & Public Affairs* Vol.43, No.1(Winter 2015), 3–26쪽.

필자가 본서 제2장 16절에서 설명하였듯이 롤즈는 낙태문제를 해결하기 위하여 다음의 3가지 정치적 가치를 상정하였다. 즉, 인간 생명에 대한 존중(due respect for human life), 세대를 걸친 인간 사회의 재생산(ordered reproduction of political society over time), 동등한 시민으로서 여성의 평등(equality of women as equal citizens)이다. 롤즈의 주장에 의하면 이 3 종류의 정치적 가치들 중에서 임신 3개월 까지는 여성의 평등권이 여타 정치적 가치보다도 중요함으로 낙태를 찬성하였다. 임신 3개월까지의 초반기에는 태아의 모습을 확인할 수 없기 때문에 태아의 생명권을 인정할 수 없다. 또한 사회의 재생산을 위하여 여성의 자기결정권을 희생시킬 수는 없다. 따라서 3종류의 정치적 가치 중에서 임신 3개월까지는 여성의 평등권이 우선시됨으로 낙태는 인정되어야 한다. 이처럼 롤즈는 공적이성을 발휘하여 다양한 정치적 가치 사이의 합리적 우선순위를 확정하여 난해한 낙태 문제 해결을 시도하였다. 정치적 가치는 민주시민 모두가 수용할 수 있는 상식적 믿음이나 과학적 지식이다. 그런데 낙태문제의 경우 롤즈가 원용한 정치적 가치 중에서 임신 3개월 이후 태아의 생명권과 평등한 여성의 자기결정권은 전형적인 권리 개념이다. 즉 임신 후 3개월 이후에는 태아의 모습이 보임으로 생명권을 인정할 수 있지만 그전에는 생명권을 인정할 수 없고 따라서 임신 후 3개월 이전까지는 여성의 자기 결정권만이 우선 하다는 주장이다. 그러나 임신 후 3개월이 지난 태아의 생명권만을 보장하는 것이 민주 시민 모두가 수용하고 과학적 지식에 근거한 정치적 가치인지에 대하여는 비판이 제기되고 있다. 즉 수태와 동시에−비록 자궁내의 태아가 현대 과학기술 수준으로는 보이지 않을지라도−태아에게 생명권이 부여된다는 주장도 많은 시민들이 지지를 보내는 믿음이다.[33] 언제 태아에게

33 이에 대하여는 다음을 참조하시오. Philip Quinn, 'Political Liberalism and Their Exclusions

생명권이 주어지는가 하는 문제는 과학적 지식으로 해결할 수 있는 성격이 아니다. 이는 윤리적이고 형이상학적인 논의이고 따라서 모든 시민들이 동의할 수 있는 정치적 가치가 아니다. 롤즈는 이러한 고려 없이 그저 임신 후 3개월 지난 태아의 생명권을 주창하였고 그 논리적 근거를 제시하지 않았다. 공동체주의자인 글랜던의 주장처럼 두 종류의 권리 사이의 충돌 논의로는 낙태문제를 해결할 수 없다.

위에서 설명하였듯이 글랜던은 낙태문제에 대하여 공동체의 개입을 대안으로 제시하였다. 즉 낙태를 원하는 여성에게 의무적으로 상담을 제공하여 임신의 지속을 용이하게 하는 다양한 사회혜택과 서비스에 대한 정보를 공급한다. 이러한 서비스에는 임신과 출산과정에서 받을 수 있는 의료혜택과 편모에게 주어지는 다양한 혜택이 포함되는데 이러한 절차는 보다 신중하고 책임감 있는 결정을 위한 조치이다.

글랜던의 주장을 필자가 재구성한다면 생활고 때문에 무책임하게 낙태를 강행하는 것을 방지하기 위하여 공동체가 다양한 사회혜택을 제공하자는 것이다. 예를 들어 자녀 양육을 강력히 원하는 여성이 그녀의 가치관을 충족시키기 위하여서는 출산을 결정하여야 한다. 그녀는 자녀 양육과 직장생활을 병행할 수 있다는 가치관(conception of the good)의 소유자이다. 그러나 그녀는 임신기간 동안에 직장을 잃을 수도 있고 향후 그녀의 경제력으로는 자녀 양육에 어려움이 있다는 현실에 직면하였다고 가정하자. 이러한 상황에서 글랜던의 제안은 민주시민들이 수용할 수 있는 공

---

of the Religious,' *Proceedings of The American Philosophical Association* Vol.69, No.2(Nov. 1995), 43-44쪽; John Finnis, 'Public Reason, Abortion, and the Cloning,' *Valparaiso University Law Review*, Vol.32, No.2(Spring 1988), 375쪽; Robert George, 'Public Reason and Political Conflict,' *Yale Law Journal* Vol.106, No.8(June 1997), 2495쪽; David Shaw, 'Justice and the Fetus,' *Cambridge Quarterly of Healthcare Ethics* Vol.20, No.1(Jan. 2011).

적이성에 해당되는가? 공적이성은 롤즈의 정의의 두 원칙에 나타난 이상이다. 즉 다양한 자유, 권리와 기회이며 이는 공익이라는 명분하에 희생될 수 없는 우선성을 지니며 이러한 자유를 실질적으로 보장하기 위한 전목적적 수단의 확보이다.[34] 글랜던의 제안은 낙태문제에 직면한 여성에게 그녀의 가치관인 양육과 직장생활의 양립을 실질적으로 보장하기 위한 수단의 제공이다. 즉 글랜던의 제안은 롤즈의 차등 원칙의 정신에 부합하는 것이며 따라서 공적이성에 속한다. 또한 양육과 직장생활의 양립을 위하여 공동체에서 편의를 제공하자는 글랜던의 주장은 롤즈의 기회균등 원칙의 정신에도 부합한다. 좋은 직장의 취업과 직장에서의 승진 기회가 자녀가 없는 독신여성과 남자에게만 주어진다면 이러한 사회는 자녀를 양육하는 결혼여성의 기회균등을 저해하는 것이다. 이러한 사회에서 직장생활을 위하여 낙태를 결정한다면 이는 양육과 직장생활의 양립을 원하는 여성에 대한 기회의 박탈이다. 따라서 글랜던의 주장처럼 공동체에서 양육을 위한 편의를 제공하는 것은 여성의 기회균등을 충족시키는 정책이기 때문에 롤즈의 공적이성에 해당된다. 만약 필자의 해석이 정확하다면 낙태문제를 정치적 가치들 사이의 합리적인 우선순위를 정함으로써 해결하려는 롤즈의 시도는 더욱 불가능해진다. 물론 롤즈도 여성의 가치관을 충족시키기 위한 자기결정권을 정치적 가치로 제시하였다. 그러나 롤즈가 제시한 여성의 자기 결정권은 낙태를 행할 수 있는 자기결정권이다. 이에는 양육과 직장생활의 양립이라는 가치관을 충족시키기 위한 결정은 포함되지 않는다. 만약 경제적으로 여유가 있는 여성이 양육을 원하지 않는다면(실제로 그녀는 자녀 양육을 할 만한 경제적 상황이 됨에도 불구하고) 낙태는 그녀

34 공적이성의 내용에 대하여는 Rawls, 'The Idea of Public Reason Revisited,' 774쪽을 참조하시오.

의 자기 결정능력을 충족시키기 위한 권리이다. 반면 직장생활과 자녀양육의 양립을 원하지만 경제적 이유 때문에 이를 실현할 수 없는 여성이 낙태를 결정했다면 이는 진정한 의미의 자기 결정권이 아니다. 이러한 여성의 가치관을 충족시키기 위하여서는 글랜던이 제시한 방법이 적절한 정책이다. 실제 이러한 제안은 실질적 기회균등과 차등원칙이 주장하는 복지정책의 이상과도 일치한다. 따라서 글랜던의 주장은 공적이성에 속한다. 롤즈가 제시한 평등한 여성의 자기결정권은 자녀양육과(가족제도를 포함하여) 관련한 상반된 가치관을 고려하지 않은 일면의 권리개념이다. 즉 여성의 자기 결정능력을 충족시키기 위한 낙태의 권리는 권리개념의 불완전한 해석이다. 롤즈의 공적이성의 전체 내용을 고려한다면 글랜던의 주장이 더욱 공적이성에 포함되는 정치적 가치이다. 이처럼 롤즈의 공적이성은 상이한 정책방향을 제시할 것이기 때문에 이 개념이 유용한 것인지에 대한 의문이 제기된다. 수태와 동시에 태아의 생명권을 인정하여야 한다는 주장과 출산을 원하는 여성을 위한 사회보장정책을 시행하여야 한다는 합리적 주장이 민주시민이 수용하는 정치적 가치라면 롤즈의 공적이성의 개념으로는 낙태문제를 합리적으로 해결할 수 없는 교착상태에 직면할 것이다.

롤즈는 낙태문제를 공적이성을 사용하여 해결하는 과정에서 세대를 걸친 인간 사회의 재생산이라는 개념에 대하여는 심도 있는 분석을 하지 않았다. 아마 인간사회의 재생산이라는 개념은 형식적으로 제시한 듯하다. 그러나 유럽의 많은 국가들과 대한민국 사회는 저출산과 고령화에 의한 인구감소가 심각한 문제로 부각되었다. 낙태문제의 경우 롤즈가 제시한 정치적 가치 중의 하나인 인간 사회의 재생산이라는 개념의 중요성이 부각되는 현실이다. 2015년 한국 인구는 약 5천만 명이다. 통계청의 인구추계에 따르면 인구증가율은 1961년 3.01%에서 지속적으로 하락하여 2015년 0.38%인데 2030년에는 한국 인구가 5천 2백만 명을 정점으로 마이너스로 전환될 전망이다. 이러한 인구감소 현상의 원인으로는 저출산이 꼽히고 있다. 저출산은 합계출산율이 대체출산율 이하인 경우를 지칭한다. 합계출산율은 여자 1명이 가임기간 동안 낳을 것으로 예상되는 평균 출생아 수이다. 대체출산율은 인구수를 현상유지 할 수 있는 수준의 출생아 수로서 약 2.1명이다. 2015년 한국의 합계출산율은 1.24명이며 전 세계 211개국 중 208위에 해당하는 아주 낮은 수준이다. 2015년 현재 생산가능인구(15－64세)가 전체인구의 73%를 구성하고 있다. 그러나 인구감소 현상이 지속된다면 2060년에는 생산가능인구 비중은 49%로 낮아지고 고령인구비는(65세 이상) 40%에 이를 전망이다. 생산가능인구 비중뿐 아니라 절대인구수치도 2020년에는 연평균 30만 명씩 급속히 감소할 것으로 전망된다. 생산가능인구의 감소는 경제의 총공급규모를 축소시킨다. 또한 저출산으로 절대인구가 감소하면 수요가 감소하여 경제에 부정적 영향을 미칠 것이다. 고령화에 따른 경제성장률 하락으로 세입감소가 예상되고 고령자 증가에 따라 건강, 의료, 복지 등 사회보장지출은 증가할 것이다. 따라서 국가 재정수지는 악화될 것이다. 이처럼 인구감소는 국가 경제에 심각한 영향을 초래한다. 만약 현재의 저출산 기조가 지속된다면 언젠가는 한국에는 국민이 없는 극단적 상황이 올 수 있다는 실증적 경고가 내려지고 있다. 저출산에 의한 인구절벽에 직면한 한국의 현실 속에서 인간 사회의 재생산이라는 개념이 더 이상 추상적인 정치적 가치가 아니다. 이러한 현실 상황에서 낙태를 합법화하는 근거인 여성의 자기결정권이 우선한가에 대한 의문이 제기된다. 물론 여성만이 자녀를 생산, 양육하여 인간 사회 재생산에 기여하여야 할 의무가 있는 존재는 아니다. 모든 국민은 가정을 형성하여 자녀 양육을 통한 인간 사회 재생산에 기여하여야 한다. 인간 사회의 재생산은 모든 국민이 수용하는 정치적 가치이다. 만약 낙태를 합법화한다면 이는 사회재생산에 부정적 결과를 초래할 것이다. 보다 근본적으로 사회의 재생산과 여성의 자기 결정권 사이의 우선순위를 결정하는 명확한 기준이나 방법이 존재하는지 의문이다. 즉 여성의 자기 결정권이라는 권리개념은 낙태문제를 해결하는 과정에서 그 유용성에 한계를 노정하고 있다. 물론 롤즈도 낙태와 같은 난해한 문제의 경우 교착상태에 직면할 수 있다는 점을 인정하고 있다. 그러나 롤즈의 주장에 의하면 '정치적 가치들에 대한 보다 정교한 해석이 공적이성의 논리에 따라 이루어진다면 보다 합리적 논의를 도출해 낼 것이다.'[35] 그러나 필자가 이상에서 제기한 분석을 통하여 알 수 있듯이 정치적 가치들에 의한 공적이성 논의가 진행될수록 합리적 결론이 도출되리라는 보장이 없다. 만약 정치적 가치들에 대한 보다 정교한 해석이 가능하고 따라서 권리개념이 보다 명확해 질 수 있다면, 롤즈는 이에 대한 심도 있는 방법론과 실례를 제시하여야 할 것이다.

제2절 기회균등 개념의 유용성

필자는 본서의 제2장, 제7절 b '정의의 제2원칙' 부분에서 롤즈의 기회균등 개념의 내용을 상술하였다. 또한 제2장, 제8절 b '정의의 제2원칙의 선택 근거' 부분에서 기회균등의 원칙이 선택되는 이론적 근거를 설명하였다. 롤즈의 주장을 요약하면 시민들이 자신의 가치관에 근거한 인생계획을 추구하여 자아실현을 성취하기 위하여서는 사회적, 경제적 주요 직위나 직책 수행에 필요한 재능을 개발할 수 있도록 교육의 기회균등을 보장하여야 한다. 또한 직업선택에서도 출신성분과 무관하게 능력에 근거한 기

35 Rawls, 'The Idea of Public Reason Revisited,' 798쪽.

회균등이 보장되어야 한다. 이러한 기회균등의 원칙은 자유주의 사회에서 널리 수용되고 있는 개념이다. 그러나 롤즈의 기회균등 개념과 교육에서의 국가의 역할이 실제 현실사회에서 유용한 것인지에 대한 의문이 제기되고 있다. 이하에서는 롤즈의 기회균등 개념과 그 정당화 과정에 대한 실증적 비판을 시도하겠다.

롤즈의 주장에 의하면 중요한 직위나 직책에 필요한 능력과 재능을 학습할 수 있는 교육의 기회균등이 보장되어야 정의로운 사회이다. 특히 피교육자가 처한 가정환경의 영향력을 완화하여 동일한 조건에서 재능과 능력을 키울 수 있는 교육제도를 수립하여 각자의 가치관을 실현할 수 있어야 한다. 그러나 베이커(Baker) 등의 주장에 의하면 공교육 제도 하에서의 고등학교와 대학 교육은 그 사회에서 이미 특혜를 누리고 있는 직업군이나 계층과 연계된 지식, 능력, 지능의 학습을 강조하고 있다. 학과과정, 수업계획서, 평가방법 등은 특별한 언어능력과 논리, 수학적 능력자에게 유리하게 구성되어 있다. 이러한 현상은 학교교육의 자원이 중산층이나 상류층의 경험과 삶의 계획에 편향되어 있다는 점을 보여준다. 진정한 기회균등을 보장하기 위하여서는 열등하고 불필요하다고 평가받는 지식의 형태도 인정받고 체계적으로 수용되어야 한다. 노동계급과 관련된 육체적 능력과 같은 육체미학적 지능도 인정받아야 한다.[36] 피쉬킨(Joseph Fishkin)의 주장에 의하면 전문직이 하나 밖에 없고, 또 추구할 만한 가치가 있는 일도 하나뿐인 사회에서는 청소년 시절의 단 한 번의 시험성적에 따라(예를 들어 한국의 수능시험 점수) 모든 가능성이 결정된다. 이러한 시험

---

36 이에 대하여는 다음을 참조하시오. John Baker; Kathleen Lynch; Sara Cantillon; and Judy Walsh, *Equality* 2nd ed.(New York: Palgrave Macmillan, 2009); Stephen Kershnar, 'Why Equal Opportunity Is not a Valuable Goal,' *Journal of Applied Philosophy* Vol.21, No.2(August 2004)

이러한 롤즈의 주장을 고려하였을 때, 이상에서 제시한 하향평준화와 인적자본에 의한 비판들은 모두 공리주의적인 주장이라서 그 비판이 롤즈에게 적용되지 않을 것이다. 하향평준화에 대한 우려와 인적자본 형성을 통한 경제발전 이론은 사회 전체의 효율성을 추구하는 반면 롤즈의 기회균등 원칙은 개별 시민들의 자아실현을 목적으로 하고 있다. 이는 교육의 기회균등에 대한 롤즈와 공리주의자들의 시각의 차이이기도 하다. 개별 시민들의 자아실현을 위하여 기회균등을 주장하는 롤즈의 이론을 사회전체의 효율성 관점에서 비판할 수 없다는 것이다. 그러나 필자의 견해로는 롤즈가 주장하는 개인의 자아실현 개념과 공리주의의 사회전체의 효율성 개념이 상호배치 되지는 않는다고 생각한다. 개인이 사회적으로 중요한 직위, 직책을 수행하여 자아실현의 경험을 하기 위하여서는 그 사회 전체의 경제발전 수준이 상당하여 개인들이 경험할 수 있는 중요한 직위, 직책이 풍부히 존재하여야 한다. 경제가 발전하고 이에 따라 사회인식이 변화하면 중요한 직위나 직책의 종류와 범위가 풍부해 진다. 실증적으로 사회가 농업사회에서 출발하여 공업사회나 서비스 중심 사회로 발전하면서 다양한 직위나 직책이 발생하게 된다. 이에 따라 개인들이 중요한 직위를 수행하여 자아실현을 할 수 있는 가능성이 증가한다. 이처럼 자아실현과 사회전체의 효율성이라는 개념은 상호배타적이지 않다. 교육의 사회적 목적이라는 면에서 오히려 공리주의자들이 주장하는 인적자본 형성에 의한 사회효율성 증가가 보다 현실적 주장이다. 한국의 경제발전 원인이 높은 교육열에 의한 우수한 인적자본 때문이라는 평가는 이를 증명하고 있다. 따라서 위에서 설명한 기회균등 관련 공리주의적 비판들이 롤즈의 이론에도 적용될 수 있다.

국가의 교육목적이 기회균등을 보장하기 보다는 모든 자녀들에게 적절한 내용(adequacy)의 교육을 제공하여 그들이 공적영역에서 타인들과 대등한 위치에 서도록 하는 것을 목표로 하여야 한다는 주장이 제기되었다. 롤즈의 주장처럼 기회균등 정책을 통하여 사회적으로 중요한 직위, 직책에 필요한 재능을 함양할 수 있는 동등한 기회를 제공하는 것은 교육의 도구적 역할만 강조하는 것으로서 이는 미래의 시민들을 지나치게 자기 이익 중심적이며 물질적인 개념만을 육성토록 유도하여 민주주의 전제조건인 정치적 덕목(political virtue)의 함양을 저해한다는 것이다. 따라서 모든 학생들은 사회교육(civic education)에 필요한 적절한 내용의 교육을 받아야 하며 그 이상 수준의 교육에서는 불평등적인 교육기회가 허용되어야 한다.[60] 교육은 선량한 시민(good citizenship)육성이 기본요소이고 정치공동체의 평등한 일원이 되기 위한 필요조건이다. 기회균등을 주장하는 자는 교육의 민주적 목적을 등한시하여 민주주의를 지원하기에는 너무 협소한 개념이다. 따라서 민주주의를 위한 사회교육으로서 적절한 내용의 교육이 강조되어야 한다. 적절한 내용의 교육을 주장하는 학자들 사이에는 그 내용에 있어서 약간의 차이가 있다. 그러나 다음의 요소는 공통적으로 강조되는 내용이다. 우선 민주 시민이 향유하는 권리를 행사할 수 있는 일정수준이상의 지식과 자신감을 배양해 주어야 한다. 다양한 권리개념을 학습하고 합리적 투표를 위한 지식을 학습하여야 한다. 또한 정치참여에 필요한 적정수준의 기술과 지식을 함양하여야 한다. 예를 들어 시민배심원에 참여하기에 필요한 합리적 의심, 통계치를 해독할 능력 등을 학습하여야 한다. 이러한 지식 외에 학생들은 공적결정을 하는데 필요한 상

60 이에 대하여는 다음을 참조하시오. Nathan A. Burroughs, 'Rawls, Republicanism, and the Adequacy–Equity Debate,' *Theory and Research in Education* Vol.14, No.2(July 2016); Amy Gutmann, *Democratic Education*(Princeton: Princeton Univ. Press, 1989); Debra Satz, 'Equality, Adequacy, and Education for Citizenship,' *Ethics* Vol.117, No.4(July 2007); Elizabeth Anderson, 'Fair Opportunity in Education,' *Ethics* Vol.117, No.4(July 2007); 마사 누스바움, 「공부를 넘어 교육으로」(서울: 궁리, 2011).

호협력 정신과 타인과의 관계를 형성하는 방법을 습득하여야 한다. 상호 이해심, 관용의 정신, 공감의 성향을 키우기 위해서는 교실에서 다양한 출신 배경의 학우들과 함께 교육을 받아야 한다. 미래의 사회지도자가 되기 위하여서는 다양한 배경의 타인을 이해하는 보다 감성적 인간이 되어야 한다. 이를 위해서 교실에서 다양한 출신배경의 학우들과 학습하는 사회통합적 학교가 필요하고 대학입학 사정에서 성적의 중요도를 줄이고 사회 모든 계층에 봉사할 수 있는 자질의 소유자를 선발하여야 한다. 이러한 선발 방식은 편협한 지식위주 선발방식의 문제점을 극복할 것이다.

이상에서 적절한 내용의 교육을 강조하는 주장을 소개하였다. 필자는 이에 동의하는 바이다. 필자는 본서의 제4장, 제2절 '롤즈의 인간관에 대한 비판'에서 롤즈의 정당화 과정을 비판하였다. 특히 다양한 자유의 개념 중에서 시민의 덕목을 중심으로 롤즈의 구성주의를 전개하였다면 상당히 다른 이론이 전개되었을 것이라 주장하였다. 자유 개념 중 하나인 시민의 덕목에는 정치적 참여, 자애심, 근로의욕, 관용, 준법정신, 자기결정을 타인에게 설득할 수 있는 합리성 등이 포함된다. 만약 이러한 자유개념을 롤즈의 구성주의에서 투입으로 상정한다면 매개변수인 원초적 입장은 필요 없는 과정이다. 또한 롤즈의 조직화된 사회에서 정의감을 형성하기 위하여서도 시민의 덕목이라는 자유 개념을 학생들에게 교육시키는 것이 보다 효율적이다. 정의감을 형성하는데 있어서 롤즈의 기회균등 원칙은 직접적으로 도움이 되지는 않을 것이다. 불우한 가정환경 하의 학생이 교육의 기회균등 정책의 혜택을 누려 교육적 성공을 하였다고 그 학생이 공정함(fairness)을 인식하고 정의감을 형성한다는 것은 현실적으로 가능성이 낮다. 오히려 적절한 교육의 주장처럼 학교에서 적절한 시민교육을 받는다면 이것이 정의감 형성에 보다 효율적이다.

제3절 차등원칙을 위한 정책들의 실증적 적합성

필자는 본서의 제2장 제7절, 'b 정의의 제2원칙'에서 차등의 원칙이 완벽하게 구현된 민주적 평등체제를 설명하였다. 롤즈는 차등 원칙이 실현된 결과로서 부와 자본의 소유가 사회 구성원들에게 고루 분산된 민주체제(property-owning democracy)를 제시하였다. 또한 차등 원칙을 구현하기 위한 구체적 정책들을 제시하였다. 이에는 부의 소득세, 증여세와 상속세의 강화, 산업재해 노동자에게 수당 지급 등이 포함된다. 이러한 정책을 통하여 사회 최하위 계층의 장기적 전망을 향상시킴으로써 모든 시민들이 정책결정 과정에 동등한 영향력을 행사할 수 있는 공정한 정치과정을 보장할 수 있다.

필자는 이번 절에서 롤즈의 차등 원칙과 그 구체적 정책들의 적실성에 대하여 실증적 비판을 제기하고자 한다. 실증적 데이터 분석은 정치사상 분야에서 이론적 명확성과 발전을 위하여 중요한 작업이다.[61] 차등의 원칙에 의하면 부의 불평등은 사회의 최하위계층의 장기적 전망을 고양시키는 데 도움이 되는 조건에서만 수용될 수 있다. 또한 차등 원칙을 실현하기 위한 다양한 제도적 장치를 장기적으로 실행하면 결국 평등한 사회를 이룩할 수 있다는 주장이다. 그러나 롤즈가 주장한 평등사회와 이를 실현하기 위한 정책들이 사회최하위 계층에게 장기적으로 도움이 되는지 의문이 제기되고 있다. 필자는 제5장 제2절, '기회균등 개념의 유용성'에서 하향평준화(levelling-down)의 위험성을 설명하였다. 평등 개념에 대한 일반적 반대논거로서 하향평준화 이론은 매우 설득력 있는 주장이다. 예를 들어

61 이에 대하여는 다음을 참조하시오. Nahshon Perez, 'What Are Date Good for Anyway?' *Social Theory and Practice* Vol.46, No.2(April 2020), pp.339-364.

자연재해로 상류층의 자산이 손실되어 최하위 계층만큼의 처지가 되었다고 가정하자. 이러한 변화는 불평등을 감소시켰기 때문에 평등주의자들은 이를 환영할 것이다. 신체적으로 정상인들이 대다수를 구성하고 있는 사회에서 일부 시민이 한쪽 눈을 실명하여 불리한 처지에 있다고 가정하자. 평등 사회를 위하여 정상인의 한쪽 눈을 수술하여 불구자로 만들어 모든 시민들이 불구자가 되는 것이 평등한 결과를 초래하는 진보적 변화일 것이다. 이는 비합리적 주장이며 평등주의에게 가해지는 하향평준화 비판(levelling-down objection)이다.[62] 경제적인 측면에서 평등주의를 실현하기 위하여 분배정책이나 세금정책을 시행하여 상류층의 소득을 낮추고 사회최하위 계층의 소득을 증가시켰다고 가정하자. 극단적으로 정부가 소득에 100%의 세금을 부과하여 그 조세수입을 모든 시민들에게 공평하게 분배하였다고 가정하자. 이러한 평등사회에서 상류층 기업인이 열심히 일을 할 이유가 무엇인가? 왜 기업인은 투자를 하고 사업적 위험부담을 떠안으려 하겠는가? 즉 출세하려는 경제적 동기가 사라지면서 사회적 총생산과 총소득도 크게 감소할 것이다. 이는 장기적으로 사회 최하위 계층에게 도움이 되지 않을 것이다.

브래넌(Brennan)의 주장에 의하면 롤즈의 민주적 평등체제에서는 정부가 시장의 자원배분에 간섭하여 경제성장을 더디게 할 것이며 따라서 사회최하위 계층의 상황은 장기적으로 더욱 열약해질 것이라 비판하였다.[63] 브래넌은 자연적 자유체제와 롤즈의 민주적 평등체제의 경제성장 효과를

---

62 하향평준화에 대하여는 다음을 참조하시오. Joseph Raz, *The Morality of Freedom*(Oxford: Oxford Univ. Press, 1986); Larry Temkin, *Inequality*(Oxford: Oxford Univ. Press, 1993); Derek Parfit, 'Equality and Priority,' in *Ideals of Equality*, ed. Andrew Mason(Oxford: Blackwell, 1998), 1-21쪽.

63 이에 대하여는 다음을 참조하시오. Jason Brennan, 'Rawls' Paradox,' *Constitutional Political Economy* Vol.18, No.4(Dec. 2007), 287-299쪽.

비교하였다.[64] 자연적 자유체제는 효율성을 중시하기 때문에 경제는 더욱 빨리 성장할 것이다. 반면 롤즈의 민주적 평등체제에서는 정부의 시장개입 때문에 정보교환의 방해가 발생하며 동기부여를 저해하고 시장을 통한 학습효과를 저해하여 경제성장을 더디게 한다. 그림 25에 두 경제체제의 장기적 경제성장 과정을 표시하였다.

자연적 자유체제

년도	하위계층	중위계층	상위계층
1900	10	20	40
1901	10.4	20.8	41.6
1902	10.8	21.6	43.2
– –			
1950	71.1	142.1	284.3
2000	505.1	1010.1	2020.2

민주적 평등체제

년도	하위계층	중위계층	상위계층
1900	15	19	24
1901	15.3	19.4	24.5
1902	15.6	19.8	25.0
– –			
1950	40.4	51.2	64.6
2000	108.7	137.7	173.9

〈그림 25〉 **경제성장 과정**

그림 25에는 각각의 경제사회에 속하는 하위, 중위, 상위계층의 소득이 연도별로 표시되어 있다. 기준년도인 1900년에 두 사회는 거의 비슷한 물적자본과 인적자본을 향유하고 있었다. 기준년도인 1900년에 자연적 자유체제는 (10, 20, 40)의 분배 상황이었다. 한편 1900년에 민주적 평등체제의 구성원들은 롤즈의 차등 원칙을 수용하여 각종 정책을 수행하였다고 가정하자. 그 결과 민주적 평등체제를 완성하였고 따라서 (15, 19, 24)의 보다 평등한 분배상황을 이룩하였다. 민주적 평등체제의 하위계층은 자연적 자유체제의 하위계층보다 50% 정도 부유하다. 그러나 자연적 자유체제는 경제적 효율성을 강조하기 때문에 경제성장률이 민주적 평등체제보다 높다. 반면 민주적 평등체제에서는 (15, 19, 24)의 평등한 분배 상태를

64 브래런은 자연적 자유체제라는 표현대신 파레토 효율경제(Pareto Superiorland)라는 표현을 사용하였지만 롤즈의 전체 사상체제에 부합하게 필자가 의역을 하였다.

그림 26에서 기여곡선 OP는 최상위계층의 후생수준이 증가함에 따라 그 증가분이 최하위계층의 후생수준의 증가에 영향을 미쳐, 최하위계층의 후생수준도 증가함을 나타내고 있다. 차등의 원칙이 충족되는 경우는 기여곡선의 정점과 사회후생무차별 곡선이 접하는 a점이다. 이것이 사회적으로 가장 바람직한 분배 상태이다. 롤즈는 기여곡선을 이용하여 차등원칙의 의미를 보다 자세히 상술하고 있다. 이하에서는 롤즈의 설명 일부를 직접 인용하였다.

> 협력의 원리는 생산 활동을 규율하는 공적규칙을 정하고 노동의 분업을 규율하고 이를 각자에게 적절히 역할 분담하는 것이다. 이러한 계획에는 생산량에 대응하여 지급되는 임금과 상여금 체계가 포함된다. 임금과 상여금의 차이는 보다 많은 생산을 유도할 것이다. 장기적으로 사회최상위층에게 지급되는 고임금은 그들의 교육, 훈련비를 충당할 것이며 책임 있는 지위를 지향하여 이를 달성하도록 격려하는 동기를 제공하기 때문이다.–기여곡선은 최상위층과 최하위층의 협력관계를 나타내고 있다. 기여곡선은 임금과 상여금의 변화할 경우에 두 계층에게 돌아가는 임금수준을 표시하고 있다.–만약 기여곡선상에서 최상위계층에게 돌아가는 일정한 임금수준 하에서 최하위계층에게 항상 많은 임금을 보장한다면 이는 보다 효율적 체제이다. 다른 조건이 일정하다면 차등의 원칙은 가장 효율적 협력체로서 사회가 기여곡선의 정점을 향할 것을 목표로 한다.–차등 원칙의 또 하나의 특징은(소득과 부라는 개념으로 측정한) 최하위 계층의 상황을 향상시키기 위하여 세대를 걸친 지속적인 경제발전을 필요로 하지는 않는다는 점이다. 이는 합당한 정의의 개념이 아니다. 우리는 밀(Mill)이 상정하였듯이 자본축적이 멈추어버린 정체된 사회개념을 배제하여서는 않된다. 조직화된 사회는 이러한 가능성을 염두에 두어야 한다. 차등 원칙이 요구하는 바는 생산을 통해 취득하는 임금의 차이

> 는 다음과 같이 구성되어야 한다는 점이다. 만약 최상위계층이 요구하는 합당한 임금이 저하한다면 최하위계층의 임금도 저하되어야 한다는 것이다. 사회는 항상 기여곡선상에서 상승구간이거나 기여곡선의 최정점에 위치할 것이다. 허용 가능한 불평등은 이러한 조건을 충족시켜야 하며 정의 사회의 기본구조가 지지를 받고 장기간 실현되어 안정된 사회의 생산 체제는 이러한 조건이 충족된다.[67]

이상에서 롤즈의 설명을 길게 인용한 이유는 이를 통하여 롤즈의 주장을 유추하여 브래런의 비판을 평가하기 위해서이다. 롤즈는 차등 원칙의 의미를 설명하면서 최상위계층이 획득하는 고임금은 보다 생산성을 증가시키는 유인이 된다는 점을 인식하고 있다. 그러나 롤즈의 정의 사회는 차등원칙이 적용되기 이전에 기회균등의 원칙이 먼저 충족된 사회이다. 따라서 롤즈의 정의의 제2원칙인 기회균등 원칙이 먼저 충실히 실현되고 이어서 차등의 원칙이 장기적으로 구현된다면 이러한 사회는 평등한 분배구조를 완성하게 될 것이다. 즉 부가 사회구성원들 사이에 고루 분산된 민주체제(property-owning democracy)를 구현하는 것이다. 이처럼 완벽한 이상사회를 이룩하는 장기적 과정에서 기회균등의 원칙이 작동한다면 훌륭한 교육과 훈련을 받은 다수의 인재들 사이의 공개경쟁이 작동하여 그들의 분배 몫은 감소하여 적절한 수준에 머물 것이다.[68] 그러나 롤즈는 최하위계층의 상황을 향상시키기 위하여 지속적 경제성장은 필요하지 않다고 지적하면서 이는 정의 개념이 아니라고 주장하고 있다. 필자는 본서의 제2장 제7절 b. 정의의 제2원칙을 설명하면서 차등원칙은 세대 간의 정의

---

67 이에 대하여는 Rawls, *Justice as Fairness*, 63-64쪽을 참조하시오.

68 이에 대하여는 Rawls, *Justice as Fairness*, 67쪽을 참조하시오.

(intergenerational justice) 원칙의 제한을 받는다고 설명하였다. 차등 원칙을 실현하기 위한 다양한 정책을 시행한 결과, 현세대 시민들이 자원을 고갈시켜 후세대 시민들에게 부채를 넘겨주어서는 안 된다. 현세대가 후세대를 위하여 유보하여야 하는 적당량은 후세대의 시민들이 정의로운 사회제도 속에서 생활하면서 실질적 자유를 평등하게 누릴 수 있는 여건을 보장하는 정도이다. 그러나 후세대 시민들이 정의로운 사회를 구현하기 위하여 물질적 풍요 사회를 이룩하여야 하는 것은 아니다. 정의로운 사회 제도를 구축하기 위하여 물질적 풍요는 필수 조건이 아니다.[69] 일국의 경제는 장기적으로 부침을 겪을 것이다. 롤즈의 주장에 의하면 일국 경제의 하강국면 때에는 상위계층의 소득 감소에 상응하여 하위계층의 소득도 감소되어야 차등원칙이 실현되는 사회이다. 정의로운 사회 기본구조가 완벽히 구현된 사회에서는 계층 사이의 상호협력이 지속되어 그 사회의 생산관계는 기여곡선상의 상승부분(그림 26의 oa 구간)이거나 기여곡선의 최정점(그림 26의 a점)이 될 것이다. 롤즈는 최하위계층의 상황을 향상시키기 위하여서 지속적 경제성장이 필요치 않고 이는 정의 개념이 아닌 이유에 대하여 구체적으로 설명하고 있지는 않다. 그러나 롤즈의 사상전반을 고려하여 필자가 추론하건데 최하위계층도 기회균등 정책 때문에 신분상승을 이룩하고 차등원칙 덕분에 장기적으로 상황이 호전됨으로 지속적 경제성장을 통한 하위계층의 상황개선은 불필요하다는 주장이다. 차등원칙의 의미, 부가 분산된 민주체제 특징과 본서에서 소개한 롤즈의 주장 등을 종합하여 그의 견해를 요약하면 다음과 같다. 사회의 기본구조가 롤즈의 정의의 두 원칙에 의하여 충실히 구현된 사회에서는 계층 간의 협력관계가 지속되고 근로 유인 동기는 지속되어 생산성이 증가할 것이며 극심한 부의

69 이에 대하여는 Rawls, *Theory of Justice*, 290쪽을 참조하시오.

불평등도 해소될 것이다. 비록 일시적 경기 침체가 진행되어도 모든 계층이 그 부담을 공통으로 짊어지는 동포애(fraternity)가 발휘될 것이다. 이러한 롤즈의 주장에 대하여 브래런은 하향평준화라는 개념을 동원하여 비판을 가하고 있다. 평등을 추구하는 여러 정책들이 근로 유인을 저해하고 시장을 왜곡하여 경제성장을 방해하고 결국 최하위 계층에게 도움이 되지 않는다는 것이다. 필자의 견해로는 브래런과 롤즈의 차이점은 실증적 분석을 요하는 사항이라 할 수 있다. 단순히 이론적 가정과 논리로는 타당성을 가늠할 수 없는 사항이다.

이상에서의 정치철학적 논의는 경제학자들에게도 오래된 논쟁거리이다. 즉 불평등과 경제성장 사이의 상관관계에 대하여는 다양하고 상이한 실증적 연구결과가 진행되고 있다.[70] 일국의 경제가 지속적으로 발전하기 위하여서 소득 불평등은 필요악인가? 경제성장과 소득불평등과는 긍정적 상관관계가 존재하는가 아니면 부정적 상관관계가 존재하는가? 만약 상관

---

70 이에 대하여는 다음을 참조하시오. Kaushik Basu and Joseph Stiglitz eds. *Inequality and Growth* 2vols.(N.Y.: Palgrave Macmillan, 2016); Oded Galor and Joseph Zeira, 'Income Distribution and Macroeconomics,' *Review of Economic Studies* Vol.60, No.1(Jan. 1993), 35−52쪽; Sanghamitra Bandyopadhyay ed., *Research on Economic Inequality*(Bingley: Emerald Publishing, 2018); Wiemer Salverda, Brian Nolan and Timothy M. Smeeding eds. *Oxford Handbook of Economic Inequality*(Oxford: Oxford Univ. Press, 2009); Torsten Persson and Guido Tabellini, 'Is Inequality Harmful for Growth?' *American Economic Review* Vol.84, No.3(June 1994), 600−621쪽; Carsten Jensen and Kees van Kersbergen, *The Politics of Inequality*(N.Y.: Palgrave Macmillan, 2017); Federico Cingano, 'Trends in Income Inequality and Its Impact on Economic Growth,' *OECD Social, Employment and Migration Working Papers*, no. 163(Paris: OECD, 2014); Lisa A. Keister ed. *Entrepreneurship*(Amsterdam: Elsevier, 2005); Elhanan Helpman, *The Mystery of Economic Growth*(Cambridge: Harvard Univ. Press, 2004); David Dollar and Kraay, Aart. 'Growth Is Good for the Poor,' *Journal of Economic Growth* Vol.7, No.3(Sep. 2002), 195−225쪽; Robert J. Barro, 'Inequality and Growth in a Panel of Countries,' *Journal of Economic Growth* Vol.5, No.1(March 2000), 5−32쪽; Alberto Alesina, Sule Ozler and Nouriel Roubini, 'Political Instability and Economic Growth,' *Journal of Economic Growth* Vol.1, No.2(June 1996), 89−211쪽; Sven R. Larson, *The Rise of Big Government*(London: Routledge, 2018).

관계가 존재한다면 어떤 경로로 경제성장에 영향을 미치는가? 경제성장과 소득불평등 사이에는 상관관계가 존재하기는 하는가? 이에 대하여는 다양한 실증적 연구가 진행되었다. 물론 이러한 실증적 연구가 브래런과 롤즈의 주장을 평가하기 위함은 아니다. 특히 롤즈의 정의사회는 현실 세계에서 완벽히 구현된 것이 아니기 때문에 실증적 비교 평가는 불가능할 것이다. 그러나 기존의 연구결과들은 브래런의 비판을 간접적으로 평가하는데 일면의 도움을 줄 것이다. 따라서 이하에서는 이에 대하여 소개하겠다. 불평등과 경제성장과의 관계에 대하여서는 상이한 연구결과가 발표되었고 이에 대한 학술적 합의가 이루어지지 않은 상태이다. 불평등이 경제발전에 긍정적 영향을 미친다고 주장하는 학자들은 다양한 실증적 근거들을 제시하고 있다. 첫째, 상위계층의 저축성향이 하위계층보다 높음으로 상위계층에게 유리하도록 소득재분배정책이 실시된다면 총저축은 증가할 것이다. 이럴 경우 소득분배가 불평등할수록 저축이 증가하고 투자도 증가하여 경제성장에 긍정적인 영향을 미친다. 결국 소득분배의 불평등도가 커질수록 저축의 증가로 인해 물적 자본축적이 증가하고 이것이 투자로 이어져 경제성장에 긍정적인 영향을 미친다. 둘째, 하위계층은 금융기관으로부터 대출을 받는데 어려움이 따르는 반면 상위계층은 담보로 제공할 재산이 있기 때문에 대출을 받기 용이하다. 이러한 신용시장의 불안정(credit market imperfection)하에서 상위계층이 많아질수록 대출을 통한 투자유인이 증가한다. 따라서 소득분배가 불평등할수록 상위계층의 투자유인은 더욱 증가하고 하위계층의 투자유인은 줄어들 것이다. 총량적으로 상위계층에 의한 투자가 훨씬 더 많이 증가하기 때문에 소득분배가 불평등할수록 경제성장의 가능성은 증가한다. 셋째, 평등을 실현하기 위한 조세와 재분배정책은 사회적 손실을 초래한다. 재분배 정책을 수행할 관료조직의 비용이 수반된다. 또한 복지정책과 기회균등을 실현하기 위한 과도한 세금부과와 업적에 대한 보상이 감소한다면 이는 노력하려는 근로의욕을 저하시키고 기업가정신을 쇠퇴시킨다. 예를 들어 기회균등을 실현하기 위하여 상위계층의 부모들이 그 자식에게 물려주는 유산에 대하여 과도한 상속세를 부과한다면 부모들은 저축하는 대신 낭비적 소비를 증가시킬 것이다. 과도한 상속세는 상위계층이 사업 확장을 위한 투자를 증가시키는 대신에 휴양지에서 휴가를 더 많이 즐기게 할 것이다. 즉 과도한 상속세 부과는 저축과 투자의 토대를 무너뜨려 경제성장을 저해한다. 이러한 주장이 적합하다면 브래런이 제기한 롤즈의 모순은 합당한 설명이다.

반면 불평등이 경제발전에 부정적 영향을 미친다고 주장하는 학자들은 다양한 원인을 제시하고 있다. 첫째, 소득분배가 불평등할수록 정치적이나 사회적 측면에서 사회 안정성이 악화된다. 극심한 불평등 사회에서 상위계층은 정치영향력을 강화하여 자신들의 이익을 지키는데 권력을 악용할 소지가 있다. 상위계층은 부정부패, 비리, 정치적 로비를 자행하여 국가자원을 비효율적으로 사용하게끔 한 결과 효율적 투자를 저해하게 되며 경제성장에 부정적 영향을 미친다. 또한 극심한 불평등은 하위계층이 범죄나 폭동과 같은 파괴적 행위를 자행할 유인을 제공하여 사회적 안정성 및 결속을 악화시킨다. 이러한 현상을 제거하기 위하여 많은 시간과 자원이 배분되어야 한다. 따라서 극심한 불평등 사회에서는 생산에 투자되어야 할 자원이 사회 안정을 위해 투입되고 그만큼 생산적 투자는 감소하여 경제성장은 저하된다. 20세기 라틴아메리카의 역사는 불평등으로 발생한 정치, 사회적 불안정이 경제성장을 위축시키는 많은 사례들을 보여준다. 롤즈는 불평등은 사회통합을 저해한다고 주장하면서 차등의 원칙에 의하여 이를 극복하려 하였다. 둘째, 극심한 불평등은 인적자본 형성에 걸림돌이다. 신용시장의 불안정 하에서 하위계층이 금융권에서 대출을 받기위하여서는 높은 이자율을 지급하여야 한다. 따라서 그들은 대출을 받아 교육에 투자할 유인이 적고 미숙련 노동자로 생활하는 것을 선호할 것이다. 반면 상위계층은 대출을 받지 않아도 교육에 투자하여 인적자본 형성을 쉽게 할 것이다. 즉 소득의 불평등은 인적자본 형성을 위한 투자의 량에 영향을 미친다. 보다 평등한 분배 사회는 인적자본에의 투자를 증가시키고 결국 경제성장을 촉진한다. 실증적 분석에 의하면 인적자본 지수와 (예를 들어 중등교육 이수율) 소득불평등과는 부정적 상관관계가 존재한다. 롤즈는 실질적 기회균등 원칙을 제시하여 이를 극복하려 하였다.

이상의 설명과 같이 양진영은 실증적 분석을 통하여 상이한 주장을 전개하고 있다. 양진영은 상대방 주장에 대하여 실증적 연구결과를 제시하면서 반론을 제기하고 있다. 예를 들어 불평등이 사회불안을 야기하는 것이 아니라 빈곤이 그 원인이라는 실증적 반론을 제기하기도 한다. 이러한 주장이 정확하다면 브래런의 비판은 타당한 주장일 것이다. 그림 25의 민주적 평등 체제에서 하위계층이 2000년도에 누리는 소득 108.7이 절대빈곤 수준이하라면 사회불안이 증가할 것이다. 그림 25의 민주적 평등체제가 장기적으로 정의 원칙을 구현하였지만 사회협력을 이끌어 내지 못하여 불안한 사회로 전락할 것이다. 한편 일군의 학자들은 평등과 경제성장과는 상관관계가 없다고 주장하고 있다. 각국의 자료를 실증분석 한 베로(Barro)의 주장에 의하면 지니계수로 측정한 불평등과 경제성장과는 통계적으로 유의미한 상관관계가 존재하지 않는다.[71] 긍정적 요소들과 부정적 요소들이 복합적으로 작용하여 상호 상쇄작용을 하기 때문일 것이다. 만약 베로의 주장이 정확하다면 브래런의 비판은 부적절한 주장일 것이다.

불평등과 경제발전과의 상관관계에 대한 실증적 연구결과는 확실한 결

71 이에 대하여는 Barro, 'Inequality and Growth in a Panel of Countries,'와 Jensen and Kersbergen, *Politics of Inequality*를 참조하시오.

론에 이르는데 실패하였다. 실증적 연구에서 합의를 보지 못하는 이유는 다양한 요인 때문이다. 첫째, 실증연구에서 사용하는 측정 기술이 발전하면서 이전 연구결과와는 상이한 결과를 도출하기도 한다. 둘째, 표본국가를 어떻게 선정하는가에 따라 연구결과가 달라질 수 있다. 각국의 경제자료를 충분히 구할 수 없는 상황에서 표본국가 선정문제는 측정의 어려움을 가중시킨다. 셋째, 불평등을 측정하는 척도는 상이한 소득개념을 포함하고 있다. 예를 들어 순 소득 불평등, 총소득 불평등, 재산 불평등, 소비의 불평등과 같이 다양한 척도가 있는데 이러한 불일치는 국가 사이의 비교를 왜곡시킬 수 있다. 넷째, 불평등이 미치는 긍정적 영향력과 부정적 영향력이 종합적으로 어떤 영향을 미치는 가는 불투명하다. 이러한 이유 때문에 실증적 연구결과는 상이한 주장을 전개하고 있다.[72]

이러한 상황에서 롤즈의 정의의 제2원칙이 실현되어 부와 자본의 소유가 사회 구성원들에게 고루 분산된 민주체제(property-owning democracy)가 하향평준화의 비판을 극복하고 정당화될 수 있는지 의문이다. 필자는 그림 1에서 롤즈가 사용한 정당화 방법인 반성적 평형상태를 설명하였다. 반성적 평형상태란 자유민주주의 시민들이 수용하는 정의의 원칙이 그들이 갖고 있는 숙고된 도덕적 판단과 일치하고 원초적 입장에서 사용한 여러 요소와 균형을 이룬 상태이다. 이러한 과정을 통해 롤즈는 그의 사상체계를 정당화하였다. 그러나 불평등과 경제발전과의 관계에 대하여 상이한 주장이 제기되는 상황에서 부와 자본의 소유가 고루 분산된 민주

72 이에 대하여는 다음을 참조하시오. Sarah Voitchovsky, 'Inequality and Economic Growth,' in Wiemer Salverda, Brian Nolan, and Timothy Smeeding eds. *The Oxford Handbook of Economic Inequality*(Oxford: Oxford Univ. Press, 2009); Roxana Gutierrez-Romero and Luciana Mendez-Errico, 'Does Inequality Foster of Hinder the Growth of Entrepreneurship in the Long Run?' in Sanghamitra Bandyopadhyay ed. *Research on Economic Inequality*(Bingley: Emerald, 2018).

체제는 모든 시민들의 숙고된 도덕적 판단과 일치하지 않을 것이다. 물론 일부 시민들의 도덕적 판단과는 일치할 것이다. 따라서 롤즈의 정의의 제2원칙은 원초적 입장에서 계약 당사자들에게 만장일치로 선택받지는 못할 것이다. 즉 롤즈의 정의의 제2원칙은 반성적 평형상태를 달성하지 못해서 그의 정당화 과정은 실패한 것이다. 또한 롤즈의 정의의 제2원칙은 중첩적 합의를 달성하는 데에도 실패할 것이다. 필자가 본서의 제2장 제12절 '중첩적 합의'에서 설명하였듯이 롤즈의 정의 원칙은 여러 합리적 주장들로부터 수용되어 사회 안정을 이룩하게 된다. 다원주의 사회에서 존재하는 여러 합리적이고 포괄적인 주의·주장들은 각각 그들의 관점에서 정의의 제2원칙을 수용한다. 그러나 불평등이 경제발전에 미치는 영향에 대하여 상이한 주장이 존재하는 한, 차등의 원칙이 구현된 민주적 평등체제가 다양한 합리적 주장들로부터 수용되지 못할 것이다. 또한 민주적 평등체제 구현을 위해 롤즈가 제시한 여러 정책들도 중첩적 합의를 달성하지 못할 것이다.

이하에서는 롤즈가 제시한 여러 정책 중에서 상속세와 다양한 복지정책의 효과에 대한 상반된 주장을 중심으로 논의를 전개하겠다. 필자가 본서의 제2장 제7절 'b 정의의 제2원칙'에서 설명하였듯이 롤즈는 실질적 기회균등을 보장하기 위하여 상속세를 강화하고 증여에 제한을 가할 것을 제안하였다. 이러한 정책은 과도한 부의 축적을 방지하여 가정환경의 영향력을 제거하기 위함이다. 부유한 부모로부터 많은 유산을 상속받은 자녀들은 그러하지 못한 자녀들과 비교하여 인생의 출발점에서부터 유리한 처지에 있는 것이다. 따라서 실질적 기회균등을 보장하기 위하여서 높은 세율의 상속, 증여세가 필요하다. 또한 차등 원칙을 구현하여 부의 불평등을 개선하기 위하여서도 적절한 정책이다. 그러나 상속세를 반대하는 학자들의 주장에 의하면 높은 상속세율은 부를 자식들에게 물려주기 위하여 열심히 근로하고 저축하려는 노력과 투자의욕을 저해하고 오히려 낭비적 소비만 증가시켜 경제발전에 도움이 되지 못한다.[73] 높은 상속세는 새로운 생산용 기계에의 투자나 사업 확장을 위한 투자대신에 휴양지에서 휴가를 더 많이 즐기거나 유명화가의 그림을 구매하는 사치성 소비를 증가시킨다는 것이다. 만약 상속세를 폐지한다면 저축이 증가하여 투자와 자본소득을 증가시켜 경제가 성장하는 원인으로 작용하고 이는 무상속 계층인 저소득 근로자의 소득증가로 이어진다. 특히 부모로부터 중소기업을 승계 받은 자녀들은 막대한 상속세를 지불하지 못하여 소규모 가족기업이나 가족농업을 매각하여야 할 가능성이 높다. 즉 기업을 유지하지 못하게 되고 이는 노동자들의 고용에도 부정적 영향을 미친다. 과도한 상속세 부담은 기업승계의 장해요인으로 작용하여 중소기업을 해외투자자에게 매각 할 수밖에 없다면 이는 경쟁력 있는 장수기업의 육성을 어렵게 하고 국부의 해외유출을 초래한다. 따라서 상속세를 폐지하거나 자본이득세로의

---

73 상속, 증여세에 대한 논쟁에 대하여는 다음을 참조하시오. William Beach, 'Time to Repeal Federal Death Taxes,' *Heritage Foundation Backgrounder* No, 1428(April 4, 2001); Edward J. McCaffery, 'The Political Liberal Case against the Estate Tax,' *Philosophy & Public Affairs* Vol 23, No.4(Autumn 1994); Bruce Bartlett, 'Wealth, Mobility, Inheritance and the Estate Tax,' *NCPA Policy Report* No.235(June 2000); William Gate, James R. Hines Jr. and Joel Slemrod eds. *Rethinking Estate and Gift Taxation*(Washington, D.C.: Brookings Institution Press, 2001); 최명근, 조경업, 「상속세, 경제적 기회균등을 보장하는가?」(서울: 한국경제연구원 2006); Lawrence J. Kotlikoff & Lawrence H. Summers, 'The Role of Intergenerational Transfers in Aggregate Capital Accumulation,' *Journal of Political Economy* Vol.89, No.4(August 1981); Joseph Stiglitz, 'Notes on Estate Taxes, Redistribution, and the Concept of Balanced Growth Path Incidence,' *Journal of Political Economy* Vol.86, No.2(April 1978); 래리 M. 바텔스, 위선주(역), 「불평등 민주주의」(파주: 21세기북스, 2012); Alan J. Auerbach and Kent Smetters ed. *The Economics of Tax Policy*(Oxford: Oxford Univ. Press, 2017); 전병욱, '기업승계 관련 상속세 과세제도의 개선 방안 연구,' 「경영법률」 24권 1호(10월 2013) 493-516; 정승영, '상속, 증여세제의 자본이득세로의 전환 필요성,' 「한국경제연구원(KERI) 정책제언」 13-09(2013); 임동원, '원활한 기업승계를 위한 상속세제 개편방향,' 「한국경제연구원 KERI Brief」 19-07(2019).

전환을 주장하고 있다. 자본이득과세제도는 상속시 과세하지 않고 상속받은 자산을 추후 유상으로 처분할 때 양도소득으로 과세하는 것이다. 이러한 주장을 하는 학자들은 그들의 주장을 실증적으로 증명하는 연구결과를 제시하고 있다. 반면 상속세 강화를 주장하는 학자들의 주장에 의하면 자본축적은 저축으로부터 형성되기 보다는 부유한 부모들로부터 물려받은 부의 이전 때문이다. 만약 상속세를 완화한다면 상위 1퍼센트의 부호계급에게 부가 더욱 집중되어 세습 부호 계급이 형성될 것이다. 또한 소규모 가족기업이나 가족농업을 상속받은 자들도 상속세를 내기에 충분한 주식, 채권, 은행예금, 보험 등의 유동자산을 보유하고 있다. 상속세를 납부할 만큼 충분한 유동자산이 없는 기업들은 최대 14년에 걸쳐 상속세를 나누어 낼 수 있었다. 이들도 그들의 주장을 뒷받침할 실증적 연구결과를 제시하고 있다. 이상의 논의에서처럼 상속세의 경제적 효과에 대하여는 상반된 주장이 제기되고 있고 이에 대한 중첩적 합의를 이루지 못한 상황이다. 즉 상속세 강화가 차등의 원칙을 구현하기 위하여 적절한 정책인지를 정당화할 수 없다.

롤즈는 차등 원칙을 실현하기 위하여 다양한 복지정책의 실시를 주장하였다. 이에는 가족수당, 실업수당, 질병수당, 부의 소득세(negative income tax) 등이 포함된다.[74] 그러나 이러한 복지제도의 시행은 복지수혜자의 근로의욕을 감소시킨다는 실증적 주장이 제기되었다. 즉 복지수혜자는 정부가 지급해주는 이전소득에 안주하여 스스로 근로하려는 의욕을 상실하고 장기간 동안 복지수혜를 받고 이에 의존하는 인간이 된다는 비판이다.[75]

---

74 이에 대하여는 Rawls, *Theory of Justice*, 275쪽을 참조하시오.

75 복지정책의 부정적 효과에 대하여는 다음을 참조하시오. Oliver Marie and Judit Vall Castello, 'Measuring the(Income) Effect of Disability Insurance Generosity on Labour Market Participation,' *Journal of Public Economics* Vol.96, Nos.1–2(Feb. 2012), 198–210쪽; Sheldon

경제학자들은 보다 체계적으로 노동공급 모형을 제시하여 이를 분석하고 있다. 개인은 재화와 여가(leisure)를 소비하여 효용(만족감)을 극대화하고자 한다. 개인은 재화를 구매하여 소비함으로서 만족을 느끼고 여가를 즐기면서 삶의 활력소를 찾는다. 재화는 시장에서 구매하여야 하는데 이에 필요한 돈을 벌기 위해 일을 해야만 한다. 여기에서 서로 상충되는 문제가 발생한다. 일을 하지 않으면 충분한 여가를 즐길 수 있지만 그 대신 소득이 감소하여 재화를 구매하여 소비하는 만족감이 감소한다. 일을 한다면 재화를 충분히 소비할 수 있지만 소중한 여가를 포기해야만 한다. 경제학자들이 개인의 노동공급 행위를 분석하기 위해 사용하는 모형을 노동-여가 선택모형(model of labor-leisure choice)이라고 부른다. 이 모형은 어떤 개인이 일을 할지 여부와, 일을 하기로 하였다면 몇 시간 동안 일을 할 것인지를 결정하는 주요 요인들을 분석한다.

우선 개인이 재화의 소비(consumption)와 여가를 즐김으로써 만족을 얻는다는 개념은 다음과 같은 효용함수(utility function)로 요약할 수 있다.

$$U = f(C,\ L)$$

위의 효용함수에서 개인이 구매하여 소비하는 모든 재화의 화폐 가치를 합하여 C로 표시한다. 예를 들어 그 사람이 식비, 주거비, 자동차 할부금,

---

Danziger, Robert Haveman and Robert Plotnick, 'How Income Transfer Programs Affect Work, Savings, and Income Distribution,' *Journal of Economics Literature* Vol.19, No.3(Sep. 1981), 975-1028쪽; Hilary Williamson Hoynes and Diane Whitmore Schanzenbach, 'Work Incentives and the Food Stamp Program,' *Journal of Public Economics* Vol.96, Nos.1-2(Feb. 2012), 151-162쪽; Robert Moffitt, 'Incentive Effects of the U.S. Welfare System,' *Journal of Economic Literature* Vol.30, No.1(March 1992), 1-61쪽; Ronald G. Ehrenberg and Robert S. Smith, 한홍순(역), 「현대노동경제학」 제10판(서울: 교보문고, 2009); George J. Borjas, 박철성(역), 「노동경제학」 제7판(서울: 시그마프레스, 2017).

영화티켓 등을 구입하기 위하여 월 300만원을 쓴다면 C는 300만원의 가치를 갖는다. 여가를 나타내는 L은 그가 같은 기간 동안에 소비하는 총 여가 시간을 의미한다. 이 효용함수는 개인이 재화의 소비와 여가를 즐김으로써 느끼는 만족감의 정도를 효용지수(U)로 변환한 것이다. 효용지수가 높을수록 이 사람은 더 큰 만족감을 느낀다.

어떤 사람이 매주 80만원 상당의 상품을 소비하고 70시간의 여가를 누린다고 가정해보자. 이러한 소비와 여가의 선택으로 이 사람이 25,000 효용을 누린다고 하자. 이 사람은 소비와 여가시간의 다양한 조합으로부터 동일한 효용수준을 누릴 수 있다. 예를 들어, 이 사람은 80만원을 소비하고 70시간의 여가를 누리는 것과 60만원을 소비하고 80시간의 여가를 누리는 것에 전혀 차이를 느끼지 못할 것이다. 그림 27은 특정 수준의 효용을 주는 소비(C)와 여가(L)의 여러 조합을 그림으로 표현하고 있다. 그림 27의 X와 Y점은 동일한 효용 25,000을 누리기 위한 소비와 여가의 다양한 조합이다. 이러한 점들의 궤적을 무차별곡선이라고 부른다. 만약 이 사람이 70만원의 소비와 100시간의 여가를 누릴 경우에 40,000의 효용을 얻는다고 가정해보자. 그림 27의 Z점은 이를 나타내고 있다. Z점을 포함한

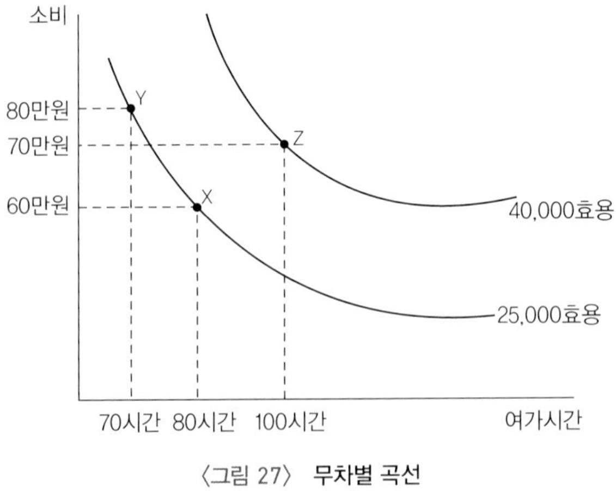

〈그림 27〉 **무차별 곡선**

무차별곡선은 보다 높은 수준의 효용(즉 40,000)을 주는 소비와 여가의 조합들이다.

개인의 재화와 여가의 소비는 그 사람의 시간과 소득에 의해 제약을 받는다. 개인이 재화의 소비를 위해 지출한 비용은 그의 소득 수준 내에서 결정된다. 소득은 그가 근로를 하여 취득하는 임금소득과 노동과는 관계없이 발생하는 비 근로소득으로 구성된다. 비 근로소득에는 배당소득, 재산소득, 복권당첨 소득과 같이 노동시간과는 관계없이 결정된다. 우리는 이를 V로 표시한다. 한편 임금소득은 그가 노동에 투여한 시간(이를 h로 표시한다)에 그의 시간당 임금률(w)을 곱한 값(wh)이다. 이 사람이 처한 예산제약(budget constraint)선은 다음과 같다.

$$C = wh+V$$

이는 재화의 소비(C)를 위해 지출한 비용이 임금소득(wh)과 비근로소득(V)의 합과 일치하여야 함을 뜻한다. 임금률이 고정되어 있다는 가정하에 개인은 자신의 시간을 일을 하거나 여가를 즐기거나 두 가지 방법으로 사용할 수 있다. 두 가지 활동에 배분할 수 있는 총시간은 일주일 동안 사용할 수 있는 총시간 T와 같다. 즉, $T=h+L$이 성립한다. 그러면 예산제약식은 다음과 같이 다시 쓸 수 있다.

$$C = w(T-L)+V$$

$$\text{또는 } C = (wT+V)-wL$$

이 식은 기울기가 마이너스 임금률($-w$) 인 직선의 형태를 가진다. 그림 28에서 이 사람의 예산선(budget line)이 그려져 있다. 예산선 상의 E는 이 사람이 일을 하지 않고 주어진 T 시간을 모두 여가에 활용하기로 결정한 경우에도 비근로소득 V 만큼의 재화를 소비할 수 있음을 설명하고 있

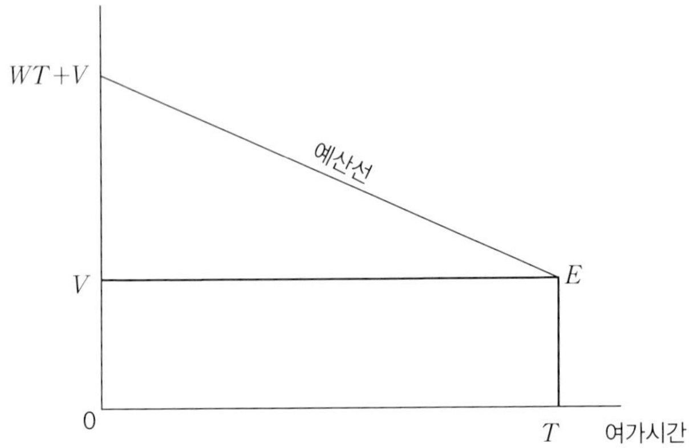

〈그림 28〉 **예산선**

다. 만약 이 사람이 한 시간의 여가를 포기한다면 예산선을 따라 위로 이동하여 w 만큼의 재화를 추가로 구매할 수 있다. 만약 이 사람이 여가활동을 아예 포기한다면 예산선의 절편에 해당하는 $(wT+V)$에 해당하는 재화를 구매하여 소비할 수 있다. 근로자는 예산선 아래에 해당하는 모든 여가와 소비의 조합을 선택할 수 있다. 그러나 예산선 위의 조합은 선택할 수 없다. 따라서 예산선은 근로자가 취할 수 있는 소비와 여가 조합의 경계선이다.

개인은 자신의 효용을 극대화하는 재화의 소비와 여가의 조합을 선택하고자 할 것이다. 이는 예산제약선 하에서 도달할 수 있는 가장 높은 수준의 효용지수를 주는 소비와 여가수준을 선택할 것임을 의미한다. **그림 29**은 이를 그림으로 표시하고 있다. **그림 29**의 X는 개인의 예산선(FE)과 무차별 곡선이 접하는 점이다. X는 효용극대화를 추구하는 개인이 선택한 소비와 여가의 최적조합을 의미한다. 이 사람은 X에서 달성 가능한 가장 높은 수준의 무차별곡선상에 있으며, 이때 25,000의 효용을 얻는다. 효용극대화점(X)에서 매주 80시간의 여가를 즐기고 30시간을 근로하여 60만원의 재화를 소비한다. 이 사람은 40,000이라는 더 높은 효용을 주는

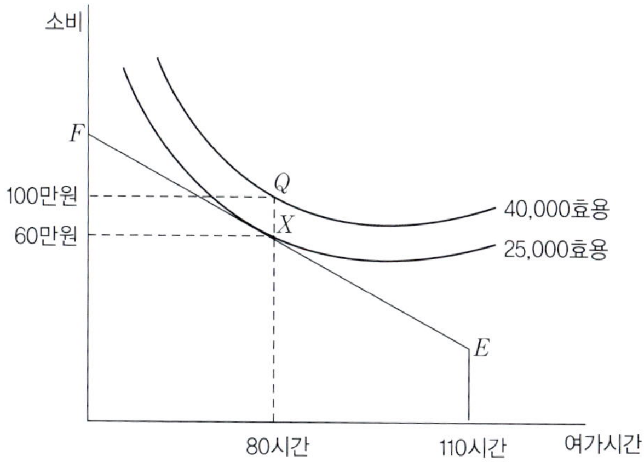

〈그림 29〉 **여가와 소비의 최적 조합**

무차별 곡선상의 조합을 선호할 것이다. 예를 들어 80시간의 여가를 즐기고 30시간을 근로하여 100만원의 재화를 구매할 수 있는 Q를 더 선호할 것이다. 그러나 주어진 임금률과 비근로소득으로는 이 점을 선택할 수 없다. 반면에 예산선 안쪽에 위치한 조합은 선택할 수 있으나 그렇게 하지 않을 것이다. 왜냐하면 이러한 조합은 25,000 효용보다 낮은 효용을 주기 때문이다. 따라서 이 사람의 최적의 소비와 여가는 예산선이 무차별 곡선과 접하는 점에서 달성된다.

만약 이 사람의 비근로소득(V)이 증가한다면 이 사람의 노동공급은 어떻게 변화할 것인가? 비근로소득의 증가는 그가 보유한 주식의 배당금이 인상된 경우에 발생할 수 있다. 그림 30는 여가가 정상재라는 가정 하에서 이 사람의 임금률은 변하지 않은 상태에서 비근로소득이 늘어났을 때, 근로시간에 어떤 변화가 나타나는지 보여준다.[76] 이 사람의 비근로소득이 애

76 모든 재화의 가격이 불변인 상태에서 소득이 증가할 때, 소비가 늘어나는 상품을 정상재라고 정의한다. 반대로 가격에 변화가 없는 상태에서 소득이 늘어날 때, 소비가 줄어드는 상품

초에 E_0로 표현되는 주당 20만원이라고 하자. 주어진 임금률에서 예산선은 F_0E_0가 된다. 이 사람은 X_0를 선택함으로써 효용극대화를 달성한다. X_0에서 그는 80시간의 여가를 누리고 30시간을 일한다. 비근소득이 40만원으로 증가하면 이 사람의 비근로소득을 나타내는 점은 E_0에서 E_1으로 이동하고 새로운 예산선은 F_1E_1으로 주어진다. 근로자의 임금률에는 변화가 없기 때문에 예산선의 기울기에는 변화가 없이 평행 이동한다. 비근로소득의 증가는 이 사람이 X_1처럼 더 높은 무차별곡선상의 조합을 선택할 수 있도록 한다. 즉 이 사람이 새롭게 선택할 수 있는 소비와 여가 조합의 가능성을 열어준다. **그림 30**은 추가적인 비근로소득이 재화의 소비와 여가시간 모두를 증가시키는 것으로 X_1을 나타내고 있다. 그 결과 여가시간은 90시간으로 증가하고 주당 근로시간은 20시간으로 감소하였다. 임금

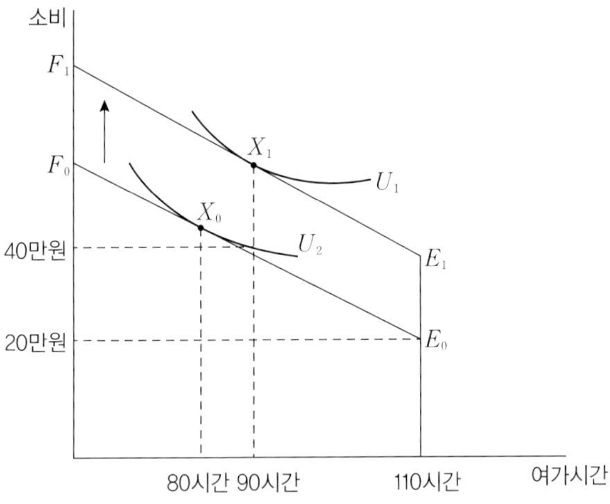

〈그림 30〉 **비근로소득의 변화가 근로시간에 미치는 영향**

을 열등재라 칭한다. 여가는 정상재라는 가정은 합리적 주장이다. 현재보다 부유해지면 지금보다 더 많은 여가를 원하게 될 것이기 때문이다.

률이 고정된 상태에서 비근로소득의 증가가 근로시간에 미치는 영향을 소득효과(income effect)라고 부른다. 여가가 정상재라는 가정하에서 소득효과는 임금률이 불변인 채로 비근로소득이 증가하면 근로자들이 근로시간을 감소시킨다는 것을 의미한다.

이상의 설명은 다양한 복지정책이 근로유인에 부정적 영향을 미친다는 주장의 근거로 제시되었다. 복지정책 중에서 산업재해 보상보험은 근로자들이 직무 중 다쳤을 경우에 잃게 되는 근로소득의 대부분을 대체시켜 주며 공공 장애자 프로그램은 다른 이유들로 인해 신체적으로 또는 정서적으로 일할 수 없게 된 근로자들을 위해 동일한 급여를 제공한다. 이러한 복지정책은 일하지 않는 사람들에게만 급여를 지급한다. 근로자들이 부상 후 일에 복귀하지 못하는 한, 부상 이전수준의 근로소득을 받도록 프로그램의 구조가 짜여있다고 가정하자. 그러나 일단 한 시간이라도 일하게 되면, 그들은 부상자로 더 이상 간주되지 않아 더 이상 급여를 받을 수 없다. 이러한 복지정책이 근로자의 노동공급에 미치는 영향력이 그림 31에 표시되어 있다. 그림 31에서 근로자가 부상 이전의 예산선은 FE이고 그는 주당 80시간의 여가를 즐기고 30시간의 일을 하여 60만원을 소비하는 P점에서 효용(U_0)을 극대화한다. 근로자는 부상 이후에 60만원의 보조금을 지급 닫기 때문에 그의 부상이후의 예산선은 FEG이다. 부상 이후 그는 전혀 일하지 않는 점 G에서 효용(U_1)을 극대화한다. 예산선 FEG은 스파이크(spike) 같이 보이는 선분 EG를 포함하고 있다. 이러한 특징이 이 근로자에게 심각한 근로의욕 감퇴를 야기한다. 일을 하지 않을 때의 급여로 가정된 EG는 부상 이전의 소비수준인 60만원과 같다. 부상 이후 과거 수준의 소비수준을 얻을 수 있으면서 또한 보다 많은 여가를 즐기는 것은 근로자의 효용을 U_1으로 증가시킨다. 일을 하지 않더라도 근로자는 더 높은 효용수준에 도달하도록 허용하는 것은 근로자들의 치료 후에 노동시장으로의 복귀를 방해하는 또는 적어도 지연시키는 소득효과를 발생시킨다. 만약 근로자가 치료 후에 노동시장에 복귀한다면 그가 근로로부터 얻게 되는 근로소득은 급여의 감소에 의해 상쇄되기 때문에 그는 G점에 머무를 유인이 발생하여 일을 하지 않게 된다.

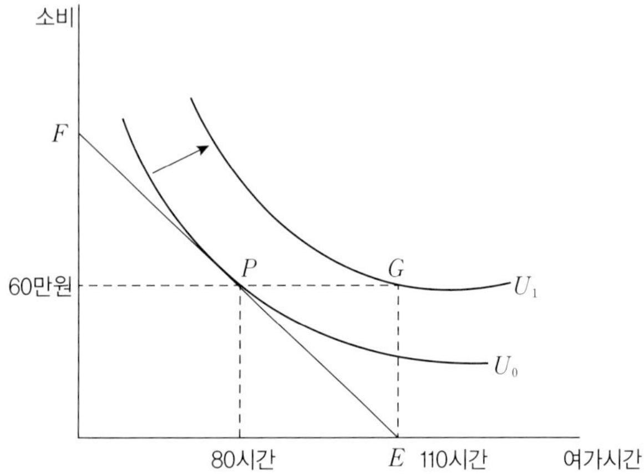

〈그림 31〉 **복지급여가 노동공급에 미치는 영향**

이상의 이론적 논의에 근거하여 복지정책이 노동공급에 미치는 영향력에 대한 많은 실증연구가 진행되었다. 마리(Marie)와 카스텔로(Castello)의 실증분석에 의하면 스페인 장애인 보조 프로그램 수급액의 증가는 노동참여율을 약 8% 정도 감소시킨다. 단지거(Danziger)는 미망인이나 이혼녀 중에서 저소득자에게 지급하는 자녀양육 프로그램을(Aid to Family with Dependent Children) 분석하였다. 자녀양육 수당의 증가는 수급자의 근로시간을 연간 600시간 정도 감소시킨다. 호이네스(Hoynes)는 저소득층에게 지급하는 식료품 보조 프로그램(Food Stamp)을 분석한 결과, 이 복지프로그램이 도입되었을 때 고용률이 24% 내지 27% 하락한다는 사실을 발견하였다. 이처럼 실증분석에 의하면 복지프로그램은 노동자의 근로의욕을 감퇴시키는 예기치 못한 부작용을 야기한다. 복지정책 도입의 선한 취지와는 무관하게 노동자들은 근로의욕이 감퇴되고 자조의 정신을 잃어버려 장기간 동안 복지 수급에 의존하게 된다. 보수주의자들은 이러한 복지정책의 부작용에 대하여 기업가 문화(enterprise culture)라는 대안을 제시하였다. 즉 복지 의존적 성향을 타파하고 근로자들의 주도성, 독립심, 자조, 책임감을 발휘할 수 있도록 제도적 개선을 제안하였다. 정부에서 제공하는 다양한 복지 프로그램을 소비자인 노동자가 선택하는 제도로 대체하는 것이다. 이에는 개인연금, 개인의료보험, 주택 소유 정책 등이 포함된다. 개인은 소비자로서 이러한 문제에서 재정적 책임감을 갖는 독립적이고 책임감 있는 시민이 되는 것이다.[77]

롤즈도 이러한 부작용에 대하여 인지하고 있다. 그는 여가(leisure)에 대하여 논하면서 일자리가 있음에도 근로 능력이 있는 노동자가 파도타기와 같은 활동에 시간을 낭비한다면 이러한 자는 복지수급 자격이 없다고 지적하였다.[78] 롤즈의 주장에 의하면 이들이 차등의 원칙에 근거하여 복지혜택을 요구하면서 스스로 근로를 하지 않는다면 이는 사회 협력원으로서의 역할을 포기하는 것이다. 그러나 많은 실증연구 결과에 의하면 다양한 복지정책은 근로의욕을 감퇴시키는 부작용을 초래한다. 이러한 상황에서 롤그의 구상을 적용한다면 복지수급자격을 갖춘 자는 하나도 없게 될 것이다. 이는 복지정책의 의도와도 상반되는 결과이며 어떠한 복지정책도 시행할 수 없는 것이 된다. 롤즈의 주장처럼 그들에게 복지수급 자격을 박탈하기 보다는 그들이 성실한 노동자로 복귀하도록 제도적 보완을 시도하는

77 이에 대하여는 다음을 참조하시오. Russell Keat, 'Starship Britain or Universal Enterprise?' in Russell Keat and Nicholas Abercrombie eds. *Enterprise Culture*(London: Routledge, 1991); Charles Murray, *In Our Hands*(Washington, D.C.: AEI Press, 2006).

78 이에 대하여는 Rawls, *Political Liberalism*, 182쪽을 참조하시오.

것이 보다 현실적이다. 실제 미국의 경우, 자녀 양육 프로그램을 개선하였다. 즉 정부는 수급자에 대한 수급기간 제한 및 근로의무 요건을 부과하였다. 수급자는 자신의 생애기간 중 최대 60개월까지만 급여를 받을 수 있도록 의무화하였다. 또한 수급자들이 최대 24개월 동안 급여를 받은 후에는 반드시 근로를 하도록 요구하고 있다. 이러한 제도적 개선은 복지정책의 부작용을 해소하기 위함이다. 필자는 본서의 제2장 제6절 '원초적 입장'에서 무지의 장막은 무임승차를 원하는 비협조자를 협조적인 시민으로 유도하기 위한 협력게임(coordination game)의 방편이라고 설명하였다. 근로의욕이 저하되어 장기간 복지수급에 안주하는 시민들은 무임승차를 하는 비협조자들이다. 이러한 상황에서 롤즈의 공정으로서의 정의관이 현실사회에 구현되기 위하여서는 복지수급자에게 근로의무와 지급기간의 제한을 가하는 것이 보다 적절한 제안일 것이다. 또한 이러한 개선이 이루어진 복지제도는 모든 시민들로부터 중첩적 합의를 보다 쉽게 성취할 수 있을 것이다.

이상에서 필자는 롤즈의 정의의 원칙을 현실 사회에 적용할 경우의 다양한 문제점을 실증적으로 분석하였다. 이러한 맥락에서 이하에서는 롤즈의 정의의 제2원칙과 자유의 가치(value of liberty)와의 관계를 중심으로 논의를 전개하겠다. 롤즈의 주장에 의하면 정의의 제2원칙이 현실사회에서 구현되어 부가 고루 분산된 민주체제(property-owning democracy)가 성취된다면 그 사회의 시민들은 보다 많은 실질적 자유의 가치를 향유한다. 필자가 본서의 제2장 제7절 'b 정의의 제2원칙'에서 설명하였듯이, 경제적으로 불평등한 사회에서 최하위 계층은 정치적 결정에 영향력을 행사할 수 있는 수단이 부족하다. 반면 롤즈의 정의의 제2원칙이 구현된 평등한 사회에서는 모든 시민들이 정의의 제1원칙에 규정된 정치적 자유를 실질적으로 보다 충실히 향유할 수 있다. 롤즈는 정의의 두 원칙은 부가 분산된 민주체제이거나 자유주의적 사회주의(liberal socialism) 체제[79]에서 실현될 수 있다고 주장하였다. 그러나 가우스(Gaus)는 불평등이 하위계층의 정치적 자유의 가치를 저해한다는 롤즈의 주장은 자명한 것이 아니라는 반론을 제기하였다.[80] 모든 시민들이 어느 정도의 정치적 자유를 실질적으로 향유하고 있는지 여부는 복잡한 사회현상이다. 이에는 시민들의 정치참여수준의 정치문화, 정부와 기업 사이의 제도적 관계구조, 정치권력 이외의 여타 권력축의 존재 여부, 전반적 소득수준 같은 다양한 요소를 포함한다. 가우스는 OECD 국가의 실증적 자료를 분석하여 소득불평등도와 정치참여 수준 사이의 상관관계를 분석하였다. 그림 32은 이를 보여주고 있다. 분석결과 소득불평등도와 정치적 자유의 가치 사이에는 깊은 상관관계가 있다는 근거를 찾지 못하였다. 물론 약간의 상관관계가 발견되기는 한다. 소득불평등도가 OECD 국가 평균보다 낮은 평등국가는 정치적 자유 충족도에서 높거나 중간 이상이다. 그러나 소득불평등도가 전체 평균보다 높은 불평등한 국가는 정치적 자유 충족도에서 높거나 낮은 상태이다. 예를 들어 미국은 소득불평등도가 OECD 국가 평균 이상의 불평등한 국가이다. 그러나 미국은 정치 참여(political participation)와 정치적 다원주의(political pluralism) 면에서 여타 평등 국가 보다 우수한 편이다. 또한 OECD 국가 중에서 평등국가와 불평등 국가 사이의 정치적 자유 충족도 차이는 매우 미미한 정도이다. 체코와 프랑스는 미국과 일본 보다 평등한 국가이지만 두 국가군의 정치자유 충족도의 차이는 미미한 수준이다. 따라서 정치적 자유와 소득불평등 사이에는 유의미한 상관관계가 없

---

79 자유주의적 사회주의라는 용어보다는 시장사회주의(market socialism)이라는 표현이 보다 적절하다.

80 이에 대하여는 다음을 참조하시오. Gerald Gaus, *The Order of Public Reason*(Cambridge: Cambridge Univ. Press, 2011), 509–529쪽.

다. 한편 터키와 멕시코는 정치적 자유 충족도에서 하위 국가이면서 매우 불평등한 국가이다. 그러나 두 국가는 전체적 부의 수준이(overall level of wealth) 낮은 국가들이다. 즉 두 국가는 OECD 국가 중에서 상대적으로 경제발전 단계가 낮은 국가이다. 이러한 발견을 종합적으로 분석해보면 정치적 자유의 가치를 결정하는 중요한 요소는 전반적 부의 수준이며 소득 불평등은 미미한 요소이다.

	전체 평균이하 평등국가	전체 평균이상 불평등 국가
높은 수준 정치참여 참여수준 점수(16)	덴마크	미국
중간 수준 정치참여 참여수준 점수(15)	체코, 프랑스	일본
저위 수준 정치참여 참여수준 점수(12–14)		터키, 멕시코

〈그림 32〉 **불평등과 정치참여의 관계**

롤즈는 정의의 두 원칙은 부가 분산된 민주체제이거나 자유주의적 사회주의(liberal socialism) 체제에서 실현될 수 있다고 주장하였다. 따라서 이러한 체제에서는 모든 시민들이 실질적으로 높은 수준의 정치적 자유를 향유할 것이다. 부가 고루 분산된 민주체제는 현실세계에서는 아직 실현되지 않은 사회체제이다. 따라서 롤즈의 주장을 실증적으로 분석할 수 없다. 한편 자유주의적 사회주의는－이는 시장사회주의를 의미한다－역사적으로 존재하였던 체제이다. 과거 티토(Tito)대통령이 통치하던 유고슬라비아(Yugoslavia) 사회주의 체제가 이에 속한다. 가우스의 주장에 의하면 티토 치하의 유고슬라비아는 시민 자유와 정치 권리를 심하게 억압하였다. 따라서 롤즈의 주장은 실증적 경험에 의하면 정당화될 수 없다. 물론 과거 티토 치하의 유고슬라비아 사회주의에 대한 실증적 자료를 찾을 수는 없지만 OECD 국가의 자료를 분석한 결과 불평등과 정치적 가치 사이의 상관관계는 존재하지 않는다. 오히려 국가의 전반적 부의 수준이 보다 중요한 요소이다.

이상에서 설명한 가우스의 주장과 이미 설명한 롤즈의 모순(Rawls' Paradox) 이론을 결합하면 보다 현실적인 설명이 가능할 것이다. 브래런은 그림 25에서 롤즈의 모순을 제기하면서 정부의 시장개입이 없는 자연적 자유체제－즉 자유방임적 자본주의－가 장기적으로 보다 효율적인 경제성장을 주도한다고 주장하였다. 반면 민주적 평등체제－즉 부가 분산된 민주체제－는 경제성장이 더디어 그 사회의 하위계층은 정부가 시장개입에 의한 분배정책을 하지 않았을 때보다 더욱 가난해진다. 1900년도부터 경제성장을 추적하여 종말년도인 2000년에 자연적 자유체제는(505.1, 1010.1, 2020.2)의 경제 상태를 달성하고 민주적 평등체제는(108.7, 137.7, 173.9)의 경제 상태에 이르렀다. 자연적 자유체제의 하위계층의 소득(505.1)은 민주적 평등체제 차위계층의 소득(108.7)보다 훨씬 높다. 분배할 소득은 고정된 것이 아니라 분배의 방식에 따라 장기적으로 변화하는 것이라는 주장에 근거하여 브래런의 주장은 적절한 지적이다. 현대 미국의 경제체제는 복지정책을 시행하고 있지만 기본적으로는 자연적 자유체제에 속한다. 반면 티토 치하의 유고슬라비아는 민주적 평등체제이다. 2000년 티토 치하의 유고슬라비아 경제상태가(108.7, 137.7, 173.9)라고 가정하면 이는 미국 보다 평등한 사회이다. 그러나 미국의 전반적 부의 수준은(즉 505.1+1010.1+2020.2) 유고슬라비아 보다 높다. 이러한 상황에서 미국 시민들은 유고슬라비아 시민보다 보다 높은 실질적 자유를 향유하고 있다. 동구 사회주의 몰락 이전까지 티토 통치하의 유고슬라비아의 정치탄압을 고려하면 유고슬라비아 시민들의 정치적 자유의 가치가 저하되었다는 것은 경험적인 사실이다. 이처럼 정치적 자유의 가치에 영향을 미치는 요소는 소득불평등이 아니라 국가의 전반적 부의 수준이다. 가우스는 그 이유에 대하여 설명하지는 않았다. 아마 이에 대하여는 보다 실증적인 연구가 필요할 것이다. 다만 필자의 추론으로는 일국의 전반적 부의 수준이 증가할수록 시민들의 교육수준이 높고 따라서 정치적 자유를 침해한 정치권력에 대한 비판의식이 고양되기 때문일 것이다. 교육을 받은 시민들은 본인이 정치에 영향력을 행사할 수 있다는 정치효능감이 증가할 것이다. 따라서 정치참여율이 높은 참여형 정치문화를 형성한다. 또한 경제발전을 이룩한 국가에서는 하위계층의 생활수준도 절대빈곤선 이상으로 향상되어 부패한 정치권력으로부터 조정을 당하지 않을 것이다. 브래런이 제시한 그림 25에서 자연적 자유체제의 하위계층은 505.1의 비교적 높은 소득수준을 누리지만 민주적 평등체제의 하위계층은 108.7의 낮은 소득을 올리고 있다. 민주적 평등체제의 하위계층은 교육을 못 받은 빈곤상태이기 때문에 부당한 선거용 뇌물에 유혹되어 그들의 표를 타락한 정치인에게 행사할 확률이 높다. 이는 그들의 정치적 자유의 실질적 가치를 상실하는 행위이다. 실제 저소득국가에서 정치인들은 하위계층에게 뇌물을 제공하고 표를 얻는 금권선거가 만연하였다. 1950, 1960년대 한국의 선거에서 부패한 정치인은 소위 달동네에 거주하는 하위계층에게 물질적 혜택을 제공하여 표를 매수하는 상황이었다. 경제발전을 이룩하여 하위계층의 생활수준이 절대빈곤선을 상회한다면 이러한 부정선거는 발생하지 못할 것이다. 이상의 단편적 예를 통하여 가우스 주장의 실증적 적절성을 발견할 수 있다. 물론 롤즈도 이러한 상황을 인식하고 있다. 본서의 제2장 제7장 c. '정의의 제1원칙의 우선성' 부분에서 제1원칙이 규정하는 사회적 기본재인 정치적 자유는 제2원칙이 규정하는 경제적 소득, 직위나 직책보다 중요하다는 점을 상술하였다. 저개발 국가의 정치지도자가 선거에서 당선을 위하여 최하위 계층에 속하는 유권자에게 금품을 제공하거나 취업기회를 보장하는 불법선거를 자행하여 당선되었다면 이는 정의의 제1원칙의 우선성에 위배된다. 그러나 롤즈는 정의의 제1원칙이 규정하는 정치적 자유의 실질적 가치를 충족시키는 정의 사회를 구현하기 위하여 지속적 경제발전은 필요치 않다고 주장하였다. 물질적 풍요가 정의사회 구현에 필요조건이 아니라는 롤즈의 주장은 많은 제3세계 저개발 국가의 정치현실과 일치하지 않는다. 저개발 국가에서 만연한 부정선거의 실증적 경험은 이를 반증하고 있다.

이상에서 필자는 롤즈의 정의의 제2원칙을 구현하기 위한 다양한 제도적 장치들의 적절성을 실증적으로 분석하여 비판하였다. 이러한 분석을 통하여 필자는 롤즈는 자신의 이론을 정당화하는데 실패하였다고 지적하였다. 롤즈는 그의 정의 원칙들이 실현된 결과로서 부와 자본의 소유가 사회 구성원들에게 고루 분산된 민주체제(property-owning democracy)를 제시하였는데 이러한 이상사회는 평등주의(egalitarianism) 이념을 구현한 것이다. 그러나 이러한 평등주의 이념에 대한 이론적 비판이 제기되고 있다. 프랑크푸르트(Frankfurt)의 주장에 의하면, 우리보다 가난한 사람을 접하였을 때 우리를 괴롭히는 것은 우리와 빈자 사이의 양적인 부의 차이가 아니라 빈자들의 상황이 너무 가난하다는 점이다. 즉 빈곤(poverty)이 중요한 관건이다.[81] 경제자원의 분배측면에서 도덕적으로 중요한 점은 모든 시민이 동일량을 소유하여야 하는 것이 아니라 모든 시민이 충분히 소유하여야 한다는 점이다. 만약 모든 사람이 충분히 소유하고 있다면 일부 시민이 타인보다 보다 많이 소유하고 있다는 점은 도덕적으로 문제될 것이 없다. 만약 사회 최하위 계층의 생활수준이 그의 삶의 행태를 영위하는데 충분하다면 그들도 불평등을 기꺼이 수용할 것이다. 프랑크푸르트는 이러한 그의 주장을 충분성의 원칙(principle of sufficiency)이라고 칭하였

81 이에 대하여는 다음을 참조하시오. Harry Frankfurt, 'Equality as a Moral Ideal,' *Ethics* Vol.98, No.1(Oct 1987), 32쪽.

다. 불평등이 도덕적으로 문제가 아니라 삶의 행태를 유지하기에 충분한 일정 수준(threshold) 이하의 빈곤이 관건이라는 충분주의(sufficientarianism)의 주장은 평등주의를 비판하는 유력한 이론적 근거를 제시하여 주고 있다.[82]

쉴드(Shields)의 주장에 의하면 사회 최하위 계층의 복지수준을 높여주기 위한 경제적 지원의 중요성은 그들의 복지수준의 변화에 따라 가변적이다. 만약 복지정책의 수혜를 받는 사회 최하위 계층의 생활수준이 그들의 생을 영위하기에 충분한 일정 수준(threshold) 이상이라면 더 이상의 복지지원은 그 도덕적 중요성이 떨어진다는 것이다.[83] 충분주의자들은 이러한 변곡점(shift)이 작동한다고 주장하면서 사회 최하위 계층의 복지증진에 무조건적인 우선순위를 두는 롤즈의 차등 원칙을 비판하였다. 또한 변곡점이 작용함으로써 충분주의는 개인의 책임감을 강조하는 사상에 부합한다. 만약 모든 시민이 충분한 정도의 복지수준을 향유할 경우에 개인의 부주의한 선택에 의하여 발생한 불평등은 정당한 것이 된다. 반면 평등주의자들은 충분한 일정 수준 개념의 모호성을 지적하고 있는데 이에 대하여 충분주의자인 악셀슨(Axelsen)은 보다 구체적으로 변곡점의 복지수준

---

82 충분주의에 대하여는 다음을 참조하시오. Liam Shields, *Just Enough*(Edinburgh: Edinburgh Univ. Press, 2016); Carian Fourie and Annette Rid eds. *What Is Enough?*(Oxford: Oxford Univ. Press, 2017); David V. Axelsen and Lasse Nielsen, 'Sufficiency as Freedom from Duress,' *Journal of Political Philosophy* Vol.23, No.4(Dec. 2015), 406-426쪽: Robert Huseby, 'Sufficiency; Restated and Defended,' *Journal of Political Philosophy* Vol.18, No.2(June 2010), 178-197쪽; Yitzhak Benvaji, 'The Doctrine of Sufficiency; A Defence,' *Utilitas* Vol.17, No.3(Nov. 2005), 310-332쪽; Lasse Nielsen, 'What Is Our Real Concern with Real Inequality?' *Policy Studies Journal* Vol.46, No.3(August 2018), 553-572쪽; Jeremy Moss, *Reassessing Egalitarianism*(New York: Palgrave Macmillan, 2014), 26-29쪽: Gillian Brock, 'Sufficiency and Needs-Based Approaches,' in Serena Olsaretti ed. *The Oxford Handbook of Distributive Justice*(Oxford: Oxford Univ. Press, 2018), 86-108쪽.

83 이에 대하여는 Shields, *Just Enough*, 28-33쪽을 참조하시오.

을 규정하고 있다. 즉 개인의 가치관에 따라 선택한 삶을 성공적으로 영위할 수 있는 수준을 충분한 일정 수준으로 정의하고 있다.[84] 닐센(Nielsen)은 인간개발지수(human development index)를 제시하였는데 이에는 문자취득률, 예상수명, 국내총생산 등을 지수화한 값으로 0과 1사이로 표시된다. 만약 시에라리온의 인간개발지수가 0.413이고 덴마크는 0.923이라면 덴마크는 높은 수준의 복지를 누리고 있고 시에라리온은 충분치 못한 복지수준을 누리고 있다고 평가하는 것은 정당한 것이다. 이처럼 인간개발지수로 평가한 복지수준에서 시에라리온은 변곡점 이하의 상황임으로 이는 규범적으로 문제 거리이다. 두 국가사이의 불평등 자체가 논란거리가 아니고 시에라리온 시민들이 변곡점 이하의 충분치 못한 복지수준을 누리고 있다는 것이 정의의 관점에서 도덕적 관건이다.[85] 롤즈는 이상적으로 완벽하고 정의로운 분배를 추구한 반면 충분주의는 현존하는 부정의를 제거하려는 노력이다. 빈곤이라는 현실 세계의 문제점을 분석하여 이에 대한 실현 가능한 대안을 제시한 충분주의는 보다 그 적용 가능성에서 진일보한 것이다.

평등주의자와 충분주의자 사이의 논쟁은 현재에도 진행되고 있는 상황이다. 필자는 이러한 논쟁을 직접 다루기보다는 이러한 논쟁을 롤즈의 사상체계에 적용하여 분석을 시도하겠다. 특히 원초적 입장에서 롤즈의 정의의 원칙이 선택되는 과정을 이론적으로 비판하여 두 주장 사이의 논쟁이 롤즈의 사상체계에 미치는 영향력과 그 효과를 제시하겠다. 본서의 제2장 제8절 'c 정의의 두 원칙의 선택근거'에서 필자는 원초적 입장에서 맥

---

84 이에 대하여는 다음을 참조하시오. David Axelsen and Lasse Nielsen, 'Essentially Enough,' in Fourie and Rid eds. *What Is Enough?*, 106–108쪽.

85 이에 대하여는 Nielsen, 'What Is Our Real Concern with Real Inequality,' 557–558쪽을 참조하시오.

시민 원칙이 작동하여 정의의 두 원칙이 선택되는 과정을 설명하였다. 롤즈의 주장에 의하면 원초적 입장에서는 세 가지 특징이 적용됨으로 맥시민 원칙이 작동한다는 것이다. 첫째, 원초적 입장에서 무지의 장막은 계약 당사자들이 대변하는 시민들이 속할 계층에 대한 확률적 계산을 할 수 없게 한다. 또한 각 계층이 누릴 사회적 기본재의 수량적 양도 모르는 상황이다. 둘째, 계약 당사자들은 그들이 확보할 수 있는 최저 분배의 몫 이상에 대하여는 무관심하다. 셋째, 원초적 입장의 계약 당사자들은 롤즈의 정의의 원칙 이외의 다른 원칙들은 그들이 받아들일 수 없는 상황을 포함하고 있다고 상정한다. 예를 들어, 계약 당사자들은 공리주의 원칙은 사회 공익을 위하여 일부 시민의 자유를 희생할 수 있다고 비난하고 이러한 결과를 용납하지 못한다. 따라서 원초적 입장은 최악의 경우를 상정하는 맥시민 원칙이 작동할 수 있는 조건을 충족시킨다. 그 결과, 원초적 입장의 계약 당사자들은 롤즈의 정의의 원칙을 선택한다는 것이다.[86] 이상의 롤즈의 주장 중에서 두 번째와 세 번째 특징은 최저 분배의 몫이 생을 영위하기 위하여 충분한 일정수준(threshold)이 되어야 한다는 주장으로 귀결된다. 그 수준이 최저 생계비 이상이든지 인간개발지수의 일정 수준 이상이라면 원초적 입장의 계약 당사자들은 최저 분배의 몫 이상에 대하여는 무관심할 것이다. 만약 최저 분배의 몫이 생을 영위하기에 충분하지 못할 정도라면 계약 당사자들은 이를 용납할 수 없다. 그렇다면 계약 당사자들은 하위 계층의 복지수준을 평가하여 정의의 원칙을 선택할 것이다. 만약 하위 계층의 복지수준이 일정수준 이하라면 그들을 지원하겠지만 그들의 복지 수준이 일정수준 이상이라면 더 이상 분배 정책에 관심을 갖지 않을 것이다. 즉 원초적 입장의 계약 당사자들은 차등의 원칙 보다는 충분주

86 이에 대하여는 Rawls, *Theory of Justice*, 154–157쪽을 참조하시오.

의 원칙을 선택할 것이다. 차등의 원칙을 선택하여 하위계층의 복지수준과 관계없이 그들을 지원하기 보다는 충분주의 원칙을 정의 원칙으로 선택하여 하위 계층의 복지수준이 생을 영위할 수 없을 정도일 경우에 그들을 지원하고 그 이상의 불평등에 대하여는 무관심할 것이다. 이러한 필자의 추론이 원초적 입장의 세 가지 특징과 맥시민 원칙의 구조면에서 보다 논리적 주장일 것이다.

물론 롤즈가 자신의 이론을 전개할 당시에는 충분주의라는 개념이 제기되지 않은 상황이다. 롤즈가 제시한 여러 대안 중에는 그의 정의의 두 원칙 이외에도 공리주의 정의관, 혼합정의관(mixed conception), 이기주의 정의관, 직관주의 정의관 등이 있다.[87] 롤즈가 정의의 원칙으로서 가능한 대안들을 목록으로 제시할 당시에는 충분주의라는 개념이 제기되지 않은 상황이고 따라서 롤즈가 충분주의 원칙을 고려할 여지는 없었다. 특히 롤즈는 여러 대안 중에서 공리주의 정의관 보다는 자신의 정의의 두 원칙이 선택되는 이유와 과정을 정당화하면서 논의를 전개하였다. 그러나 롤즈가 제시한 여러 대안 중에는 평균공리주의(average utility) 정의관에 일정 제약(constraint)을 가한 정의원칙이 존재한다. 이 혼합정의관의 주장에 의하면 정의사회는 시민들의 평균 효용을 증가시켜야하지만 일정한 최저 생계비(certain social minimum)는 보상해 준다는 조건 하에서이다. 필자의 견해로는 이 혼합정의관을 확대해석하면 충분주의 정의관과 일치한다. 즉 모든 시민들의 평균 복지수준을 효율적으로 향상시키면서 사회 최하위계층에게는 충분한 복지수준을 보장해주는 사회이다. 따라서 이러한 혼합정의관은 프랑크푸르트가 제시한 충분주의 정의관이다. 만약 롤즈가 주장한 원초적 입장의 두 번째와 세 번째 특징이 작동한다면 이 혼합정의관

87 롤즈가 제시한 다양한 정의관의 목록에 대하여는 Rawls, *Theory of Justice*, 124쪽을 참조하시오.

이 선택받게 될 것이다. 혼합정의관이 주장하는 평균효율의 증가를 위하여서는 지속적 경제성장이 필요하다. 또한 혼합정의관이나 충분주의가 충분한 일정수준을(threshold) 보장하는 이유는 하위계층의 비참한 경제 상황을 정의사회에서는 받아들일 수 없기 때문이다. 이는 롤즈가 주장한 원초적 입장의 세 번째 특징과 부합하는 것이며 따라서 계약 당사자들은 혼합정의관이나 충분주의 정의관을 선택할 것이다. 롤즈는 공리주의를 비판하면서 총효용의 극대화를 위하여 하위계층을 희생시키는 상황을 상정하였기 때문에 혼합정의관을 수용하지 못했을 것이다. 그러나 혼합정의관이 주장하는 최저생계비 개념을 확대하여 충분한 일정수준의 개념을 확립하면 원초적 입장에서 충분주의 정의관이 선택되는 것이 보다 논리적이다. 필자의 분석처럼 충분주의가 원초적 입장에서 선택 받게 될 정의관이라면 롤즈의 전체 사상체계는 수정을 하여야 할 것이다. 특히 재산과 부가 사회 구성원들에게 고루 분산된 민주체제에 대한 롤즈의 이상을 포기하여야 할 것이다. 이러한 면에서 롤즈는 그의 사상체계를 정당화하는데 실패하였다.

제6장

•

중첩적 합의에 대한 인식론적 비판

필자는 본서 제2장 제12절에서 롤즈의 중첩적 합의 이론을 설명하였다. 그림 18에서 표현하였듯이 롤즈는 그의 정의관의 이론구조와 내용이 여러 합리적이고 포괄적인 주장들의 이론구조와 정합적으로 일치하거나 적어도 큰 갈등이 없다는 것을 보여주고자 하였다. 따라서 그의 정의 이론은 다원주의 사회에서 존재하는 여러 합리적 주장들로부터 수용되어 안정된 사회를 이룩한다고 주장하였다. 롤즈는 모범 케이스(model case)를 상정하여 여러 합리적이고 포괄적인 주장들이 각각 그들의 관점에서 정의의 두 원칙을 수용하는 과정을 보여줌으로써 그의 주장을 정당화하였다. 필자는 본서 제2장 제13절에서 급진적 반성적 평형상태 이론을 활용하여 롤즈의 중첩적 합의 과정을 재해석하였다. 이하에서는 롤즈의 중첩적 합의 이론에 대한 인식론적 비판을 시도하겠다. 독자들의 이해를 돕기 위하여 제2장 제13절에서 소개한 믿음체제의 수정과정을 반복 설명하면서 롤즈 이론을 비판하겠다.

우선 롤즈가 모범 케이스에서 전개한 중첩적 합의과정을 요약하면 다음과 같다. 세 종류의 포괄적인 주장이 있다고 가정하자. 이에는 자유 믿음의 종교관, 칸트의 자유주의 도덕관과 공리주의, 그리고 다원주의 견해이다. 자유 믿음의 종교관에 의하면 개인의 자유로운 믿음과 내적인 성실성에 의해서만 구원을 받을 수 있으며 종교적인 믿음은 국가의 권력이나 타인에 의한 강요로써 형성되는 것이 아니다. 이러한 종교적 믿음은 롤즈의 정의의 제1원칙이 규정하는 종교의 자유나 양심의 자유와 부합한다. 따라서 그들은 롤즈의 정의의 원칙을 수용한다. 칸트의 윤리관에 의하면 자유로운 인간은 그의 욕구의 충족을 위해서가 아니라 그의 이성이 명령하는 보편적인 행위 원칙에 따라 행동하여야 한다. 이들이 롤즈의 정의관을 수용하는 이유는 칸트의 자유관은 정의의 제1원칙인 자유의 원칙을 유도하기 위한 연역적 기초이기 때문이다. 공리주의에 의하면 어떤 행위의 선악은 그 행위 결과가 효용을 극대화하였는가에 달려있다. 공리주의자들은 그들의 공리원칙은 너무 추상적이라서 인간의 지식으로는 효용(utility)을 산정할 수 없는 반면 롤즈의 정의관은 간단하고 명료한 원칙이기 때문에 공리주의의 근사치로서 롤즈의 정의관을 수용한다. 다원주의 견해에 의하면 정치적 가치뿐만 아니라 비정치적 가치를 포함하는데 각각의 가치는 그 적용의 경우가 다르고 정치적 가치와 비정치적 가치가 상충될 경우에는 정치적 가치가 우선한다고 주장한다. 이들은 롤즈의 정의관이 추구하는 사회적 협력을 위한 정의관의 우선성을 수용함으로써 롤즈의 이론과 중첩적 합의를 이룩할 수 있다. 이처럼 여러 합리적 주장들은 각각 그들의 사상적 관점에서 롤즈의 정의관을 평가하여 수용함으로써 중첩적 합의를 달성한다.

이하에서는 중첩적 합의를 인식론적인 관점에서 재해석하여 그 특징을 고찰하겠다. 비합리적인 주장과 합리적인 주장 등 모든 믿음의 이론체계는 일련의 믿음(belief sets)이 일치하여 균형을 이루고 있는 인식론적인 상태(epistemic states)이다. 그러나 이러한 인식론적인 상태는 그를 구성하고 있는 일련의 믿음 중 일부가 변함으로서 그 이론체계가 변하게 된다.[1] 즉 합리적 주장의 견지 자는 그의 이론체계의 믿음 중 일부의 믿음이 변하여 결국 전체이론이 변하게 된다. 이러한 이론의 변화(theory change)에는 세 가지 유형이 있다. 첫 번째 유형은 이론의 확장(expansion)이다. 예를 들어 (K)를 합리적인 주장의 일련의 믿음체계라고 할 경우 (A)라는 롤즈의 정의관을 (K)의 믿음체계가 수용하였다면(이를 $A \in K$라고 표현한다), 이는 (K)의 믿음체계를 축소시키기 않고 새로운 믿음을 첨가하였음으로(새롭게 형성된 믿음체계를 K_{A+}라고 표현한다) 이론의 확장이다. 중첩적 합의의 예에서 자유믿음의 종교관(이론체계 K)이 롤즈의 정의의 두 원칙과 정치문화(A)를 수용하는 것은 이론의 확장에 속한다. 자유믿음에 대한 종교관의 축소가 없이 새로운 믿음을 첨가하였기 때문이다. 자유믿음이라는 합리적인 주장의 관점에서 롤즈의 정의관과 정치문화, 원초적 입장 등은 그들의 일련의 믿음체계와 정합적으로 논리상 일치한다. 따라서 자유믿음의 종교관은 롤즈의 정의관을 포함하는 확장된 믿음체계(K_{A+})를 갖게 되었다. 칸트주의자들이 롤즈의 정의관을 수용하는 경우도 이론의 확장에 속한다. 칸트의 자유의지를 신봉하는 합리적인 주장들은 그들의 주장으로부터 연역적으로 롤즈의 정의관을 유출해낼 수 있음으로, 칸트의 믿음체계를 포기하지 않고 롤즈의 정의관을 수용할 수 있다. 따라서 칸트주의자들은 롤즈의 정의관을 포함하는 확장된 이론체계를 갖게 된다.

두 번째 이론의 변화 유형은 이론의 수정(revision)이다. 예를 들어 기존의 믿음체계(K)가 그와는 상충되는 믿음체계 (A)에 직면하여$(A \notin K)$ 기

1 Peter Gardenfors, *Knowledge in Flux*(Cambridge: MIT Press, 1988), 47쪽.

존의 믿음체계의 일부를 수정하는 경우이다. 기존의 믿음체계가 일관성을 유지하기 위하여서는, 기존 믿음의 일부를 포기하고 새로운 믿음을 첨가하여 수정된 이론체계(K_{A*})를 갖는 것이다.[2] 롤즈의 중첩적 합의의 경우, 공리주의자들은 그들의 이론체계의 하나인 효용(utility)의 상호간의 비교(interpersonal comparison)에 대한 믿음을 포기하고 공리주의의 근사치로서 롤즈의 정의관을 수용하여 새로운 믿음체계를 갖게 된다. 공리주의 같은 목적론적 이론(teleological principle)은 너무 추상적이지만, 롤즈의 정의의 두 원칙은 간단하고 명료한 이론임으로 이를 공리주의의 근사치로서 수용한다는 것이다. 공리주의의 주장처럼 모든 시민의 효용의 극대화(utility maximization)를 위하여서는 일부 시민의 효용의 증대와 다른 시민의 효용의 감소를 상호 비교하여야 한다. 롤즈는 이러한 비교는 타인의 쾌락과 고통을 나의 그것과 비교하는 것으로서 이는 불가능하다는 것이다. 반면 롤즈의 정의의 두 원칙은 간단명료한 이론임으로 공리주의의 원칙의 근사치로서 이용할 수 있다는 것이다. 따라서 공리주의자들은 효용의 측정이라는 믿음을 포기하고 그 근사치로서 롤즈의 정의관을 수용함으로서 이론적 수정을 한다는 것이다.

세 번째 유형의 이론변화는 이론의 수축(contraction)이다. 이는 기존의 믿음체계 가운데 일부의 믿음을 포기하지만 새로운 믿음을 첨가하는 경우는 아니다.[3] 기존의 믿음체계의 일부를 포기하는 이유는 새로운 이론체계와 상충되는 믿음의 진위 여부를 살피기 위하여서이다. 즉, 새로운 이론체계와 상충되는 믿음의 진위를 살피기 위하여서는 기존의 이론체계 가운데 그와 상충되는 믿음을 포기하여야만 한다. 일단 기존 믿음의 일부를

2 Gardenfors, *Knowledge in Flux*, 53쪽.

3 Gardenfors, *Knowledge in Flux*, 60쪽.

포기한 후, 그와 상충되는 새로운 믿음의 진위 여부를 살피는 경우이다. 롤즈의 중첩적 합의의 경우, 이론의 수축의 예를 찾기는 힘들다. 필자의 견해로는 현대 다원주의사회에 존재하는 비합리적 주장들이 중첩적 합의 과정을 통해 그들의 믿음체계의 일부를 포기하는 경우일 것이다. 예를 들어 종교적 근본주의자들은 그들의 믿음체계의 한부분인 종교 국가건설이 롤즈의 관용의 정신과 일치하지 않는다는 것을 발견하고 이를 포기하였다고 가정하자. 그러나 그들의 종교관 자체를 포기하는 것은 아니다. 단지 정치와 종교의 분리 원칙을 받아들여 종교국가 건설이라는 주장만을 철회하는 이론의 수축과정을 겪는 것이다.

이러한 세 가지 유형의 이론변화는 개별적으로 발생하기 보다는 동시적으로 발생하는 것이다. 예를 들어, 이론의 수축을 한 후 다시 이론의 수정을 하여 새로운 믿음체계를 견지할 수도 있고 그 반대의 경우도 있다. 세 가지 유형으로의 분리는 단순화를 위한 시도일 뿐이다. 롤즈는 중첩적 합의를 통하여 여러 합리적인 주장들이 롤즈의 이론체계와 정합적으로 일치함으로서 그들의 이론체계는 변화하여 롤즈의 정의관을 수용함을 설명하였다. 따라서 롤즈의 조직화된 사회는 안정적임을 정당화하였다.

롤즈의 중첩적 합의의 개념이 발표된 후, 이에 대한 많은 비판이 제기되었다. 우선 롤즈의 중첩적 합의를 통한 안정화된 사회에 대한 정당화는 사회 안정화를 위한 감정적인 요소(emotional attachment)를 등한시하였다는 비판을 받고 있다.[4] 둘째, 합리적 주장만의 합의를 강조하고 롤즈의 정

4 이에 대하여서는 다음을 참조하시오. James Nickel, 'Rawls on Political Community and Principles of Justice,' *Law and Philosophy* Vol.9, No.2(May 1990), 215쪽; Thomas Hill, 'The Stability Problem in Political Liberalism,' *Pacific Philosophical Quarterly* Vol.75, Nos. 3 & 4(Sep./Dec. 1994), 342쪽; George Klosko, 'Rawls's Political Philosophy and American Democracy,' *American Political Science Review* Vol.87, No.2(June 1993), 356쪽.

의관을 수용하지 않는 주장은 비합리적이라고 배격함으로서 롤즈의 안정 이론은 자유주의의 원리에 위배된다.[5] 셋째, 합리적 주장들은 오직 그들의 논리에 의거하여 롤즈의 정의관을 수용함으로 중첩적 합의는 우연적이고 약한 지지이다. 근본적이고 강한 합의를 이루지 못하는 한, 그들은 쉽게 지지를 철회할 수 있다는 비판이다.[6] 본서에서는 롤즈의 중첩적 합의의 인식론적인 재해석에 기초하여 그의 이론을 평가하겠다.

롤즈의 중첩적 합의 과정의 첫 번째 예인 자유믿음의 종교관이 롤즈의 정의관, 시민관, 사회관에 대한 해석을 수용하는 것은 이론의 확장(expansion)이다. 오직 개인의 내면적 성실성만이 참된 구원을 얻을 수 있다는 자유믿음의 종교관은 롤즈의 정의의 제일 원칙인 기본적 자유의 원칙을–예를 들어 양심의 자유–쉽게 수용할 것임으로 그들의 종교관을 버리지 않고 롤즈의 정의관을 첨가할 것이다. 그러나 정의의 제1원칙이 규정하는 양심의 자유와 종교의 자유를 향유하는 시민들은 그들의 내면적 성실성에 근거하여 무신론자가 될 수도 있다. 무신론자들은 그들의 성실한 자유의지에 의하여 자발적으로 신을 부정하는 결론에 도달할 수 있다. 정의의 제1원칙이 규정하는 종교의 자유 개념에는 개종의 자유뿐 아니라 종교적 믿음을 포기할 자유도 포함한다. 만약 자유믿음의 종교관을 갖고 있는 기독교인들이 롤즈의 정의관을 수용한다면 그들은 신에 대한 믿음을 포기하여야 하는 곤경에 처할 것이다. 환언하면 자유믿음의 종교관과 롤즈의 정의관과는 마찰의 소지가 있음으로 그들은 롤즈의 정의관에 대한 지지를

---

5 이에 대하여서는 다음을 참조하시오. Jesse Furman, 'Political Illiberalism,' *Yale Law Journal* Vol.106, No.4(Jan. 1997), 1210쪽; Leif Wenar, 'Political Liberalism,' *Ethics* Vol.106, No.1 (Oct. 1995), 36쪽; Heidi Hurd, 'The Levitation of Liberalism,' *Yale Law Journal* Vol.105, No.3(Dec. 1995), 819쪽.

6 Lawrence E. Mitchell, 'Trust and Overlapping Consensus,' *Columbia Law Review* Vol.94, No.6 (Oct. 1994), 1928–1929.

철회할 것이다. 인식론적인 면에서 확장을 통한 이론의 변화가 가능하려면, 새로운 믿음이 첨가되더라도 기존의 믿음체계를 가급적 최대한으로 유지하여 불필요한 믿음의 수정이 없어야 한다. 이는 인식론의 보수주의 원칙(conservative principle 또는 informational economy)이다.[7] 롤즈의 중첩적 합의의 예에서 자유믿음의 종교관이 무신론을 포함한 양심의 자유를 수용하는 것은 이러한 인식론적 보수주의 원칙에 위배된다. 따라서 자유믿음의 종교관을 갖은 시민들은 롤즈의 정의관을 수용하지 않을 것이다. 실제 자유믿음 주창자인 록크(Locke)의 종교적 관용론은 무신론자들까지 수용하는 것은 아니다.[8] 신의 존재를 인정한 록크의 관용론에 의하면, 천국에 이르는 길이 다양하다면 이러한 종교적 믿음은 국가의 간섭과 강요에 의하여 결정될 것이 아니라 개인의 자각에 의존하여야 한다는 것이다.[9] 반면, 롤즈의 정의의 제1원칙에 포함돼 있는 양심의 자유나 종교의 자유에 의하면 개인은 신앙의 자유를 갖고 있음으로 종교를 믿고 안 믿을 자유를 누리고 있다는 것이다. 또한 신앙할 종교를 선택, 변경할 수 있는 자유를 포함하고 있다. 나아가서 신앙 또는 불신앙으로 인하여 특별한 불이익을 받지 않을 자유 등을 포함한다. 예를 들어 기독교 신자가 무신론자가 되었다고 하여 불이익을 받을 수 없다는 원칙이다. 따라서 양심의 자유나 종교적 자유는 록크의 종교적 관용론과는 상충된다. 즉 자유 믿음의 종교관은 롤즈의 정의의 원칙을 수용할 수 없을 것이다.

---

7 Gardenfors, *Knowledge in Flux*, 67쪽.

8 John Locke, *A Letter Concerning Toleration*(Indianapolis: Hackett, 1983), 51쪽.

9 록크의 관용론에 대하여는 다음을 참조하시오. Susan Mendus, *Toleration and the Limits of Liberalism*(London: Macmillan, 1989), 22–43쪽; Jeremy Waldron, 'Locke: Toleration and the Rationality of Persecution,' in Susan Mendus ed. *Justifying Toleration*(Cambridge: Cambridge Univ. Press, 1988), 61–86쪽.

롤즈의 중첩적 합의의 두 번째 예는 공리주의자들이 그들의 이론을 수정하여 롤즈의 정의관을 수용하는 것이다. 효용의 극대화라는 원칙은 너무 추상적이고 복잡하여 실제 상황에 적용할 수 없음으로 이를 포기하고, 그 대안으로 근사치인 롤즈의 정의관을 수용한다는 것이다. 롤즈는 「정의론」에서 공리주의를 부적절한 정의관이라고 비난하였는데, 「정치적 자유주의」에서는 공리주의 정의관과 자신의 정의관과의 양립 가능성을 시사하고 있다. 롤즈의 주장에 의하면, 공리주의자들은 효용을 상호비교 할 수 없다는 롤즈의 주장을 받아들여 그 근사치로서 롤즈의 정의관을 수용하여 그들의 공리주의관을 수정한다는 것이다. 그러나 인식론적인 면에서 이론의 수정을 하기 위하여서는 새로운 주장에 관심을 갖고 그 것을 참된 지식으로 받아들여야만 한다.[10] 즉, 효용은 실제 상황에서 측정하기에는 너무 추상적이고 복잡하다는 롤즈의 주장을 참된 주장으로 받아들여야만 공리주의 이론의 수정이 가능하다. 그러나 공리주의자들은 롤즈의 이러한 주장을 받아들이지 않고 있다. 따라서 공리주의자들은 그들의 이론을 수정할 필요를 느끼지 못하고 있다. 공리주의자인 고딘(Robert Goodin)의 주장에 의하면, 정책결정의 선도이론으로서의 공리주의는 정책 결정자를 위한 일반적 형태의 원칙을 제시한다고 주장하고 있다.[11] 해당 시민들에 비하여, 정책 결정자들은 구체적 상황에 대하여서 부족한 정보를 갖고 있다. 따라서 정책 결정자들은 개개 시민들을 대하는 것이 아니라 전체로서의 시민들을 고려함으로 일반적 형태의 정책을 결정하게 된다. 따라서 이러한 상황에서 일반적 형태의 원칙은 정책 결정자에게 유익한 선도이

10 Gilbert Harman, *Change in View*(Cambridge: MIT Press, 1986), 55쪽.

11 이에 대하여는 Robert Goodin, *Utilitarianism as a Public Philosophy*(Cambridge: Cambridge Univ. Press, 1995), 60-81쪽을 참조하시오.

론이다. 환언하면 효용의 상호비교의 복잡성과 효용이라는 개념의 추상성은 공리주의자들에게는 그리 심각한 문제가 아니다. 따라서 공리주의자들은 그들의 이론을 수정하여 그 대안으로서 롤즈의 정의관을 수용할 필요를 못 느낀다. 필자의 견해로는 공리주의의 주장은 적합한 것이라고 생각한다. 특히 시민들이 사회의 기본구조를 규정하는 정의의 원칙을 선택할 때, 이는 당연히 추상적이고 일반적 형태를 취할 수밖에 없다. 따라서 공리주의자들은 롤즈의 정의관을 그들 이론의 근사치로서 수용할 이유가 없다. 또한 실제 상황에서 효용의 원칙을 적용할 때에도 그들은 측정 가능한 실질적인 측정치를 사용한다. 예를 들어 교육 정책이나 보건 정책의 경우, 그 정책의 결과를 공리주의의 입장에서 평가할 때에는 학생들의 문자해득률, 퇴학률, 평균 수명의 증감, 의사와 환자의 비율 등 측정 가능한 것을 사용한다. 따라서 롤즈의 주장처럼 효용이라는 개념은 추상적이어서 상호 비교가 불가능하다는 주장은 공리주의자들에게 참된 주장으로서 받아들여지지 않을 것이다. 그럼으로 그들은 공리주의에 대한 이론적 수정의 필요성을 느끼지 못할 것이다.

공리주의자인 하자니(John Harsanyi)는 효용의 상호비교 가능성의 근거로서 동일성의 가정(similarity postulate)을 상정하고 있다. 예를 들어 어떤 정책이 그 정책의 수혜자의 효용을 얼마나 증감시켰는지를 계산할 때, 공리주의자들은 감정이입(empathy)을 통하여 결정을 한다. 즉 정책 결정자가 수혜자의 기호, 교육 정도, 사회 배경, 심리상태와 똑 같은 특징을 갖고 있다고 가정하고 정책 결정자가 그 정책의 예상되는 결과에 대하여 느끼는 효용를 측정한다. 환언하면 나와 타인간의 기호나 교육정도 등의 실질적인 차이에 대한 조종이 이루어지면, 정책에 대한 우리의 심리적 반응은 동일함으로 효용의 상호 비교가 가능하다는 것이다. 일반적으로 개인에 대한 충분한 정보가 있고 또한 그에 대한 감정이입을 시도하면, 우리는 그 개인의 효용의 증감을 측정할 수 있다.[12] 이처럼 기수적 효용(cardinal utility)마저도 측정이 가능하다고 주장하는 하자니는 실제 롤즈의 차등의 원칙을 공리주의의 입장에서 비판하고 있다. 사회적, 경제적 불평등은 그 사회의 최하위계층의 복지를 증가시키는 한에서 정당하다는 롤즈의 차등의 원칙에 대하여 하자니는 이 원칙은 최하위계층의 복지에만 절대적 우선순위를 두는 것이라고 비판하고 있다. 즉 복지 정책의 수혜자가 얼마의 효용의 증가를 얻을 수 있는가에 대한 고려 없이 최하위 계층의 복지만을 고려하는 비효율적인 원칙이라는 비판이다. 예를 들어 사회는 A집단과 B집단으로 구성되어있고, A집단은 대학교육을 원하는 우수한 집단이고 B집단은 학습지진아와 같은 심각한 열등집단이다. 국가의 복지예산은 오직 한 집단에게만 혜택을 줄만한 여유밖에 없다고 가정해보자. 롤즈의 차등의 원칙에 의하면 국가는 B집단이 더욱 불리한 집단임으로 이들에게 복지의 혜택을 주어야 한다. 그러나 하자니의 주장에 의하면 기수적 효용을 알 수 있다는 주장 하에, 복지정책의 실시 결과가 초래하는 사회 전체의 효용의 증가를 비교하여야 한다는 것이다. 우수한 A집단이 고등교육을 받음으로써 초래하는 사회 전체의 효용의 막대한 증가는 학습지진아인 B집단의 미미한 효용 증가를 초과함으로 A집단이 사회복지 정책의 수혜자이어야 한다는 주장이다.[13] 효용의 상호비교 가능성을 부정하는 롤즈는 단순히 복지 수준의 비교(level−comparison)를 통하여 최하위계층의 복지를 향상시키는 차등의 원리를 주장하였으나, 하자니는 기수적 효용을 통한 단위비교(unit−comparison)를 하여 효용의 증가분을 복지정책의 수혜자를

12 John Harsanyi, 'Morality and the Theory of Rational Behavior,' in Amartya Sen and Bernard Williams eds. *Utilitarianism and Beyond*(Cambridge: Cambridge Univ. Press, 1982), 50쪽.

13 이에 대하여는 John Harsanyi, 'Can the Maximin Principle Serve as a Basis for Morality,' *American Political Science Review* Vol.62, No.2(June 1975), 597쪽을 참조하시오.

결정하는 기준으로 삼고 롤즈의 차등의 원칙을 배격하였다.

필자의 견해로는, 동일한 처지에 있는 개인은 동일한 정책에 대하여 동일한 심리적 반응을 보인다는 동일성의 가정은 실증적으로 검증하기에 어려운 가정이다. 그러나 이 가정의 적합성 여부를 떠나, 롤즈는 그의 주장인 효용의 상호 비교의 어려움을 정당화하기 위하여서는 동일성의 가정을 부정하여야만 하다. 그러나 롤즈는 이러한 시도를 하지 않고, 단순히 효용의 상호 비교의 어려움을 지적하고 있다.[14] 그렇다면 공리주의자들은 그들의 이론체계를 수정할 이유를 느끼지 못 할 것이다.

공리주의의 원칙에서 효용의 극대화는 가장 핵심적인 믿음이다. 따라서 효용의 상호 비교도 중요한 믿음이다. 많은 공리주의자들은 이를 위한 여러 이론을 제시하고 있다. 이러한 노력의 성공 여부와는 관계없이, 효용의 상호비교 가능성은 그들의 중요한 믿음이다. 인식론적 관점에서 이론의 수정이나 축소를 위하여서는 그들이 포기하여야 하는 믿음은 중요도(epistemic entrenchment)에서 낮은 등급의 믿음이어야 한다.[15] 따라서 기존의 이론 체계가 포기하는 믿음을 가급적 최소화하여야만 이론의 변화가 가능하다. 효용의 비교 가능성은 공리주의자들에게는 깊이 뿌리내리고 있는 중요한 믿음이다. 공리주의자들의 이러한 믿음이 적절한 것인가의 여부와는 상관없이, 그 집착도(entrenchment)는 효용의 비교 가능성이라는 믿음이 공리주의 이론 전반에서 차지하는 중요도에 달려 있다. 이러한 관점에서 효용의 비교 가능성은 공리주의 이론의 출발점이라 하여도 과언이 아니다. 이러한 믿음은 그들에게 법률과 같은(lawlike) 믿음이다. 이러한

14 하자니의 유력한 주장인 동일성 가정에 대하여 롤즈는 직접적인 대답을 하지 않고, 다만 하자니의 비판인 정의 원칙의 광범위(macro principle)에 대하여만 대답하고 있다. 이에 대하여는 Rawls, *Political Liberalism*, 261쪽을 참조하시오.

15 Gardenfors, *Knowledge in Flux*, 87쪽.

믿음을 포기하는 것은 공리주의의 이론적 설명력을 현저히 저하시키는 것이다. 따라서 공리주의자들은 롤즈의 이론을 쉽게 수용하지 못할 것이고 그러한 필요성도 느끼지 못할 것이다.

믿음의 집착도라는 인식론적인 조건은 롤즈의 가정인 합리적인 주장을 시민들은 느슨하게 견지하고 있다는 점과 대치된다. 롤즈의 주장에 의하면, 합리적인 주장은 삶의 모든 경우에 적용되는 일반적 원칙이 아님으로 시민들은 이를 느슨하게 견지하고 있다는 것이다. 필자의 견해로는 이러한 가정은 실증적으로 적합지 않은 가정이다. 물론 시민들은 독단주의자는 아니지만, 그들의 믿음 체계가운데에서 중요한 믿음을 느슨하게 견지하고 있지는 않다. 오랜 역사적 전통을 지닌 기독교인, 칸트주의자, 공리주의자들이 그들의 믿음을 느슨하게 견지하고 있는지는 의심이다. 아마 이 문제는 실증적인 검증이 어려운 주장일 것이다.

롤즈의 모범 케이스에서 칸트주의자들과 다원주의관의 견지자들은 롤즈의 정의관을 쉽게 수용할 것이다. 그러나 칸트 이론에 영향을 받아 구성된 롤즈의 정의관이 칸트주의자들에게 수용되는 것은 롤즈 이론의 정당성을 증가시켜주는데 크게 기여하지는 못할 것이다. 그리고 정치적 가치를 비정치적 가치보다 중요시하는 다원주의관이 롤즈의 정의관을 수용한다는 점은 동의어 반복에 불과하다. 『정의론』에서 롤즈는 이미 정의의 가치관에 대한 우월성(the priority of right to the good)을 주창하였는데, 모범 케이스의 예에서 다원주의관이 정치적 가치를 우선시함으로 롤즈의 정의관을 수용한다는 주장은 동의어 반복에 불과하다. 따라서 칸트주의자와 다원주의관의 견지자가 롤즈의 정의관을 수용한다는 사실은 롤즈의 정의관을 정당화하는데 크게 기여하고 있지 못하다. 이상의 분석에 의하면 롤즈의 중첩적 합의는 인식론적 측면에서 실패하였고 따라서 롤즈의 정당화 과정은 그 문제점을 노정하였다.

제7장

결론

본서에서는 서구 자유주의 사상의 대표적 학자인 롤즈의 이론을 소개하고 그 문제점을 지적하였다. 롤즈의 이론은 다양한 정치철학적 이론과 방법론, 경제학의 실증적 주장과 심리학적 방법론 등을 활용한 정교한 과정의 결실이다. 이러한 측면에서 롤즈의 학문적 기여는 심대하다고 할 수 있다. 그러나 이러한 노력에도 불구하고 많은 문제점을 노정하고 있다. 특히 권리 개념의 정당화 과정에서 다양한 역사적, 철학적 논의를 등한시한 단순화의 오류를 범하고 있다. 그의 정의의 두 원칙의 정당화 과정과 이를 실제 구현하기 위한 정책 제안에서도 논쟁적인 요소를 포함하고 있어서 롤즈가 원하였던 중첩적 합의를 도출하지 못하였다. 롤즈가 제시한 권리 개념이 실제 상황에서 남용될 가능성이 있고 기회균등을 정당화는 불평등의 이유에 대하여서 실증적 측정의 문제점을 노출하고 있다. 롤즈는 차등 원칙을 구현하기 위한 다양한 정책들이 야기할 실증적 부작용과 정부실패에 대하여 충분한 주의를 기울이지 않고 있다. 롤즈는 중첩적 합의를 통하여 그의 정의관이 안정적이라고 주장하였으나 이론의 변화라는 인식론적 측면에서 많은 허점을 노출하여 실패하였다. 실제 미국의 정치현실에서 진보와 보수의 극단화가 노정되고 있다는 사실은 중첩적 합의의 어려움을 반증하는 것이다. 전반적으로 롤즈는 이론적 정교함이나 실증적 자료에 근거한 주장에서 문제점을 노정하였다. 역설적으로 롤즈의 실패는 실증적 자료에 근거한 이론전개의 중요성을 우리에게 알려주고 있다.

참고문헌

Abbey, Ruth ed. *Feminist Interpretations of John Rawls*. University Park: Pennsylvania State University Press, 2013.

Alesina, Alberto; Ozler, Sule; and Roubini, Nouriel. 'Political Instability and Economic Growth.' *Journal of Economic Growth* Vol.1, No.2(June 1996), pp.189–211.

Alejandro, Roberto. 'What Is Political about Rawls's Political Liberalism?' *Journal of Politics* Vol.58, No.1(Feb. 1996), pp.1–24.

Alejandro, Roberto. *The Limit of Rawlsian Justice*. Baltimore: Johns Hopkins Univ. Press, 1998.

Allingham, Michael. *Distributive Justice*. New York: Routledge, 2014.

Altman, Andrew. *Critical Legal Studies*. Princeton: Princeton Univ Press, 1990.

Anderson, Elizabeth S. 'What Is the Point of Equality?' *Ethics* Vol.109, No.2(Jan. 1999), pp.287–337.

Anderson, Elizabeth. 'Fair Opportunity in Education.' *Ethics* Vol.117, No.4(July 2007), pp.595–622.

Arneson, Richard. 'Against Rawlsian Equality of Opportunity.' *Philosophical Studies* Vol.93, No.1(Jan. 1999), pp.77–112.

Arneson, Richard. 'Egalitarianism and Responsibility.' *Journal of Ethics* Vol.3, No.3(1999), pp.225–247.

Arneson, Richard. 'Egalitarianism and the Undeserving Poor.' *Journal of Political Philosophy* Vol.5, No.4(Dec. 1997), pp.327–350.

Arneson, Richard. 'Equality of Opportunity for Welfare Defended and Recanted.' *Journal of Political Philosophy* Vol.7, No.4(Dec. 1999), pp.1–17.

Arneson, Richard. 'Luck Egalitarianism and Prioritarianism.' *Ethics* Vol.110, No.2(Jan. 2000), pp.339–349.

Arneson, Richard. 'Liberalism, Distributive Subjectivism, and Equal Opportunity for Welfare.' *Philosophy and Public Affairs* Vol.19, No.2(Spring 1990), pp.158–194.

Arneson, Richard. 'Why Justice Requires Transfers to Offset Income and Wealth Inequalities.' *Social Philosophy & Policy* Vol.19, No.1(Winter 2002), pp.172–200.

Arneson, Richard. 'Equality and Equal Opportunity for Welfare.' In *Equality: Selected Readings*, pp.229–241. Edited by Louis Pojman and Robert Westmoreland. Oxford: Oxford Univ. Press, 1997.

Arneson, Richard. 'Primary Goods Revisited.' *Nous* Vol.24, No.3(June 1990), pp.429–454.

Arneson, Richard. 'Justice Is Not Equality.' *Ratio* Vol.21, No.4(December 2008), pp.371–391.

Arneson, Richard. 'Equality of Opportunity.' *Journal of Social Philosophy* Vol.44, No.4(Winter 2013), pp.316–330.

Auerbach, Alan J. and Smetters, Kent eds. *The Economics of Tax Policy*. Oxford: Oxford Univ. Press, 2017.

Axelsen, David V. 'Sufficiency as Freedom from Duress.' *Journal of Political Philosophy* Vol.23, No.4(December 2015), pp.406–426.

Bailey, Tom and Gentile, Valentina eds. *Rawls and Religion*. New York: Columbia Univ. Press, 2015.

Baker, John; Lynch, Kathleen; Cantillon, Sara; and Walsh, Judy. *Equality*. 2nd ed. New York: Palgrave Macmillan, 2009.

Balcazar, Carlos Felipe. 'Lower Bounds on Inequality of Opportunity and Measurement Error.' *World Bank Policy Research Working Paper* 7379(July 2015), pp.1–8.

Bandyopadhyay, Sanghamitra ed. *Research on Economic Inequality: Poverty, Inequality and Welfare*. Bingley: Emerald Publishing, 2018.

Barata, Andre and Cabrita, Maria Joao. 'What Principle of Difference for a Truly Egalitarian Social Democracy?' *Palgrave Communications* Vol.5, No.69 (2019), pp.1–9.

Barro, Robert J. 'Inequality and Growth in a Panel of Countries.' *Journal of Economic Growth* Vol.5, No.1(March 2000), pp.5–32.

Barry, Brian. *The Liberal Theory of Justice*. Oxford: Clarendon, 1973.

Barry, Brian. 'Equal Opportunity and Moral Arbitrariness.' In *Equal Opportunity*, pp.23–46. Edited by Norman E. Bowie. Boulder: Westview Press, 1988.

Barry, Brian. *A Treatise on Social Justice. Vol.1: Theories of Justice*. Berkeley: University of California Press, 1989.

Barry, Brian. *Essays in Political Theory. Vol.1: Democracy and Power*. Oxford: Clarendon, 1991.

Barry, Brian. *Essays in Political Theory. Vol.2: Liberty and Justice*. Oxford: Clarendon, 1991.

Barry, Brian. 'John Rawls and the Search for Stability.' *Ethics* Vol.105, No.4(July 1995), pp.874–915.

Barry, Brian. 'In Defense of Political Liberalism.' *Ratio Juris* Vol.7, No.3(Dec. 1994), pp.325–330.

Barry, Brian. *Why Social Justice Matters*. Cambridge: Polity Press, 2005.

Bartlett, Bruce. 'Wealth, Mobility, Inheritance and the Estate Tax.' *NCPA Poli-*

cy Report No.235(June 2000), pp.1–27.

Basu, Kaushik and Stiglitz, Joseph E. eds. *Inequality and Growth*. New York: Palgrave Macmillan, 2016.

Beach, William W. 'Time to Repeal Federal Death Taxes.' *Heritage Foundation Backgrounder* No.1428.(April 4, 2001).

Beckman, Ludvig. *The Liberal State and the Politics of Virtue*. Stockholm: City University Press, 2000.

Beiner, Ronald. *What's the Matter with Liberalism?* Berkeley: Univ. of California Press, 1992.

Benn, S.I. and Gaus, G.F., eds. *Public and Private in Social Life*. New York: St. Martin's, 1983.

Bentham, Jeremy. *The Works of Jeremy Bentham*. 11 Vols. Ed. by John Bowring. Edinburgh: William Tait, 1843.

Benvaji, Yitzhak. 'The Doctrine of Sufficiency.' *Utilitas* Vol.17, No.3(Nov. 2005), pp.310–332.

Bercuson, Jeffrey. *John Rawls and the History of Political Thought*. New York: Routledge, 2014.

Berkowitz, Peter. 'John Rawls and the Liberal Faith.' *Wilson Quarterly* Vol.26, No.2(Spring 2002), pp.60–69.

Berkowitz, Peter. 'The Ambiguities of Rawls's Influence.' *Perspectives on Politics* Vol.4, No.1(March 2006), pp.121–127.

Berkowitz, Peter. *Virtue and the Making of Modern Liberalism*. Princeton: Princeton Univ. Press, 1999.

Berkowitz, Peter ed. *Never a Matter of Indifference*. Stanford: Hoover Institution Press, 2003

Berlin, Isaiah. *Four Essays on Liberty*. Oxford: Oxford Univ. Press, 1969.

Berofsky, Bernard ed. *Free Will and Determinism*. New York: Harper & Row, 1966.

Besley, Timothy. *Principled Agents?* Oxford: Oxford Univ. Press, 2006.

Bhagwat, Ashutosh. *The Myth of Rights*. Oxford: Oxford Univ. Press, 2010.

Bloom, David E. and Sevilla, Jaypee. 'Should There Be a General Subsidy for Higher Education in Developing Countries?' *Journal of Higher Education in Africa* Vol.2, No.1(2004), pp.135–148.

Bohman, James and Rehg, William, eds. *Deliberative Democracy*. Cambridge: MIT Press, 1997.

Bonevac, Daniel. 'Reflection without Equilibrium.' *Journal of Philosophy* Vol.101, No.7(July 2004), pp.363–388.

Bonjour, Laurence. *The Structure of Empirical Knowledge*. Cambridge: Johns Hopkins Univ. Press, 1986.

Bonner, John. *Introduction to the Theory of Social Choice*. Baltimore: Johns Hopkins Univ. Press, 1986.

Botti, Daniele. *John Rawls and American Pragmatism*. Lanham: Lexington Books, 2019.

Boucher, David and Kelly, Paul eds. *The Social Contract from Hobbes to Rawls*. London: Routledge, 1994.

Bowie, Norman E., ed. *Equal Opportunity*. Boulder: Westview Press, 1988.

Bowie, Norman E. and Simon, Robert L. *The Individual and the Political Order*. 4th ed. Lanham: Rowman & Littlefield, 2008.

Bowles, Samuel; Gintis, Herbert; and Groves, Melissa Osborne, eds. *Unequal Chances*. Princeton: Princeton Univ. Press, 2005.

Bradley, Anthony and Forster, Greg eds. *John Rawls and Christian Social Engagement*. Lanham: Lexington Books, 2015.

Brenkert, George G. *Political Freedom*. London: Routledge, 1991.

Brennan, Jason. 'Rawls' Paradox.' *Constitutional Political Economy* Vol.18, No.4(December 2007), pp.287–299.

Brennan, Jason. *Why Not Capitalism?* New York: Routledge, 2014.

Breslin, Beau. *The Communitarian Constitution*. Baltimore: Johns Hopkins University Press, 2004.

Brighouse, Harry and Swift, Adam. 'Educational Equality versus Educational Adequacy.' *Journal of Applied Philosophy* Vol.26, No.2(May 2009), pp.117–128.

Brighouse, Harry and Swift, Adam. 'Equality, Priority, and Positional Goods.' *Ethics* Vol.116, No.3(April 2006), pp.471–497.

Brighouse, Harry and Swift, Adam. 'Putting Educational Equality in Its Place.' *Education Finance and Policy* Vol.3, No.4(Fall 2008). pp.444–466.

Brighouse, Harry and Swift, Adam. *Family Values*. Princeton: Princeton Univ. Press, 2014.

Brooks, Thom and Freyenhagen, Fabian eds. *The Legacy of John Rawls*. New York: Continuum, 2005.

Brooks, Thom and Nussbaum, Martha eds. *Rawls's Political Liberalism*. New York: Columbia Univ. Press, 2015.

Brown, Alexander. *Hate Speech Law*. New York: Routledge, 2015.

Buchanan, James M. *The Limits of Liberty*. Chicago: Univ. of Chicago Press, 1975.

Buchanan, James M. 'A Hobbesian Interpretation of the Rawlsian Difference Principle.' *Kyklos* Vol.29, No.1(March 1976), pp.5–25.

Buchanan, James M. *Freedom in Constitutional Contract*. College Station: Texas A. & M Univ. Press, 1977.

Buchanan, James M. 'Market Failure and Political Failure.' *Cato Journal* Vol.8, No.1(Spring/Summer 1988), pp.1–13.

Burroughs, Nathan A. 'Rawls, Republicanism and the Adequacy–equity Debate.' *Theory and Research in Education* Vol.14, No.2(July 2016), pp.226–240.

Campbell, Catherine Galko. *Persons, Identity, and Political Theory*. New York:

Springer, 2014.

Campbell, Tom. *Rights*. New York: Routledge, 2006.

Castiglione, Dario and McKinnon, Catriona eds. *Toleration, Neutrality and Democracy*. Dordrecht: Kluwer Academic, 2003.

Cavanagh, Matt. *Against Equality of Opportunity*. Oxford: Clarendon, 2002.

Chartier, Gary. *Radicalizing Rawls*. NY: Palgrave Macmillan, 2014.

Chong, Daniel P.L. *Debating Human Rights*. Boulder: Lynne Rienner, 2014.

Christman, John. 'Liberalism and Individual Positive Freedom.' *Ethics* Vol.101, No.2(Jan. 1991), pp.343–359.

Christman, John. 'Liberalism, Autonomy, and Self–Transformation.' *Social Theory and Practice* Vol.27, No.2(April 2001), pp.185–206.

Christman, John. 'Procedural Autonomy and Liberal Legitimacy.' *In Personal Autonomy*, pp.277–298. Edited by James Stacey Taylor. Cambridge: Cambridge Univ. Press, 2005.

Cingano, Federico. 'Trends in Income Inequality and Its Impact on Economic Growth.' *OECD Social, Employment and Migration Working Papers* no.163. Paris: OECD, 2014.

Clements, Paul. *Rawlsian Political Analysis*. Notre Dame: Univ. of Notre Dame Press, 2012.

Cline, Erin M. *Confucius, Rawls, and the Sense of Justice*. New York: Fordham Univ. Press, 2013.

Cohen, G.A. 'On the Currency of Egalitarian Justice.' *Ethics* Vol.99, No.4(July 1989), pp.906–944.

Cohen, G.A. 'Incentive, Inequality, and Community.' In *The Tanner Lectures on Human Values: Vol. 13*, pp.263–329. Edited by Grethe B. Peterson. Salt Lake City: University of Utah Press, 1992.

Cohen, G.A. *If You're an Egalitarian, How Come You're so Rich?* Cambridge:

Cambridge Univ. Press, 2000.

Cohen, G.A. 'Facts and Principles.' *Philosophy & Public Affairs* Vol.31, No.3 (Summer 2003), pp.211–245.

Cohen, G.A. *Rescuing Justice and Equality*. Cambridge: Harvard University Press, 2008.

Cohen, Joshua. 'Minimalism about Human Rights.' *Journal of Political Philosophy* Vol.12, No.2(June 2004), pp.190–213.

Cohen, Joshua. 'Truth and Public Reason.' *Philosophy & Public Affairs* Vol.37, No.1(Winter 2009), pp.2–42.

Cohen–Almagor, Raphael. *The Boundaries of Liberty and Tolerance*. Gainesville: University Press of Florida, 1994.

Coleman, James. *Individual Interest and Collective Action*. Cambridge: Cambridge Univ. Press, 1986.

Conway, David. 'Liberalism.' In *Encyclopedia of Applied Ethics: Vol.3*, pp.71–81. Edited by Ruth Chadwick. San Diego: Academic Press, 1998.

Corak, Miles. 'Economic Theory and Practical Lessons for Measuring Equality of Opportunities.' *OECD Statistics Working Papers*(2016/02).

Corlett, J. Angelo, ed. *Equality and Liberty: Analyzing Rawls and Nozick*. New York: St. Martin's. 1991.

Costa, M. Victoria. 'Rawlsian Civic Education: Political not Minimal.' *Journal of Applied Philosophy* Vol.21, No.1(Jan. 2004), pp.1–14.

Costa, M. Victoria. 'Political Liberalism and the Complexity of Civic Virtue.' *The Southern Journal of Philosophy* Vol.42, No.2(Summer 2004), pp.149–170.

Costa, M. Victoria. 'Human Rights and the Global Original Position Argument in The Law of Peoples.' *Journal of Social Philosophy* Vol.36, No.1(Spring 2005), pp.49–61.

Costa, M. Victoria. 'Rawls on Liberty and Domination.' *Res Publica* Vol.15, No.4

(November 2009), pp.397-413.

Costa, M. Victoria. *Rawls, Citizenship, and Education*. New York: Routledge, 2011.

Creedy, John and Kalb, Guyonne eds. *Dynamics of Inequality and Poverty*. Oxford: JAI Press, 2006.

Crick, Bernard. 'Freedom as Politics.' In *Philosophy, Politics, and Society* 3rd series. Ed. by Peter Laslett and W.G. Runciman. Oxford: Blackwell, 1967.

Crisp, Roger. *Mill on Utilitarianism*. London: Routledge, 1997.

Dagger, Richard. *Civic Virtues*. Oxford: Oxford Univ. Press, 1997.

Dagger, Richard. 'Property-Owning Democracy, Civic Education, and the Reasonable Surfer.' *The Good Society* Vol.21, No.1(2012), pp.36-46.

D'agostino, Fred. 'Two Conceptions of Autonomy.' *Economy and Society* Vol.27, No.1(Feb. 1998), pp.28-49.

D'agostino, Fred. 'The Legacies of John Rawls.' *Journal of Moral Philosophy* Vol.1, No.3(Nov. 2004), pp.349-365.

D'agostino, Fred and Gaus, Gerald, eds. *Public Reason*. Brookfield: Ashgate, 1998.

D'amico, Daniel. 'Knowledge Problems from behind the Veil of Ignorance.' *Independent Review* Vol.24, No.1(Summer 2019), pp.73-84.

Daniels, Norman, ed. *Reading Rawls: Critical Studies of a Theory of Justice*. New York: Basic Books, 1975.

Daniel, Norman. 'Equal Liberty and Unequal Worth of Liberty.' *In Reading Rawls*, pp.253-282. Edited by Norman Daniels. New York: Basic Books, 1975.

Daniel, Norman. 'Reflective Equilibrium and Archimedean Points.' *Canadian Journal of Philosophy* Vol.10, No.1(March 1980), pp.83-103.

Dankowski SJ, Darius and Krzynowek-Arndt, Anna eds. *After Rawls*. Cracow: Wam Publishing House, 2016.

Danziger, Sheldon and Haveman, Robert, and Plotnick, Robert. 'How Income Transfer Programs Affect Work, Savings, and Income Distribution.' *Journal of Economics Literature* Vol.19, No.3(Sep. 1981), pp.975–1028.

Davion, Victoria and Wolf, Clark, eds. *The Idea of a Political Liberalism*. Lanham: Rowman & Littlefield, 2000.

De Francisco, Andres. 'A Republican Interpretation of the Late Rawls.' *The Journal of Political Philosophy* Vol.14, No.3(September 2006), pp.270–288.

DePaul, Michael R. 'Reflective Equilibrium and Foundationalism.' *American Philosophical Quarterly* Vol.23, No.1(Jan. 1986), pp.59–69.

DePaul, Michael R. 'Two Conceptions of Coherence Methods in Ethics.' *Mind* Vol.96, No.384(Oct. 1987), pp.463–481.

DePaul, Michael R. 'The Problem of the Criterion and Coherence Methods in Ethics.' *Canadian Journal of Philosophy* Vol.18, No.1(March 1988), pp.67–86.

DePaul, Michael R. *Balance and Refinement*. London: Routledge, 1993.

Dimock, Susan. 'Two Virtues of Contractarianism.' *Journal of Value Inquiry* Vol.37, No.3(September 2003), pp.395–414.

Dollar, David and Kraay, Aart. 'Growth Is Good for the Poor.' *Journal of Economic Growth* Vol.7, No.3(September 2002), pp.195–225.

Dombrowski, Daniel A. *Rawls and Religion*. Albany: State Univ. of New York, 2001.

Dombrowski, Daniel A. *Rawlsian Explorations in Religion and Applied Philosophy*. University Park: Pennsylvania State University Press, 2011.

Dombrowski, Daniel A. *Process Philosophy and Political Liberalism*. Edinburgh: Edinburgh Univ. Press, 2019.

Donnelly, Jack. *The Concept of Human Rights*. New York: St. Martin's, 1985.

Donnelly, Jack. *Universal Human Rights in Theory & Practice. 2nd ed.* Ithaca: Cornell Univ. Press, 2003.

Dworkin, Ronald. 'What Is Equality? Part 1: Equality of Welfare.' *Philosophy and Public Affairs* Vol.10, No.3(Summer 1981), pp.185–246.

Dworkin, Ronald. 'What Is Equality? Part 2: Equality of Resources.' *Philosophy and Public Affairs* Vol.10, No.4(Fall 1981), pp.283–345.

Dworkin, Ronald. 'What Is Equality? Part 3: The Place of Liberty.' *Iowa Law Review* Vol.73, No.1(Oct. 1987), pp.1–55.

Dworkin, Ronald. 'What Is Equality? Part 4: Political Equality.' *University of San Francisco Law Review* Vol.22, No.1(Fall 1987), pp.1–30.

Dworkin, Ronald. *A Matter of Principle*. Cambridge: Harvard Univ. Press, 1985.

Dworkin, Ronald. *Taking Rights Seriously*. Cambridge: Harvard Univ. Press, 1978.

Dworkin, Ronald. *Sovereign Virtue*. Cambridge: Harvard Univ. Press, 2000.

Dworkin, Ronald. 'Equality, Luck and Hierarchy.' *Philosophy & Public Affairs* Vol.31, No.2(Spring 2003), pp.190–198.

Dworkin, Ronald. *Justice in Robes*. Cambridge: Harvard Univ. Press, 2006.

Edmundson, William A. *John Rawls: Reticent Socialist*. Cambridge: Cambridge Univ. Press, 2017.

Edmundson, William A. 'Distributive Justice and Distributed Obligations.' *Journal of Moral Philosophy* Vol.15, No.1(Jan. 2018), pp.1–19.

Epstein, Lee and Walker, Thomas. *Constitutional Law and Changing America*. Washington D.C.: CQ Press, 1996.

Etzioni, Amitai. 'The Normativity of Human Rights Is Self-Evident.' *Human Rights Quarterly* Vol.32, No.1(Feb. 2010), pp.187–197.

Etzioni, Amitai. *The Sprit of Community*. New York: Crown Publishers, 1993.

Etzioni, Amitai ed. *Rights and the Common Good*. New York: St. Martin's, 1995.

Farrelly, Colin. *Introduction to Contemporary Political Theory*. London: Sage, 2004.

Farrelly, Colin. 'Dualism, Incentives and the Demands of Rawlsian Justice.' *Canadian Journal of Political Science* Vol.38, No.3(September 2005), pp.675–695.

Farrelly, Colin. 'Justice in Ideal Theory' *Political Studies* Vol.55, No.4(December 2007), pp.844–864.

Farrelly, Colin. *Justice, Democracy and Reasonable Agreement*. New York: Palgrave Macmillan, 2007.

Feldman, Allan and Serrano, Roberto. *Welfare Economics and Social Choice Theory*. 2nd ed. New York: Springer, 2006.

Ferreira, Francisco H.G. and Gignoux, Jereme. 'The Measurement of Inequality of Opportunity.' *Review of Income and Wealth* Vol.57, No.4(Dec. 2012), pp.622–657.

Ferreira, Francisco H.G.; Lakner, Christoph; Lugo, Maria Ana; and Ozler, Berk. 'Inequality of Opportunity and Economic Growth.' *World Bank Policy Research Working Paper* 6915(June 2014).

Finlayson, James Gordon and Freyenhagen, Fabian eds. *Habermas and Rawls*. New York: Routledge, 2011.

Finlayson, James Gordon. *The Habermas–Rawls Debate*. New York: Columbia Univ. Press, 2019.

Finnis, John. 'Public Reason, Abortion, and Cloning.' *Valparaiso University Law Review* Vol.32, No.2(Spring 1998), pp.361–382.

Fishkin, James. 'Liberal Theory and the Problem of Justification.' In *Justification*, pp.207–231. Edited by J. Roland Pennock and John Chapman. New York: New York Univ. Press, 1986.

Fishkin, James. *Justice, Equal Opportunity, and the Family*. New Haven: Yale Univ. Press, 1983.

Fishkin, Joseph. *Bottlenecks*. Oxford: Oxford University Press, 2014.

Fiske, Donald and Shweder, Richard ed. *Metatheory in Social Science*. Chicago: Univ. of Chicago Press, 1986.

Flathman, Richard. *Toward a Liberalism*. Ithaca: Cornell Univ. Press, 1989.

Fleurbaey, Marc. 'Equal Opportunity or Equal Social Outcome?' *Economics and Philosophy* Vol.11, No.1(April 1995), pp.25–55.

Fleurbaey, Marc and Schokkaert, Erick. 'Unfair Inequalities in Health and Health Care.' *Journal of Health Economics* Vol.28, No.1(Jan. 2009), pp.73–90.

Fleurbaey, Marc and Peragine, Vito. 'Ex Ante Versus Ex Post Equality of Opportunity.' *Economica* Vol.80, No.317(January 2013), pp.118–130.

Fleurbaey, Marc; Salles, Maurice; and Weymark, John eds. *Justice, Political Liberalism, and Utilitarianism*. Cambridge: Cambridge Univ. Press, 2008.

Forst, Rainer. *Contexts of Justice*. Trans. John M.M. Farrell. Berkeley: Univ. of California Press, 2002.

Forst, Rainer. 'The Basic Right to Justification.' *Constellation* Vol.6, No.1(March 1999), pp.35–60.

Forst, Rainer. 'The Justification of Human Rights and the Basic Rights to Justification.' *Ethics* Vol.120, No.4(July 2010), pp.711–740.

Forst, Rainer. *The Right to Justification*. New York: Columbia Univ. Press, 2012.

Foss, Jerome C. *Constitutional Democracy and Judicial Supremacy*. New York; Cambria Press, 2016.

Fourie, Carina and Rid, Annette eds. *What Is Enough?* Oxford: Oxford Univ. Press, 2017.

Frankfurt, Harry G. 'Freedom of the Will and the Concept of a Person.' *Journal of Philosophy* Vol.68, No.1(Jan. 1971), pp.5–20.

Frankfurt, Harry. 'Equality as a Moral Ideal.' *Ethics* Vol.98, No.1(Oct. 1987), pp.21–43.

Freeman, Samuel, ed. *The Cambridge Companion to Rawls*. Cambridge: Cambridge Univ. Press, 2003.

Freeman, Samuel. *Justice and the Social Contract*. Oxford: Oxford University Press, 2007.

Freeman, Samuel. *Rawls*. London: Routledge, 2007.

Freeman, Samuel. 'Capitalism in the Classical and High Liberal Traditions.' *So-*

cial Philosophy & Policy Vol.29, No.2(May 2011), pp.19–55.

Freeman, Samuel. 'Property–Owning Democracy and the Difference Principle.' *Analyse & Kritik* Vol.9, No.1(2013), pp.9–36.

Freeman, Samuel. *Liberalism and Distributive Justice.* Oxford: Oxford Univ. Press, 2018.

Freiman, Christopher. 'Poverty, Partiality, and the Purchase of Expensive Education.' *Politics, Philosophy & Economics* Vol.16, No.1(Feb. 2017), pp.25–46.

Freiman, Christopher. 'Priority and Position.' *Philosophical Studies* Vol.167, No.2(Jan. 2014), pp.341–369.

Freiman, Christopher. *Unequivocal Justice.* New York: Routledge, 2017.

French, Steven and Kamminga, Harmke eds. *Correspondence, Invariance and Heuristics.* Boston: Kluwer Academic, 1993.

Friedman, Milton and Friedman, Rose. *Free to Choose.* San Diego: Harcourt Brace, 1990.

Fumerton, Richard. *Metaepistemology and Skepticism.* Lanham: Rowman & Littlefield, 1995.

Furman, Jesse. 'Political Illiberalism.' *Yale Law Journal* Vol.106, No.4(Jan. 1997), pp.1197–1231.

Galisanka, Andrius. *John Rawls.* Cambridge: Harvard Univ. Press, 2019.

Galor, Oded and Zeira, Joseph. 'Income Distribution and Macroeconomics.' *Review of Economic Studies* Vol.60, No.1(Jan. 1993), pp.35–52.

Galston, William. *Liberal Purpose.* Cambridge: Cambridge Univ. Press, 1991.

Galston, William. 'Moral Personality and Liberal Theory: John Rawls's Dewey Lectures.' *Political Theory* Vol.10, No.4(Nov. 1982), pp.492–519.

Galston, William. 'Liberal Virtues.' *American Political Science Review* Vol.82, No.4(Dec. 1988), pp.1277–1289.

Galston, William. 'On Liberalism.' *Polity* Vol.23, No.2(Winter 1990), pp.319–331.

Galston, William. 'Two Concepts of Liberalism.' *Ethics* Vol.105, No.3(April 1995), pp.516–534.

Galston, William. 'Liberal Virtues and the Foundation of Civic Character.' In *Seedbeds of Virtue*, pp.35–60. Edited by Mary Ann Glendon and David Blankenhorn. Lanham: Madison Books, 1995.

Galston, William. 'Expressive Liberty, Moral Pluralism, Political Pluralism.' *William and Mary Law Review* Vol.40, No.3(March 1999), pp.869–907.

Galston, William A. *Liberal Pluralism*. Cambridge: Cambridge Univ. Press, 2002.

Galston, William A. 'Realism in Political Theory.' *European Journal of Political Theory* Vol.9, No.4(October 2010), pp.385–411.

Galston, William. 'Pluralism and Civic Virtue.' *Social Theory and Practice* Vol.33, No.4(Oct. 2007), pp.625–635.

Gardenfors, Peter. *Knowledge in Flux*. Cambridge: MIT Press, 1988.

Gate, William G.; Hines Jr., James R.; Slemrod, Joel eds. *Rethinking Estate and Gift Taxation*. Washington D.C.: Brookings Institution Press, 2001.

Gaus, Gerald F. *Justificatory Liberalism*. Oxford: Oxford Univ. Press, 1996.

Gaus, Gerald F. 'The Rational, The Reasonable and Justification.' *Journal of Political Philosophy* Vol.3, No.3(Sep. 1995), pp.234–258.

Gaus, Gerald F. 'Public Justification and Democratic Adjudication.' *Constitutional Political Economy* Vol.2, No.3(Fall 1991), pp.251–281.

Gaus, Gerald F. 'Subjective Value and Justificatory Political Theory.' In *Justification*, pp.241–269. Edited by J. Roland Pennock and John Chapman. New York: Hew York Univ. Press, 1986.

Gaus, Gerald F. 'Reasonable Pluralism and the Domain of the Political.' *Inquiry* Vol.42, No.2(1999), pp.259–284.

Gaus, Gerald F. *Social Philosophy*. New York: M.E. Sharpe, 1999.

Gaus, Gerald F. *Political Concepts and Political Theories*. Oxford: Westview, 2000.

Gaus, Gerald. *The Order of Public Reason*. Cambridge: Cambridge Univ. Press, 2011.

Gaus, Gerald F. 'Justification, Choice and Promise.' *Critical Review of international Social and Political Philosophy* Vol.15, No.2(March 2012), pp.109–127.

Gauthier, David. 'The Social Contract as Ideology.' *Philosophy and Public Affairs* Vol.6, No.2(Winter 1977), pp.130–164.

Gauthier, David. *Morals by Agreement*. Oxford: Clarendon, 1986.

Gauthier, David. *Moral Dealing*. Ithaca: Cornell University Press, 1990.

George, Robert P. 'Public Reason and Political Conflict.' *Yale Law Journal* Vol.106, No.8(June 1997), pp.2475–2504.

Gewirth, Alan. *The Community of Rights*. Chicago: Univ. of Chicago Press, 1996.

Gewirth, Alan. 'The Epistemology of Human Rights.' *Social Philosophy & Policy* Vol.1, No.2(Spring 1984), pp.1–24.

Gewirth, Alan. *Reason and Morality*. Chicago: Univ. of Chicago Press, 1978.

Gewirth, Alan. *Human Rights*. Chicago: Univ. of Chicago Press, 1982.

Gigerenzer, Gerd and Todd, Peter M., eds. *Simple Heuristics That Makes Us Smart*. Oxford: Oxford univ. Press, 1999.

Gillroy, John Martin. 'Making Public Choice: Kant's Justice from Autonomy as an Alternative to Rawls' Justice as Fairness.' *Kant–Studien* Vol.91, No.1 (January 2000), pp.44–72.

Glendon, Mary Ann. *Rights Talk*. New York: Free Press, 1991.

Glendon, Mary Ann. 'General Report: Individualism and Communitarianism in Contemporary Legal System.' *Brigham Young University Law Review* Vol.1933, No.2(1993), pp.385–419.

Glendon, Mary Ann and Blankenhorn, David eds. *Seedbeds of Virtue*. Lanham: Madison Books, 1995.

Goldman, Allan H. *Justice and Reverse Discrimination*. Princeton: Princeton

Univ. Press, 1979.

Goldman, Alan H. 'The Justification of Equal Opportunity.' *Social Philosophy & Policy* Vol.5, No.1(Autumn 1987), pp.88–103.

Goodin, Robert E. *Utilitarianism as a Public Philosophy*. Cambridge: Cambridge Univ. Press, 1995.

Gordon, Scott. 'John Rawls's Difference Principle, Utilitarianism, and the Optimum Degree of Inequality.' *Journal of Philosophy* Vol.70, No.9(May 1973), pp.275–280.

Graham, Paul. *Rawls*. Oxford: Oneworld, 2007.

Gray, Tim. *Freedom*. Atlantic Highlands: Humanities Press International, 1991.

Grcic, Joseph. *Free and Equal*. New York: Algora Publishing, 2011.

Green, Philip. *Equality and Democracy*. New York: New Press, 1998.

Groner, Rudolf; Groner, Marina; and Bischof, Walter F., eds. *Methods of Heuristics*. Hillsdale: Lawrence Erlbaum, 1983.

Gutmann, Amy. *Liberal Equality*. Cambridge: Cambridge Univ. Press, 1980.

Gutmann, Amy. *Democratic Education*. Princeton: Princeton Univ. Press, 1987.

Gutmann, Amy ed. *Democracy and the Welfare State*. Princeton: Princeton Univ. Press, 1988.

Gutmann, Amy and Thompson, Dennis. 'Moral Disagreement in a Democracy.' *Social Philosophy & Policy* Vol.12, No.1(Winter 1995), pp.87–110.

Gutmann, Amy and Thompson, Dennis. *Democracy and Disagreement*. Mass.: Harvard Univ. Press, 1996.

Hampton, Jean. 'The Common Faith of Liberalism.' *Pacific Philosophical Quarterly* Vol.75, Nos. 3 & 4(Sep/Dec. 1994), pp.186–216.

Hampton, Jean. *Political Philosophy*. Boulder: Westview Press, 1997.

Hampton, Jean. *The Intrinsic Worth of Persons*. Cambridge: Cambridge University Press, 2007.

Hanscomb, Stuart. *Critical Thinking*. New York: Routledge, 2017.

Hardin, Russell. *Collective Action*. Baltimore: Johns Hopkins Univ. Press, 1982.

Hare, Ivan and Weinstein, James eds. *Extreme Speech and Democracy*. Oxford: Oxford Univ. Press, 2009.

Harman, Gilbert. *Change in View*. Cambridge: MIT Press, 1986.

Harsanyi, John. 'Can the Maximin Principle Serve as a Basis for Morality.' *American Political Science Review* Vol.62, No.2(June 1975), pp.594–606.

Harsanyi. John C. 'Equality, Responsibility, and Justice as Seen from a Utilitarian Perspective.' *Theory and Decision* Vol.31, Nos. 2–3(Sep./Nov. 1991), pp.141–158.

Hayden, Patrick. *John Rawls: Towards a Just World Order*. Cardiff: University of Wales Press, 2002.

Hayek, Friedrich A *The Constitution of Liberty*. Chicago: Univ. of Chicago Press 1960.

Hayek, Friedrich A. *The Road to Serfdom*. London: Routledge & Kegan Paul, 1944.

Hayek, Friedrich A. *Law, Legislation and Liberty*. 3 Vols. Chicago: Univ. of Chicago Press, 1973–1979.

Hayek, Friedrich A. *The Fatal Conceit*. Chicago: Univ. of Chicago Press, 1988.

Helpman, Elhanan. *The Mystery of Economic Growth*. Cambridge: Harvard Univ. Press, 2004.

Hill, John Lawrence. *The Political Centrist*. Nashville: Vanderbilt Univ. Press, 2009.

Hill, Thomas E. 'The Stability Problem in Political Liberalism.' *Pacific Philosophical Quarterly* Vol.75, Nos. 3 & 4(Sep./Dec. 1994), pp.333–352.

Hinton, Timothy ed. *The Original Position*. Cambridge: Cambridge Univ. Press, 2015.

Hoffe, Otfried ed. *John Rawls, A Theory of Justice*. Boston: Brill, 2013.

Holmes, Stephen. *Passions and Constraint*. Chicago: Univ. of Chicago Press, 1995.

Homes, Stephen and Sunstein, Cass. *The Cost of Rights*. New York: W.W. Norton, 1999.

Horton, John. *Political Obligation*. New York: Macmillan, 1992.

Horton, John; Westphal, Manon: and Willems, Ulrich eds. *The Political Theory of Modus Vivendi*. Cham: Springer, 2018.

Horton, John and Mendus, Susan, eds. *Toleration, Identity, and Difference*. London: Macmillan, 1999.

Horton, John; Westphal, Manon: and Willems, Ulrich eds. *The Political Theory of Modus Vivendi*. Cham: Springer, 2018.

Hoynes, Hilary Williamson and Schanzenbach, Diane Whitmore. 'Work Incentives and the Food Stamp Program.' *Journal of Public Economics* Vol.96, Nos.1–2(Feb. 2012), pp.151–162.

Hume, David. *Selected Essays*. Edited by Stephen Copley and Andrew Edgar. Oxford: Oxford University Press, 1993.

Hunt, Ian. *Liberal Socialism*. Lanham: Lexington Books, 2015.

Hurd, Heidi. 'The Levitation of Liberalism.' *Yale Law Journal* Vol.105, No.3 (Dec. 1995), pp.795–824.

Hurley, S.L. *Justice, Luck, and Knowledge*. Massachusetts: Harvard Univ. Press, 2003.

Huseby, Robert. 'Sufficiency: Restated and Defended.' *Journal of Political Philosophy* Vol.18, No.2(June 2010), pp.178–197.

Ignatieff, Michael. *Human Rights ad Politics and Idolatry*. Princeton: Princeton Univ. Press, 2001.

Ignatieff, Michael. *The Rights Revolution*. 2nd. ed. Toronto: House of Anansi Press, 2007.

Jencks, Christopher et. al. *Inequality*. New York: Harper & Row, 1972.

Jensen, Carsten and Kersbergen, Kees van. *The Politics of Inequality*. New York: Palgrave Macmillan, 2017.

Jimenez, Emmanuel. 'The Public Subsidization of Education and Health in Developing Countries.' *World Bank Research Observation* Vol.1, No.1(Jan. 1986), pp.111–135.

Johansson, Pet–Olov. *An Introduction to Modern Welfare Economics*. Cambridge: Cambridge Univ. Press, 1991.

Jones, Peter. 'Two Conceptions of Liberalism, Two Conceptions of Justice.' *British Journal of Political Science* Vol.25, Part 4(Oct. 1995), pp.515–550.

Jones, Peter. *Rights*. New York: St. Martin's, 1994.

Kane, Robert. *Free Will*. Oxford: Oxford Univ. Press, 2005.

Karger, Howard Jacob and Stoesz, David. *American Social Welfare Policy*. 6th. ed. Boston: Allyn & Bacon, 2010.

Kaufman, Alexander. 'Rawls's Practical Conception of Justice.' *Journal of Moral Philosophy* Vol.3, No.1(April 2006), pp.23–43.

Kaufman, Alexander. *Rawls's Egalitarianism*. Cambridge: Cambridge Univ. Press, 2018.

Kavka, Gregory. *Hobbesian Moral and Political Theory*. Princeton: Princeton Univ. Press, 1986.

Kaye, David H. 'Playing Games with Justice: Rawls and the Maximin Rule.' *Social Theory and Practice* Vol.6, No.1(Spring 1980), pp.33–51.

Keat, Russell and Abercrombie, Nicholas eds. *Enterprise Culture*. London: Routledge, 1991.

Keister, Lisa A. ed. *Entrepreneurship*. Amsterdam: Elsevier, 2005.

Kelly, Paul. *Liberalism*. Cambridge: Polity, 2005.

Kelly, Paul ed. *Impartiality, Neutrality and Justice*. Edinburgh: Edinburgh

Univ. Press, 1998.

Kerr, Gavin. *The Property-Owning Democracy*. New York: Routledge, 2017.

Kershnar, Stephen. 'Why Equal Opportunity Is not a Valuable Goal.' *Journal of Applied Philosophy* Vol.21, No.2(August 2004), pp.159-172.

Klosko, George. 'Rawls's Political Philosophy and American Democracy.' *American Political Science Review* Vol.87, No.2(June 1993), pp.348-359.

Klosko, George. 'Rawls's Argument from Political Stability.' *Columbia Law Review* Vol.94, No.6(Oct. 1994), pp.1882-1897.

Kioupkiolis, Alexandros. 'Three Paradigms of Modern Freedom.' *European Journal of Political Theory* Vol.8, No.4(October 2009), pp.473-491.

Knight, Carl. *Luck Egalitarianism*. Edinburgh Univ. Press, 2009.

Knight, Carl. 'Distributive Luck.' *South African Journal of Philosophy* Vol.31, No.3(August 2012), pp.541-559.

Knight, Carl and Stemplowska, Zofia eds. *Responsibility and Distributive Justice*. Oxford: Oxford Univ. Press, 2011.

Knowles, Dudley. *Political Philosophy*. London: Routledge, 2001.

Knowles, Dudley. *Political Obligation*. London: Routledge, 2010.

Kolakowski, Leszek. 'Marxism and Human Rights.' *Daedalus* Vol.112, No.4(Fall 1983), pp.81-92.

Kotlikoff, Laurence J. and Summers, Lawrence H. 'The Role of Intergenerational Transfers in Aggregate Capital Accumulation.' *Journal of Political Economy* Vol.89, No.4(August 1981), pp.706-732.

Kraus, Jody S. *The Limits of Hobbesian Contractarianism*. Cambridge: Cambridge University Press, 1993.

Krause, Richard and Mcpherson, Michael. 'Capitalism, Property_Owning Democracy, and the Welfare State.' In *Democracy and the Welfare State*, pp.79-106, Ed. by Amy Gutmann. Princeton: Princeton Univ. Press, 1988.

Kukathas, Chandran and Pettit, Philip. *Rawls: A Theory of Justice and Its Critics*. Stanford: Stanford Univ. Press, 1990.

Kukathas, Chandran, ed. *John Rawls: Critical Assessments of Leading Political Philosophers*. 4 vols. London: Routledge, 2003.

Lake, Christopher. *Equality and Responsibility*. Oxford: Oxford Univ. Press, 2001.

Larson, Sven R. *The Rise of Big Government*. London: Routledge, 2018.

Leavitt, Neal. *The Foreign Policy of John Rawls and Amartya Sen*. Lanham: Lexington, 2013.

Lehning, Percy B. *John Rawls*. Cambridge: Cambridge University Press, 2009.

Leibniz, G.W. *Philosophical Texts*. Trans. Richard Francks & R.S. Woolhouse. Oxford: Oxford Univ. Press, 1998.

Levine, Andrew. *Engaging Political Philosophy*. Oxford: Blackwell, 2002.

Mandle, Jon 'Justice, Desert, and Ideal Theory.' *Social Theory and Practice* Vol.23, No.3(Fall 1997), pp.399–426.

Mandle, Jon. 'The Reasonable in Justice as Fairness.' *Canadian Journal of Philosophy* Vol.29, No.1(March 1999), pp.75–108.

Mandle, Jon. *Rawls's A Theory of Justice*. Cambridge: Cambridge University Press, 2009.

Mandle, Joe. *What's Left of Liberalism?* Lanham: Lexington Books, 2000.

Mandle, Joe and Reidy, David A. eds. *A Companion to Rawls*. Malden: Wiley Blackwell, 2014.

Mandle, Joe. and Reidy, David A. eds. *The Cambridge Rawls Lexicon*. Cambridge: Cambridge Univ. Press, 2015.

Mapel, David. *Social Justice Reconsidered*. Urbana: Univ. of Illinois Press, 1989.

Marie, Oliver and Castello, Judit Vall. 'Measuring the(Income) Effect of Disability Insurance Generosity on Labour Market Participation.' *Journal of Public Economics* Vol.96, Nos.1–2(Feb. 2012), pp.198–210.

Marietta, Morgan. *A Citizens's Guide to American Ideology*. New York: Routledge, 2012.

Marmor, Andrei. 'What Is the Right to Privacy?' *Philosophy & Public Affairs* Vol.43, No.1(Winter 2015), pp.3–26.

Martin, Rex. *Rawls and Rights*. Kansan: University Press of Kansan, 1985.

Martin, Rex and Reidy, David A. eds. *Rawls's Law of Peoples*. Oxford: Blackwell, 2006.

Mas–Colell, Andreu; Whinston, Michael D.; and Green, Jerry R. *Microeconomic Theory*. Oxford: Oxford Univ. Press, 1995.

Mason, Andrew, ed. *Ideals of Equality*. Oxford: Blackwell, 1998.

Mason, Andrew. 'Egalitarianism and the Levelling Down Objection.' *Analysis* Vol.61, No.3(July 2001), pp.246–254.

Mason, Andrew. 'Equality of Opportunity, Old and New.' *Ethics* Vol.111, No.4 (July 2001) pp.760–781.

Mason, Andrew. 'Equality, Personal Responsibility, and Gender Socialisation.' *Proceedings of the Aristotelian Society* Vol.100, No.3(September 2000), pp.227–246.

Mason, Andrew. 'Equality of Opportunity and Differences in Social Circumstances.' *Philosophical Quarterly* Vol.54, No.216(July 2004), pp.368–388.

Mason, Andrew. *Levelling the Playing Field*. Oxford: Oxford University Press, 2006.

Mason, Andrew. 'Rawlsian Theory and the Circumstances of Politics.' *Political Theory* Vol.38, No.5(October 2010), pp.658–683.

Mason, Andrew. 'Fair Equality of Opportunity and Selective Secondary Schools.' *Theory and Research in Education* Vol.14, No.3(November 2016), pp.295–312.

Mayer, Susan E. *What Money Can't Buy*. Cambridge: Harvard Univ. Press, 1997.

McCaffery, Edward J. 'The Political Liberal Case Against the Estate Tax.' *Philosophy & Public Affairs* Vol.23, No.4(Autumn 1994), pp.281–312.

McElwee, Brian. 'The Appeal of Self–Ownership.' *Social Theory and Practice* Vol.36, No.2(April 2010), pp.213–232.

McKinnon. Catriona. *Liberalism and the Defence of Political Constructivism*. New York: Palgrave Macmillan, 2002.

Mendus, Susan. *Toleration and the Limits of Liberalism*. London: Macmillan, 1989.

Mendus, Susan. 'The Importance of Love in Rawls's Theory of Justice.' *British Journal of Political Science* Vol.29, Mo.1(Jan. 1999), pp.57–75.

Mendus, Susan, ed. *Justifying Toleration*. Cambridge: Cambridge Univ. Press, 1988.

Merrill, Roberto and Weinstock, Daniel eds. *Political Neutrality*. New York: Palgrave Macmillan, 2014.

Meyer, Kirsten ed. *Education, Justice and the Human Good*. London: Routledge, 2014.

Michelbach, Philip A.; Scott, John T.; Matland, Richard E.; Bornstein, Brian H. 'Doing Rawls Justice.' *American Journal of Political Science* Vol.47, No.3 (July 2003), pp.523–539.

Milbank, John abd Pabst, Adrian. *The Politics of Virtue*. New York: Rowman & Littlefield, 2016.

Mitchell, Lawrence E. 'Trust and the Overlapping Consensus.' *Columbia Law Review* Vol.94, No.6(Oct. 1994), pp.1918–1935.

Moffitt, Robert. 'Incentive Effects of the U.S. Welfare System.' *Journal of Economic Literature* Vol.30, No.1(March 1992), pp.1–61.

Moon, J. Donald. 'Liberalism, Autonomy, and Moral Pluralism.' *Political Theory* Vol.31, No.1(Feb. 2003), pp.125–135.

Moon, J. Donald. 'Rawls and Habermas on Public Reason.' *Annual Review of Political Science* Vol.6, No.1(June 2003), pp.257–274.

Moon, J. Donald. *John Rawls*. Lanham: Rowman & Littlefield, 2014.

Moss, Jeremy. *Reassessing Egalitarianism*. New York: Palgrave Macmillan, 2014.

Mulligan, Thomas. *Justice and the Meritocratic State*. New York: Routledge, 2018.

Murray, Charles. *In Our Hands*. Washington, D.C.: AEI Press, 2006.

Musgrave, R.A. 'Maximin, Uncertainty, and the Leisure Trade-off.' *Quarterly Journal of Economics* Vol.88, No.4(November 1974), pp.625–632.

Naticchia, Chris. *A Law of Peoples for Recognizing States*. Lanham: Lexington Books, 2017.

Nickel, James W. 'Rawls on Political Community and Principles of Justice.' *Law and Philosophy* Vol.9, No.2(May 1990), pp.205–216.

Nickel, James W. 'Rethinking Rawls's Theory of Liberty and Rights.' *Chicago-Kent Law Review* Vol.69, No.3(1994), pp.763–786.

Nickel, James W. *Making Sense of Human Rights*. Berkeley: Univ. of California Press, 1987.

Nielsen, Kai. 'Philosophy within the Limits of Wide Reflective Equilibrium Alone.' *Iyyun* Vol.43(Jan. 1994), pp.3–41.

Nielsen, Kai. 'Rawls and the Socratic Ideal.' *Analyse & Kritik* Vol.13, No.1(1991), pp.67–93.

Nielsen, Kai. 'Liberal Reasonability a Critical Tool?' *Dialogue* Vol.37, No.4(Fall 1998), pp.739–759.

Nielsen, Lasse. 'What Is Our Real Concern with Real Inequality?' *Policy Studies Journal* Vol.46, No.3(August 2018), pp.553–572.

Nozick, Robert. *Anarchy, State, and Utopia*. New York: Basic Books, 1974.

Nussbaum, Martha. 'Capabilities and Human Rights.' In *Global Justice and Transnational Politics*, pp.117–150. Edited by Pablo De Greiff and Ciaran

Cronin. Cambridge: MIT Press, 2002.

Nussbaum, Martha. *Frontiers of Justice*. Cambridge: Harvard Univ. Press, 2006.

Nussbaum, Martha. 'Perfectionist Liberalism and Political Liberalism.' *Philosophy & Public Affairs* Vol.39, No.1(Winter 2011), pp.3–45.

Nussbaum, Martha. 'Rawls's Political Liberalism.' *Ratio Juris* Vol.24, No.1 (March 2011), pp.1–24.

Olsaretti, Serena. *Liberty, Desert and the Market*. Cambridge: Cambridge Univ. Press, 2004.

Olsaretti, Serena. 'Children as Negative Externalities?' *Politics, Philosophy & Economics* Vol.16, No.2(May 2017), pp.152–173.

Olsaretti, Serena ed. *The Oxford Handbook of Distributive Justice*. Oxford: Oxford Univ. Press, 2018.

O'Neill, Martin and Williamson, Thad, eds. *Property–Owning Democracy*. Chichester: Wiley–Blackwell, 2012.

Oxley, Julinna C. *The Moral Dimensions of Empathy*. New York: Palgrave Macmillan, 2011.

Paivansalo, Ville. *Balancing Reasonable Justice*. Hampshire: Ashgate, 2007.

Pennington, Mark. 'Robert Political Economy and The Priority of Market.' *Social Philosophy & Policy* Vol.34, No.1(Summer 2017), pp.1–24.

Perez, Nahshon. 'What Are Date Good for Anyway?' *Social Theory and Practice* Vol.46, No.2(April 2020), pp.339–364.

Persson, Torsten and Tabellini, Guido. 'Is Inequality Harmful for Growth?' *American Economic Review* Vol.84, No.3(June 1994), pp.600–621.

Pettit, Philip. *A Theory of Freedom*. Oxford: Oxford Univ. Press, 2001.

Quinn, Philip L. 'Political Liberalisms and Their Exclusions of the Religious.' *Proceedings and Addresses of the American Philosophical Association* Vol.69, No.2(Nov. 1995), pp.35–56.

Ramsay, Maureen. *What's Wrong with Liberalism?* London: Leicester Univ. Press, 1997.

Ramsay, Maureen. 'Problems with Responsibility.' *Contemporary Political Theory* Vol.4, No.4(Nov. 2005), pp.431–450.

Rao, A.P. *Distributive Justice*. San Francisco: International Scholars, 1998.

Rawls, John. *A Theory of Justice*. Cambridge: Harvard Univ. Press, 1971.

Rawls, John. 'Some Reasons for the Maximin Criterion.' *American Economic Review* Vol.64, No.2(May 1974), pp.141–161.

Rawls, John. 'Legal Obligation and the Duty of Fair Play.' In *Law and Philosophy*, pp.3–18. Ed. by Sydney Hook. New York: New York Univ. Press, 1964.

Rawls, John. 'The Independence of Moral Theory.' *Proceedings and Addresses of the American Philosophical Association*. Vol.48(1974–75), pp.5–22.

Rawls, John. 'The Priority of Right and Ideals of the Good.' *Philosophy and Public Affairs* Vol.17, No.4(Fall 1988), pp.251–276.

Rawls, John. 'Fairness to Goodness.' *Philosophical Review* Vol.84(Oct. 1975), pp.536–554.

Rawls, John. 'Kantian Constructivism in Moral Theory.' *Journal of Philosophy* Vol.77, No.9(Sep. 1980), 515–572.

Rawls, John. 'The Basic Liberties and Their Priority.' In *The Tanner Lectures on Human Values: Vol. 3*, pp.1–88. Edited by Sterling M. McMurrin. Salt Lake City: Univ. of Utah Press, 1982.

Rawls, John. 'Justice as Fairness: Political not Metaphysical.' *Philosophy and Public Affairs* Vol.14, No.3(Summer 1985), pp.223–251.

Rawls, John. 'The Idea of an Overlapping Consensus.' *Oxford Journal of Legal Studies* Vol.7, No.1(1987), pp.1–25.

Rawls, John. 'The Domain of the Political and Overlapping Consensus.' *New York University Law Review* Vol.64, No.2(May 1989), pp.233–255.

Rawls, John. 'Themes in Kant's Moral Philosophy.' In *Kant's Transcendental Deductions*, pp.81–113. Editied by Eckrat Forster. Standord: Stanford Univ. Press, 1989.

Rawls, John. *Political Liberalism*. New York: Columbia Univ. Press, 1993.

Rawls, John. *Political Liberalism*. Expanded ed. New York: Columbia Univ. Press, 2005.

Rawls, John. 'The Law of Peoples.' In *On Human Rights*, pp.41–82. Edited by Stephen Shute and Susan Hurley. New York: Basic Books, 1993.

Rawls, John. 'Reply to Habermas.' *Journal of Philosophy* Vol.92, No.3(March 1995), pp.132–180.

Rawls, John. 'The Idea of Public Reasons Revisited.' *University of Chicago Law Review* Vol.64, No.3(Summer 1997), pp.765–807.

Rawls, John; Minow, Martha; Sandel, Michael; Thiemann, Ronald; and West Cornel. 'Political Liberalism: Religion & Public Reason–Symposium.' *Religion & Values in Public Life* Vol.3, No.4(Summer 1995), pp.1–11.

Rawls, John. *The Law of Peoples*. Cambridge: Harvard Univ. Press, 1999.

Rawls, John. *Justice as Fairness: A Restatement*. Cambridge: Harvard University Press, 2001.

Rawls, John. *Lectures on the History of Political Philosophy*. Cambridge: Harvard University Press, 2007.

Rawls, John and Van Parijs, Philippe. 'Three Letters on the Law of Peoples and the European Union.' http://www.uclouvain.be/cps/ucl/doc/etes/documents/RawlsVanParijs.Rev.philo.Econ.pdf.(검색일: 2009, 9, 1).

Rawls, John. *A Brief Inquiry into the Meaning of Sin and Faith*. Cambridge: Harvard University Press, 2009.

Raz, Joseph. *The Morality of Freedom*. Oxford: Clarendon, 1986.

Raz, Joseph. 'Facing Diversity: The Case of Epistemic Abstinence.' *Philosophy and Public Affairs* Vol.19, No.1(Winter 1990), pp.3–46.

Raz, Joseph. 'The Claims of Reflective Equilibrium.' *Inquiry* Vol.25, No.3(Sep. 1982), pp.307–330.

Reiman, Jeffrey. *As Free and as Just as Possible*. Malden: Wiley–Blackwell, 2012.

Resnik, Michael D. *Choice*. Minneapolis: Univ. Of Minnesota Press, 1987.

Richardson, Henry and Weithman, Paul J., eds. *The Philosophy of Rawls: A Collection of Essays*. 5 Vols. New York: Garland, 1999.

Ripstein, Arthur. *Equality, Responsibility, and the Law*. Cambridge: Cambridge Univ. Press, 1999.

Robert, Peri. *Political Constructivism*. New York: Routledge, 2007

Rodriguez. Juan Gabriel ed. *Inequality of Opportunity*. Bingley: Emerald Group, 2011.

Roemer, John E. *Theories of Distributive Justice*. Cambridge: Harvard Univ. Press, 1996.

Roemer, John E. 'A Pragmatic Theory of Responsibility for the Egalitarian Planner.' *Philosophy & Public Affairs* Vol.22, No.2(Spring 1993), pp.146–166.

Roemer, John E. *Equality of Opportunity*. Cambridge: Cambridge Univ. Press, 1998.

Roemer, John E. 'Equality, Its Justification, Nature, and Domain.' In *The Oxford Handbook of Economic Inequality*, 23–39. Ed by. Salverda, Wiemer; Nolan, Brian; and Smeeding Timothy M. Oxford: Oxford Univ. Press, 2009.

Roemer, John. 'Defending Equality of Opportunity.' *Monist* Vol.86, No.2(April 2003), pp.261–282.

Roemer, John. 'On Several Approached to Equality of Opportunity.' *Economics and Philosophy* Vol.28, No.2(July 2012), pp.165–200.

Roemer, John. 'Socialism Revised.' *Philosophy & Public Affairs* Vol.45, No.3 (Summer 2017), pp.261–315.

Roemer, John and Suzumura, Kotaro eds. *Intergenerational Equity and Sustainability*. New York: Palgrave Macmillan, 2007.

Roemer, John and Trannoy, Alain. 'Equality of Opportunity.' *Journal of Economic Literature* Vol.54, No.4(Dec. 2016), pp.1288–1332.

Rothschild, Kurt W. *Ethics and Economic Theory*. Hants: Edward Elgar, 1993.

Saade, Eliane. *The Concept of Justice and Equality*. Berlin: De Gruyter, 2015.

Sabl, Andrew. 'Looking Forward to Justice: Rawlsian Civil Disobedience and Its Non-Rawlsian Lessons.' *Journal of Political Philosophy* Vol.9, No.3(Sep. 2001), pp.307–330.

Sachs, Benjamin. 'The Limits of Fair Equality of Opportunity.' *Philosophical Studies* Vol.160, No.2(September 2012), pp.323–343.

Sachs, Benjamin. 'Fair Equality of Opportunity in Our Actual World.' *Theory and Research in Education* Vol.14, No.3(November 2016), pp.277–294.

Sadovnik, Alan R.; Cookson Jr., Peter W.; and Semel, Susan F. *Exploring Education* 4th ed. London: Routledge, 2013.

Salverda, Wiemer; Nolan, Brian; and Smeeding, Timothy M. eds. *The Oxford Handbook of Economic Inequality*. Oxford: Oxford Univ. Press, 2009.

Sandel, M. 'The Procedural Republic and the Unencumbered Self.' *Political Theory* Vol.12, No.1(Feb. 1984), pp.81–96.

Sandel, M. 'Moral Argument and Liberal Toleration.' *California Law Review* Vol.77, No.3(May 1989), pp.521–538.

Sandel, M. *Liberalism and the Limits of Justice*, 2nd ed. Cambridge: Cambridge Univ. Press, 1998.

Sandel, M. 'Political Liberalism.' *Harvard Law Review* Vol.107, No.7(May 1994), pp.1765–1794.

Sandel, M. *Democracy's Discontent*. Cambridge: Harvard Univ. Press, 1996.

Sandel, M. *Public Philosophy*. Cambridge: Harvard University Press, 2005.

Satz, Debra. 'Liberalism, Economic Freedom, and the Limits of Markets.' *Social Philosophy & Policy* Vol.(January 2007), pp.120–140.

Satz, Debra. 'Equality, Adequacy, and Educational Policy.' *Education Finance and Policy* Vol.3, No.4(Fall 2008), pp.424–443.

Satz, Debra. 'Equality, Adequacy, and Education for Citizenship.' *Ethics* Vol.117, No.4(July 2007), pp.623–648.

Satz, Debra. 'Unequal Chances.' *Theory and Research in Education* Vol.10, No.2 (July 2012), pp.155–170.

Satz, Debra and Reich, Rob Eds. *Toward a Humanist Justice*. Oxford: Oxford Univ. Press, 2009.

Scanlon, T.M. *What We Owe to Each Other*. Cambridge: Harvard Univ. Press, 1998.

Scanlon, Thomas. 'A Theory of Freedom of Expression.' *Philosophy & Public Affairs* Vol.1, No.2(Winter 1972), pp.204–226.

Scanlon, T.M. 'Justification and Legitimation.' *Philosophy and Social Criticism* Vol.38, No.9(Nov. 2012), pp.887–892.

Scanlon, T.M. *The Difficulty of Tolerance*. Cambridge: Cambridge Univ. Press, 2003.

Scanlon, T.M. *Why Does Inequality Matter?* Oxford: Oxford Univ. Press, 2018.

Schaefer, Brian. 'Human Rights: Problems with the Foundationless Approach.' *Social Theory and Practice* Vol.31, No.1(January 2005), pp.27–50.

Schaefer, David Lewis. *Justice or Tyranny?: A Critique of John Rawls's Theory of Justice*. New York: Kennikat, 1979.

Schaefer, David Lewis. 'Procedural Versus Substantive Justice.' *Social Philosophy & Policy* Vol.24, No.1(January 2007), pp.164–186.

Schaefer, David Lewis. *Illiberal Justice*. Columbia: University of Missouri Press, 2007.

Segall, Shlomi. *Health, Luck, and Justice*. Princeton: Princeton Univ. Press, 2010.

Segall, Shlomi. 'If You're a Luck Egalitarian, How Come You Read Bedtime Stories to Your Children?' *Critical Review of International Social and Political Philosophy* Vol.14, No.1(January 2011), pp.23–40.

Segall, Shlomi. 'Should the Best Qualified Be Appointed?' *Journal of Moral Philosophy* Vol.9, No.1(2012), pp.31–54.

Segall, Shlomi. *Equality and Opportunity*. Oxford: Oxford Univ. Press, 2013.

Selznick, Philip. *Communitarian Persuasion*. Washington. D.C.: Woodrow Wilson Center Press, 2002.

Sen, Amartya. 'Equality of What?' In *the Tanner Lecture on Human Values: Vol. 1*, pp.197–220. Edited by Sterlin M. Mcmurrim. Sale Lake City: Univ. of Utah Press, 1980.

Sen, Amartya. 'Freedoms and Needs.' *New Republic*, January 10 & 17, 1994, pp.31–38.

Sen, Amartya. *Inequality Reexamined*. Cambridge: Harvard Univ. Press, 1992.

Sen, Amartya. 'On the Status of Equality.' *Political Theory* Vol.24, No.3(August 1996), pp.394–440.

Sen, Amartya. *Development as Freedom*. New York: Knopf, 1999.

Sen, Amartya. 'Open and Closed Impartiality.' *Journal of Philosophy* Vol.99, No.9(Sep. 2002), pp.445–469.

Sen, Amartya. 'Elements of a Theory of Human Rights.' *Philosophy & Public Affairs* Vol.32, No.4(October 2004), pp.315–356.

Sen, Amartya. 'What Do We Want from a Theory of Justice.' *Journal of Philosophy* Vol.103, No.5(May 2006), pp.215–238.

Sen, Amartya. *Collective Choice abd Social Welfare*, Expanded ed. Cambridge: Harvard Univ. Press, 2017.

Sen, Amartya and Williams, Bernard, eds. *Utilitarianism and Beyond*. Cambridge: Cambridge Univ. Press, 1982.

Seung, T.K. *Intuition and Construction*. New Haven: Yale Univ. Press, 1993.

Shaw, David. 'Justice and the Fetus.' *Cambridge Quarterly of Healthcare Ethics* Vol.20, No.1(Jan. 2011), pp.93–101.

Shaw, William H. *Contemporary Ethics*. Oxford: Blackwell, 1999.

Shestack, Jerome J. 'The Philosophic Foundations of Human Rights.' *Human Rights Quarterly* Vol.20, No.2(1998), pp.201–234.

Shields, Liam. 'From Rawlsian Autonomy to Sufficient Opportunity in Education.' *Politics, Philosophy & Economics* Vol.14, No.1(Feb. 2015), pp.53–66.

Shields, Liam. *Just Enough*. Edinburgh: Edinburgh Univ. Press, 2016.

Shield, Liam. 'The Prospects for Sufficientaranism.' *Utilitas* Vol.24, No.1(March 2012), pp.101–117.

Simmons, A. John. *Moral Principles and Political Obligations*. Princeton: Princeton Univ. Press, 1979.

Simon, Herbert A. *Models of Bounded Rationality*. Cambridge: MIT Press, 1982.

Smith, Tara. *Moral Rights and Political Freedom*. Lanham: Rowman & Littlefield, 1995.

Spragens Jr., Thomas A. *Civic Liberalism*. Lanham: Rowman & Littlefield, 1999.

Spring, Joel. *The Politics of American Education*. New York: Routledge, 2011.

Spring, Joel. *American Education*, 15th ed. New York: Mcgraw–Hill, 2012.

Stark, Cynthia A. 'How to Include the Severly Disabled in a Contractarian Theory of Justice.' *Journal of Political Philosophy* Vol.13, No.2(June 2007), pp.127–143.

Steiner, Hillel. *An Essay on Rights*. Oxford: Blackwell, 1994.

Steiner, Hillel. 'Capitalism, Justice and Equal Starts.' *Social Philosophy & Policy* Vol.5, No.1(Autumn 1987), pp.49–71.

Sterba, James P. 'Reconciling Public Reason and Religious Values.' *Social The-*

ory and Practice Vol.25, No.1(Spring 1999), pp.1–28.

Sterba, James P., ed. *Social and Political Philosophy*. London: Routledge, 2001.

Sterba, James P. *Introducing Ethics*. Boston: Pearson, 2013.

Stiglitz, Joseph. 'Notes on Estate Taxes, Redistribution, and the Concept of Balanced Growth Path Incidence.' *Journal of Political Economy* Vol.86, No.2 (April 1978), pp.137–150.

Summer, L.W. *The Moral Foundation of Rights*. Oxford: Clarendon, 1987.

Swanton, Christine. *Freedom*. Indianapolis, Hackett, 1992.

Sypnowich, Christine, ed. *The Egalitarian Conscience*. Oxford: Oxford Univ. Press, 2006.

Talbott, William J. *Human Rights and Human Well-Being*. Oxford: Oxford Univ. Press, 2010.

Talbott, William J. *Which Rights Should Be Universal?* Oxford: Oxford Univ. Press, 2005.

Talisse, Robert B. *On Rawls*. Belmont: Wadsworth, 2001.

Talisse, Robert B. 'Rawls on Pluralism and Stability.' *Critical Review* Vol.15 Nos.1/2(Winter 2003), pp.173–194.

Talisse, Robert B. *Pluralism and Liberal Politics*. New York: Routledge, 2011.

Talisse, Robert B. *Engaging Political Philosophy*. New York: Routledge, 2016.

Tan, Kok-Chor. 'Reasonable Disagreement and Distributive Justice.' *Journal of Value Inquiry* Vol.35, No.4(Dec. 2001), pp.493–507.

Tan, Kok-Chor. 'Justice and Personal Pursuit.' *Journal of Philosophy* Vol.101, No.7(July 2004), pp.331–362.

Tan, Kok-Chor. 'Luck, Institutions, and Global Distributive Justice.' *European Journal of Political Theory* Vol.10, No.3(July 2011), pp.394–421.

Tan, Kok-Chor, *Justice, Institutions, and Luck*. Oxford: Oxford Univ. Press, 2012.

Taylor, Robert. 'Rawls's Defense of the Priority of Liberty.' *Philosophy & Public*

Affairs Vol.31, No.3(Summer 2003), pp.246–271.

Taylor, Robert. 'Self–Realization and the Priority of Fair Equality of Opportunity.' *Journal of Moral Philosophy* Vol.1, No.3(Nov. 2004), pp.333–347.

Taylor, Robert. 'Rawlsian Affirmative Action.' *Ethics* Vol.119, No.3(April 2009), pp.476–506.

Taylor, Robert S. *Reconstructing Rawls*. University Park: Pennsylvania State Univ. Press, 2011.

Temkin, Larry S. *Inequality*. Oxford: Oxford Univ. Press, 1993.

Temkin, Larry S. 'Equality, Priority, and the Levelling Down Objection.' In *The Ideal of Equality*. Edited by Matthew Clayton and Andrew Williams. London: Macmillan, 2002.

Tempkin, Larry S. 'The Many Faces of Equal Opportunity.' *Theory and Research in Education* Vol.14, No.3(2016), pp.255–276.

Tempkin, Larry S. 'Equality as Comparative Fairness.' *Journal of Applied Philosophy* Vol.34, No.1(February 2017), pp.43–60.

Thomas, Alan. *Republic of Equals*. Oxford: Oxford Univ. Press, 2017.

Thomas, Alan. 'Rawls and Political Realism.' *European Journal of Political Theory* Vol.16, No.3(July 2017), pp.304–324.

Thomson, Judith Jarvis. *The Realm of Rights*. Cambridge: Harvard Univ. Press, 1990.

Tomasi, John. *Liberalism beyond Justice*. Princeton: Princeton Univ. Press, 2001.

Tomasi, John. *Free Market Fairness*. Princeton: Princeton Univ. Press, 2012.

Van Paris, Philippe. 'Why Surfers Should Be Fed.' *Philosophy & Public Affairs* Vol.20, No.2(Spring 1991), pp.101–131.

Van Paris, Philippe. *Just Democracy*. Colchester: ECPR Press, 2011.

Vandenbroucke, Frank. *Social Justice and Individual Ethics in an Open Society*. Berlin: Springer, 2001.

Zuckert, Michael P. 'Is Modern Liberalism Compatible with Limited Government?' In *Natural Law, Liberalism, and Morality*, pp.49–87. Edited by Robert P. George. Oxford: Clarendon, 1996.

Zuckert, Michael. 'Justice Deserted: A Critique of Rawls' A Theory of Justice.' *Polity* Vol.13, No.3(Spring 1981), pp.466–483.

Zuckert, Michael. 'On Constitutional Welfare Liberalism.' *Social Philosophy & Policy* Vol.24, No.1(January 2007), pp.266–288.

게리 테일러(Gary Taylor), 조성숙(역). 「이데올로기와 복지」 서울: 신정, 2008.

김광억(외). 「입시제도의 변화: 누가 서울대학교에 들어오는가?」 서울: 서울대학교 사회과학연구원, 2004.

김경근. '한국사회 교육격차의 실태 및 결정요인.' 「교육사회연구」 15권 3호(12 2005). 1–26.

김세직, 류근관, 손석준. '학생 잠재력인가? 부모 경제력인가?' 「경제논집」 54권 2호 (12월 2015), 357–383.

김영철. '대학 진학 격차의 확대와 기회형평성 제고방안.' 「KDI FOCUS」 통권 제23호 (2012. 11. 5).

김영철. '고등교육 진학단계에서의 기회형평성 제고방안.' 「KDI 정책연구시리즈」 2011–06(2011).

김진영, 박성혜. '공교육에 대한 이론적 고찰.' 「한국사회와 행정연구」 제19권 제3호 (11월 2008), 123–148.

김희삼. '세대 간 경제적 이동성의 현황과 전망.' 「KDI 정책포럼」 제220호(2009). 1–17.(http://www.kdi.re.kr 검색일 2010. 12.15).

래리 M. 바텔스, 위선주(역). 「불평등 민주주의」 파주: 21세기북스, 2012.

마사 너스바움, 조계원(역). 「혐오와 수치심」 서울: 민음사, 2015.

마사 누스바움, 우석영(역). 「공부를 넘어 교육으로」 서울: 궁리, 2011.

마사 누스바움, 박용준(역). 「정치적 감정」 파주: 글항아리, 2019.

배진한. '청년층 직업탐색에서의 엄친아효과에 대한 실증연구.' 「한국개발연구」 제36권 제3호(2014), 121-168.

서보혁. 「북한인권」 개정판, 서울: 한울, 2014.

송병순. 「한국교육의 현실과 이상」 서울: 문음사, 2002.

안종범, 전승훈. '교육 및 소득수준의 세대간 이전.' 「재정학연구」 1권 1호(2월 2008), 119-142.

안종범, 송재창. '저소득세액공제제도 도입의 타당성 분석.' 「재정논집」 15집 1호(8월 2000). 3-30.

임동원. '원활한 기업승계를 위한 상속세제 개편방향.' 「한국경제연구원 KERI Brief」 19-07. 2019.

유진성. '고학력 청년층 체감실업률 추정과 노동시장개혁의 필요성.' 「한국경제연구원 정책 제언」 15-42(2015).

유진성. '반값등록금의 영향과 정치경제학.' 「한국경제연구원 정책연구」 14-04(2014).

전병욱. '가업승계 관련 상속세 과세제도의 개선방안 연구.' 「경영법률」 24권 1호(10월 2013). 493-516.

정승영. '상속, 증여세제의 자본이득세로의 전환 필요성.' 「한국경제연구원(KERI) 정책 제언」 13-09(2013).

조규범. '혐오표현(Hate Speech) 규제의 국제적 동향과 입법과제.' 「국회입법조사처 현안보고서」 Vol.306.(6월 2017).

조동근. '정언적 명분에 포획된 상속세, 마땅히 폐지돼야.' 「CFE Viewpoint」 No.65(2008), 1-9.(http://cfe.org)

최명근. '상속과세제도의 합리적 개편방안.' 「한국경제연구원 Issue Paper」 11(2006). 1-83.

최명근, 조경업. 「상속세, 경제적 기회균등 보장하는가?」 서울: 한국경제연구원, 2006.

테렌스 볼 & 리처드 대거, 정승현(역). 「현대 정치사상의 파노라마」 서울: 아카넷, 2006.

폴 슈마커, 드위트 키엘, 토마스 헤일케, 양길현(역). 「정치사상의 이해 II」 서울: 오름, 2007.

프리드리히 A. 하이에크, 김이석(역). 「노예의 길」 서울: 나남출판, 2006.

프리드리히 하이에크, 민경국(역). 「법, 입법 그리고 자유－사회적 정의의 환상」 서울: 자유기업센터, 1997.

프리드리히 하이에크, 서병훈(역). 「법, 입법 그리고 자유－자유사회의 정치질서」 서울: 자유기업센터, 1997.

George J. Borjas, 박철성(역). 「노동경제학」 제7판, 서울: 시그마프레스, 2017.

Micheal P. Todaro and Stephen C. Smith, 김중렬(역). 「경제발전론」 제12판, 서울: 시그마프레스, 2016.

Richard Tresch, 최광(역). 「공공경제학」 서울: 박영사, 2010.

Ronald G. Ehrenberg and Robert S. Smith, 한홍순, 김중렬(역). 「현대노동경제학」 제10판, 서울: 교보문고, 2009.

찾아보기

ㄱ

가치관(conception of the good) 033
가치관에 대한 정의개념의 우선성(priority of the right over the good) 061, 145
강요된 노동(forced labor) 229
공리주의 015, 135
공적 이성(Public Reason) 177
공적 정치문화(public political culture) 025, 026
공정으로서의 정의(justice as fairness) 045
공정한 기회균등(fair equality of opportunity) 083
국가사회주의(state socialism) 098
권리개념의 정당화(justification of human rights) 207
권리를 중시하는 이론 061
권위의 도덕성(morality of authority) 153
근로의욕 314
기수적 효용(cardinal utility) 336
기여곡선(contribution curve) 104
기회균등의 원칙(principle of equal opportunity) 067, 272

ㄴ

낙수효과(trickle-down effect) 088, 106
내용 중립성(content neutral) 252
노동-여가 선택모형(model of labor-leisure choice) 307

ㄷ

동일성의 가정(similarity postulate) 335

ㄹ

롤즈의 모순(Rawls' Paradox) 294

롤즈의 사회후생무차별곡선 103

ㅁ

맑스(marx) 114
맥시민(maximin) 원칙 136, 235
명백하고 현존하는 위험(clear and present danger) 260
무임승차(free-rider) 051, 054, 196
무지의 장막(veil of ignorance) 019, 020, 041, 049
민주적 평등체제(system of democratic equality) 069, 087

ㅂ

반성적 평형상태 021, 023, 024, 046
병목현상(bottleneck) 274
복지병 093
복지지향 자본주의(welfare-state capitalism) 095
부가 고루 분산된 민주체제(property-owning democracy) 095
부의 소득세 090

ㅅ

사회의 기본구조 016
사회적 기본재(social primary goods) 030
상속세 083, 304
상호 무관심(mutual disinterested) 043
선거공영제 110, 171
세대 간의 정의(intergenerational justice) 094
소극적 자유(negative liberty) 223, 227
소득효과(income effect) 313
숙고된 도덕적 판단(considered moral judgments) 024, 025
순수 절차적 정의(pure procedural justice) 047, 126
시민불복종 운동 174
시장의 실패(market failure) 086, 199
실용주의(pragmatism) 161

ㅇ

업적주의(meritocracy) 079
연속적인 네 단계(four-stage sequence) 169
연쇄관계(chain connection) 089, 113
우연적인 요소 080, 082, 117
운평등주의(luck egalitarianism) 118
원초적 입장(original position) 019
원칙의 도덕성(morality of principle) 153

위험회피(risk aversion) 240
이상적 이론(ideal theory) 174, 233
인식론적 보수주의 원칙 333
일반의지(general will) 044

ㅈ

자아실현(realization of self) 124, 134, 287
자연적 의무(natural duty) 152, 171
자유로운 입장의 견해(freestanding view) 143
자유방임적 자본주의(laissez-faire capitalism) 097
자유의 가치(value of liberty) 109, 171, 224, 316
자유의 실질적 가치 115
자유주의적 사회주의(liberal socialism) 098
자존감 032, 062
작은 정부(minimal state) 228
적절한 내용(adequacy)의 교육 288
적정 유보의 원칙(just savings principle) 094
정부실패(government failure) 279
정의감(sense of justice) 037, 043
정의의 두 원칙 057
정의의 여건(circumstances of justice) 016, 116, 242
정의의 제1원칙 017, 058
정의의 제1원칙의 선택 근거 129
정의의 제1원칙의 우선성 119
정의의 제2원칙 018, 065, 068, 078
정의의 제2원칙의 선택 근거 134
정의의 주관적 여건 028
정치적 개념(political conception of justice) 018
정치적 구성주의(political constructivism) 021, 029
정치적 중립(political neutrality) 196
정치적 책무(political obligation) 150, 201
조직의 도덕성(morality of association) 153
조직화된 사회(well-ordered society) 168
죄인의 딜레마 게임 051
중립적 국가(neutral state) 036, 144
중첩적 합의(overlapping consensus) 020, 154, 172
집단교육(colletivized child-rearing) 231

ㅊ

차등의 원칙(difference principle) 067, 085, 087, 088, 105, 112, 113
최소 희생(minimax-regret) 원칙 237
최저생계비(social minimum) 090
축차적 차등의 원칙(lexical difference

principle) 108
충분주의(sufficientarianism) 322

ㅍ

파레토 최적 조건 070, 072, 074, 077
판단의 부담들(burdens of judgment) 027

ㅎ

하향평준화(levelling−down) 285, 291
합리적이고 포괄적 주장(reasonable comprehensive doctrine) 018
혐오발언(hate speech) 248, 261
혼합정의관(mixed conception) 325